PRINCÍPIOS METAFÍSICOS
DA DOUTRINA DO DIREITO

Immanuel Kant

PRINCÍPIOS METAFÍSICOS DA DOUTRINA DO DIREITO

TRADUÇÃO E INTRODUÇÃO DE JOÃOSINHO BECKENKAMP

wmf **martinsfontes**

Esta obra foi publicada originalmente em alemão com o título
METAPHYSISCHE ANFANGSGRÜNDE DER RECHTSLEHRE
*Copyright © 2014, Editora WMF Martins Fontes Ltda.,
São Paulo, para a presente edição.*

1ª edição 2014
2ª tiragem 2021

Tradução *Joãosinho Beckenkamp*

Acompanhamento editorial *Luzia Aparecida dos Santos*
Revisões *Marisa Rosa Teixeira e Ana Maria de O. M. Barbosa*
Projeto gráfico *A+ Comunicação*
Edição de arte *Katia Harumi Terasaka*
Produção gráfica *Geraldo Alves*
Paginação *Studio 3 Desenvolvimento Editorial*
Capa *Katia Harumi Terasaka*

Dados Internacionais de Catalogação na Publicação (CIP)
(Câmara Brasileira do Livro, SP, Brasil)

Kant, Immanuel, 1724-1804.
 Princípios metafísicos da doutrina do direito / Immanuel Kant ; [tradução Joãosinho Beckenkamp]. – São Paulo : Editora WMF Martins Fontes, 2014. – (Biblioteca jurídica WMF)

 Título original: Metaphysische Anfangsgründe der Rechtslehre.
 ISBN 978-85-7827-826-7

 1. Direito – Filosofia 2. Usos e costumes I. Título.

14-02052 CDU-340.12

Índices para catálogo sistemático:
1. Direito : Doutrina : Filosofia 340.12

Todos os direitos desta edição reservados à
Editora WMF Martins Fontes Ltda.
Rua Prof. Laerte Ramos de Carvalho, 133 01325.030 São Paulo SP Brasil
Tel. (11) 3293.8150 e-mail: info@wmfmartinsfontes.com.br
http://www.wmfmartinsfontes.com.br

ÍNDICE

Introdução XIII

PREFÁCIO 3

INTRODUÇÃO À METAFÍSICA DOS COSTUMES 11
   I. Da relação das faculdades do ânimo humano com as leis morais 11
   II. Da ideia e da necessidade de uma metafísica dos costumes 15
   III. Da divisão de uma metafísica dos costumes 20
   IV. Conceitos preliminares da metafísica dos costumes (*philosophia practica universalis*) 23

INTRODUÇÃO À DOUTRINA DO DIREITO 33
   § A. O que é a doutrina do direito? 33
   § B. O que é o direito? 33
   § C. Princípio universal do direito 35
   § D. O direito está ligado à autorização de coagir 36
   § E. O direito estrito pode ser representado também como a possibilidade de uma coação recíproca geral concordante com a liberdade de qualquer um segundo leis universais 36
   Apêndice à introdução à doutrina do direito 38
   Do direito equívoco (*Jus aequivocum*) 38

I. A equidade (*Aequitas*) 38
II. O direito de necessidade (*Jus necessitatis*) 40
Divisão da doutrina do direito 41
A. Divisão geral dos deveres de direito 41
B. Divisão geral dos direitos 42
Divisão da metafísica dos costumes em geral 44

**PRIMEIRA PARTE DA DOUTRINA UNIVERSAL DO DIREITO.
O DIREITO PRIVADO – DO MEU E TEU EXTERNO EM GERAL 51**

**PRIMEIRO CAPÍTULO. DO MODO DE TER COMO
O SEU ALGO EXTERNO 51**

§ 1..... 51
§ 2. Postulado jurídico da razão prática 52
§ 3..... 53
§ 4. Exposição do conceito do meu e teu externo 53
§ 5. Definição do conceito do meu e teu externo 55
§ 6. Dedução do conceito da posse simplesmente jurídica de um objeto externo (*possessio noumenon*) 56
§ 7. Aplicação do princípio da possibilidade do meu e teu externo a objetos da experiência 59
§ 8. Ter algo externo como o seu somente é possível num estado jurídico, sob um Poder Legislativo público, i. é, no estado civil 62
§ 9. No estado de natureza pode haver, entretanto, um meu e teu externo efetivo, mas apenas provisório 63

**SEGUNDO CAPÍTULO. DO MODO DE ADQUIRIR
ALGO EXTERNO 65**

§ 10. Princípio universal da aquisição externa 65
Divisão da aquisição do meu e teu externo 67
Primeira seção. Do direito real 68
§ 11. O que é um direito real? 68

§ 12. A primeira aquisição de uma coisa não pode ser senão a da terra 69
§ 13. Toda terra pode ser adquirida originariamente, e o fundamento da possibilidade dessa aquisição é a comunidade originária da terra em geral 70
§ 14. O ato jurídico dessa aquisição é a ocupação (*occupatio*) 71
§ 15. Tão somente numa constituição civil pode algo ser adquirido peremptoriamente, enquanto no estado de natureza apenas provisoriamente 72
§ 16. Exposição do conceito de uma aquisição originária da terra 75
§ 17. Dedução do conceito da aquisição originária 76
Segunda seção. Do direito pessoal 80
§ 18..... 80
§ 19..... 81
§ 20..... 83
§ 21..... 84
Terceira seção. Do direito pessoal de modo real 86
§ 22..... 86
§ 23..... 86
Do direito da sociedade doméstica 87
Primeiro título. O direito conjugal 87
§ 24..... 87
§ 25..... 88
§ 26..... 88
§ 27..... 89
Segundo título. O direito dos pais 90
§ 28..... 90
§ 29..... 91
Terceiro título. O direito do senhor 92
§ 30..... 92
Divisão dogmática de todos os direitos adquiríveis por contratos. 94
§ 31..... 94

I. O que é dinheiro? 97
II. O que é um livro? 101
Seção suplementar. Da aquisição ideal de um objeto externo do arbítrio. 103
§ 32..... 103
I. O modo de aquisição por usucapião 104
§ 33..... 104
II. A herança (*acquisitio haereditatis*) 106
§ 34..... 106
III. O legado de um bom nome após a morte (*Bona fama defuncti*) 107
§ 35..... 107
Terceiro capítulo. Da aquisição subjetivamente condicionada pela sentença de uma jurisdição pública 109
§ 36..... 109
A. § 37. Do contrato de doação 110
B. § 38. Do comodato 111
C. § 39. Da retomada (recuperação) de uma coisa perdida (*vindicatio*) 113
D. § 40. Da aquisição da garantia por juramento (*Cautio juratoria*) 117
Passagem do meu e teu no estado de natureza para o meu e teu no estado jurídico em geral. 119
§ 41..... 119
§ 42..... 121

SEGUNDA PARTE DA DOUTRINA DO DIREITO.
O DIREITO PÚBLICO

PRIMEIRA SEÇÃO DO DIREITO PÚBLICO.
O DIREITO DO ESTADO 125
§ 43..... 125
§ 44..... 126
§ 45..... 127

§ 46..... 128
§ 47..... 130
§ 48..... 131
§ 49..... 131
Observação geral. Dos efeitos jurídicos decorrentes da natureza da união civil 134
Da relação jurídica do cidadão com a pátria e com o estrangeiro 157
§ 50..... 157
§ 51..... 158
§ 52..... 159

SEGUNDA SEÇÃO DO DIREITO PÚBLICO.
O DIREITO DAS GENTES 163

§ 53..... 163
§ 54..... 164
§ 55..... 165
§ 56..... 166
§ 57..... 167
§ 58..... 169
§ 59..... 170
§ 60..... 170
§ 61..... 171

TERCEIRA SEÇÃO DO DIREITO PÚBLICO.
O DIREITO COSMOPOLITA 173

§ 62..... 173
Conclusão 175

APÊNDICE. OBSERVAÇÕES ESCLARECEDORAS SOBRE OS PRINCÍPIOS METAFÍSICOS DA DOUTRINA DO DIREITO 179

1. Preparação lógica para um conceito do direito recentemente ensaiado 180

2. Justificação do conceito de um direito pessoal de modo real 181
3. Exemplos 182
4. Sobre a confusão do direito real com o direito pessoal 185
5. Adendo à exposição dos conceitos do direito penal 186
6. Do direito da usucapião 187
7. Da herança 189
8. Dos direitos do Estado em vista de instituições perpétuas para seus súditos 191

Conclusão 196

PRINCÍPIOS METAFÍSICOS
DA DOUTRINA DO DIREITO

INTRODUÇÃO

A crer nos manuais de filosofia do direito, particularmente aqueles escritos por juristas, a doutrina do direito de Kant é um dos capítulos mais confusos de toda a história do pensamento jurídico. Nela encontram praticamente de tudo, desde argumentos em prol da incorporação do direito à ética até a defesa de um positivismo jurídico sem precedentes.

Não surpreende, pois, que a leitura detalhada e esforçada do próprio texto kantiano acabe, muitas vezes, dando lugar a uma apressada resignação diante da confusão e das dificuldades geralmente atribuídas ao texto. O passo seguinte, de consequências funestas para a doutrina, tem sido então liberar o texto para a apropriação livre e arbitrária, não havendo aparentemente nenhum limite para as interpretações, sejam parciais ou globais.

Deixando de lado esta acusação de irremediável confusão, mais ainda sua associação com possíveis sinais de senilidade do autor, propõe-se a seguir a resolução de uma série de dificuldades encontradas na leitura do texto, em parte reconstituindo simplesmente a terminologia e as teses correntes na época, em parte sugerindo uma linha de interpretação que tem como princípio tirar do texto o máximo de sentido que comporta, ou seja, nada mais do que o princípio hermenêutico fundamental da caridade na interpretação.

Não se tratando de fornecer um estudo completo, esta introdução deveria ser um convite para ulteriores estudos em detalhe, para os quais pode servir de guia e auxílio. A aposta aqui é que a linha de leitura proposta pode contribuir para resolver as dificuldades centrais que os leitores da doutrina kantiana do direito têm encontrado, preparando o terreno para uma compreensão que estará mais próxima da intenção do autor do que das confusões formadas em mais de duzentos anos de recepção.

1. O LUGAR DO DIREITO NA FILOSOFIA MORAL

Na história da recepção da doutrina do direito de Kant, formaram-se duas linhas de leitura praticamente opostas no que concerne à relação do direito com a filosofia moral kantiana. Uma delas, marcadamente alemã, entende que a filosofia do direito é, em Kant, uma extensão de sua filosofia moral ou ética, estipulando apenas critérios de aplicação da lei moral ou do imperativo categórico à esfera das ações externas reguladas também por leis jurídicas. Em questão estaria, assim, a exigência de mais ética no direito, na política e na ordem pública. A linha de leitura oposta, representada sobretudo pelos italianos, entende que a doutrina do direito de Kant já não tem a ver com sua filosofia moral, tratando-se de considerações sobre normas técnicas na instauração e manutenção de um Estado como fonte de leis positivas.

A literatura mais recente descobriu, entretanto, uma alternativa a esses polos opostos. Essa alternativa só pôde ser visualizada porque se passou a prestar mais atenção aos detalhes do texto kantiano, ressaltando logo que a *Metafísica dos costumes* traça uma nítida distinção entre moral e ética. Com base nessa distinção, é possível tratar a doutrina kantiana do direito como parte de sua filosofia moral sem que esteja implicada a redução à ética, estabelecendo-se assim uma linha de leitura alternativa àquela contraposição já tradicional. As páginas que se seguem devem fornecer elementos a favor de uma tal linha alternativa de leitura da doutrina kantiana do direito.

1.1. Moral, direito e ética

Para a compreensão da especificidade do direito no âmbito da filosofia prática kantiana, é de suma importância partir da especificação das esferas do domínio prático empreendida pela *Metafísica dos costumes*. Segundo essa divisão, a moral constitui um gênero que se subdivide nas duas espécies do direito e da ética. Maior clareza sobre essa divisão fundamental poderá trazer maior clareza também para a compreensão da doutrina do direito, visto que esta se ocupa de uma daquelas espécies ou subdivisões da filosofia moral.

1.1.1. Moral em sentido amplo entre os wolffianos

O termo "moral" era tomado pelos wolffianos num sentido bastante amplo, como ressalta das definições dadas por Baumgarten em sua *Metaphysica*, precisamente o texto que constitui o pano de fundo do desenvolvimento da terminologia kantiana. É na seção da Psicologia dedicada ao conceito de liberdade que Baumgarten apresenta sua definição do moral em sentido amplo: "O conexo com liberdade é *moral em sentido lato*" (Baumgarten, *Metaphysica*, § 723). Uma vez que o conexo é definido simplesmente como o possível em nexo (cf. *Metaphysica*, § 19), tem-se assim uma definição vastíssima do moral, como de tudo aquilo que tem a ver com a liberdade.

Tanto o prático de Kant, como o "que é possível por liberdade" (KrV, A 800/B 828), quanto o moral de Baumgarten, como o que é possível em nexo com a liberdade, admitem, portanto, e requerem, caso se queira chegar a uma conceituação apropriada ao rigor das exigências éticas, uma especificação de seus diferentes sentidos. Talvez a mais básica seja, em Baumgarten, aquela que distingue entre uma possibilidade moral em sentido amplo e uma em sentido estrito: "Assim, *moralmente possível* é: 1) aquilo que não pode ser feito a não ser por liberdade ou na substância livre enquanto tal, *em sentido lato*; 2) aquilo que não pode ser feito a não ser por liberdade determinada em conformidade com as leis morais, *em sentido estrito, ou o lícito*" (Baumgarten, *Metaphysica*, § 723). O sentido amplo do moral em Baumgarten, assim como o sentido mais amplo do prático em Kant, é obtido a partir do conceito de liberdade, antes mesmo de se abordar a relação, possível ou necessária, da liberdade com a legislação da razão. Se inicialmente pôde surpreender que Baumgarten tenha incluído a definição do moral em sua *Metaphysica*, fica claro agora que isso não constitui nenhum problema, a não ser talvez terminológico, pois o moral em sentido amplo é simplesmente tudo aquilo que pode ser feito por uma substância livre.

O moralmente possível em sentido estrito, entretanto, leva para além da metafísica, descortinando o domínio da filosofia prática ou das obrigações morais, em que se exige a adequação da liberdade às leis morais. Ora, nesse âmbito da legislação moral Kant realiza uma verdadeira revolução, a partir particularmente da *Fundamentação da metafísica dos costumes*. Essa revolução afeta também o uso do termo "prático" em Kant, que a partir da *Crítica da faculdade do juízo* deveria ser circunscrito ao prático em sentido moral. Quanto ao termo "moral", Kant sempre o empregou no sentido estrito de "prático puro", implicando um uso prático da razão *pura* (assim já em KrV, A 800/B 828). Mesmo tomado nesse sentido estrito, entretanto, o termo "moral" admite ainda uma especificação, que entre os wolffianos era introduzida em relação ao segundo sentido do moral e do moralmente possível (o sentido estrito), conduzindo à distinção entre a ética (*ethi-*

ca), doutrina das obrigações internas, e o direito (*jus*), doutrina das obrigações externas. Esta última especificação foi explicitada por Kant tão somente na *Metafísica dos costumes*, o que tem dificultado a compreensão aos leitores familiarizados com a *Fundamentação da metafísica dos costumes* e a *Crítica da razão prática*, mas desconhecedores da terminologia e sistemática wolffianas.

1.1.2. Moral e direito em Kant

Para a delimitação do conceito de moral em sentido amplo, dispõe-se, desde a *Fundamentação da metafísica dos costumes*, da distinção incisiva entre leis da natureza e leis da liberdade. Tudo ocorrendo segundo leis (cf. GMS, AA 04: 412), somente se terá um domínio distinto do teórico, que trata das leis da natureza, se puder ocorrer algo, não independente de qualquer lei, mas segundo uma lei da liberdade. Um domínio prático sem leis da liberdade seria apenas um apêndice da filosofia teórica, como especificação de regras técnicas para nos valermos adequadamente das leis da natureza. Obtém-se, assim, uma clara condição para um discurso prático propriamente dito: "tão somente o prático segundo leis da liberdade pode ter princípios que não dependem de nenhuma teoria" (MS, AA 06: 217). A filosofia prática se ocupará, doravante, do domínio constituído por esses princípios independentes da teoria acerca da natureza, tendo por objeto propriamente as leis da liberdade. Neste sentido estrito do termo "prático", a filosofia prática será, toda ela, filosofia moral, inclusive a filosofia do direito.

Pois "estas leis da liberdade chamam-se *morais*, à diferença de leis naturais" (MS, AA 06: 214). Ou seja, a alternativa às leis da natureza, leis daquilo que é, são as leis morais, como leis da liberdade ou daquilo que deve ser: distinção fundamental da filosofia kantiana, mas que se encontra prefigurada na *Metaphysica* de

Baumgarten, que também entende as leis morais como leis de determinação da liberdade: porque o moral em sentido lato compreende tudo o que pode ser dado com a liberdade, é possível dizer simplesmente que "*determinações livres* são *morais* [e...] *leis* das determinações morais [são *leis*] *morais*" (Baumgarten, *Metaphysica*, § 723). Neste nível geral e abstrato, é preciso tomar o termo "moral" de uma forma bastante neutra, como sinônimo de prático ou possível segundo a liberdade, evitando as conotações éticas ou moralizantes no sentido vulgar. Pois esse termo tem de cobrir tanto o ético quanto o jurídico, tomando-se mesmo este último em seu sentido estrito de legalidade meramente externa, como propõe a distinção kantiana: "Na medida em que incidem apenas sobre ações meramente externas e sua legalidade, elas [as leis morais] se chamam *jurídicas*; mas, se exigem também que elas sejam mesmo os fundamentos de determinação das ações, elas são *éticas*" (MS, AA 06: 214). Com uma pequena precaução, é possível evitar que se confunda o moral, que constitui aqui o gênero, com o ético, apenas uma de suas espécies, ao lado do jurídico.

A especificação do moral em termos do jurídico e do ético é feita por Kant com base numa análise dos elementos envolvidos numa legislação prática ou moral: "Toda legislação [prática] contém duas partes: *primeiro*, uma *lei*, que representa *objetivamente* como necessária a ação que deve acontecer, i. é, que faz da ação um dever; *segundo*, um móbil, que liga *subjetivamente* à representação da lei o fundamento de determinação do arbítrio para essa ação; a segunda parte é, pois, esta: que a lei faz do dever um móbil. Pela primeira, a ação é representada como dever, o que é um mero conhecimento teórico da determinação possível do arbítrio, i. é, de regras práticas; pela segunda, a obrigação de assim agir é ligada efetivamente no sujeito ao fundamento de determinação do arbítrio" (MS, AA 06: 218). É peculiar da filosofia do direito de Kant a limitação de seu escopo a uma legislação (sempre pura) da razão, quer dizer, àquilo que a razão pode estabelecer *a priori* no âmbito do direito, e ainda assim firmar uma diferença essencial do direito em relação à ética.

Aquela limitação ao *a priori* da razão torna as leis jurídicas *ipso facto* aptas a uma incorporação às exigências éticas, como se verá adiante. O que só não leva a um apagamento da fronteira entre os dois domínios, porque a legislação jurídica da razão conta com um móbil determinante do arbítrio distinto do próprio dever, ou seja, conta com um móbil não ético, de acordo com as distinções introduzidas com base nesta diferença dos móbeis: "Toda legislação pode, portanto, distinguir-se ainda em vista dos móbeis. Aquela que faz de uma ação um dever e deste dever ao mesmo tempo um móbil é *ética*. Mas aquela que não inclui o último na lei, admitindo assim também um outro móbil que não a ideia do próprio dever, é *jurídica*" (MS, AA 06: 218-9). Desde a *Fundamentação da metafísica dos costumes*, Kant vem insistindo na necessidade de que, nas determinações morais ou éticas, o dever ou a representação da lei constitua o próprio móbil da vontade; essa condição é explicitada agora, na *Metafísica dos costumes*, como valendo incondicionalmente apenas na esfera do ético, admitindo-se para a esfera do jurídico móbeis empíricos: "Percebe-se facilmente, em vista da última [da legislação jurídica], que este móbil diferente da ideia do dever tem de ser tirado dos fundamentos *passionais* de determinação do arbítrio, [ou seja,] das inclinações e aversões, e, dentre essas, dos da última espécie, porque deve ser uma legislação, que é coercitiva, e não um incentivo, que é convidativo" (MS, AA 06: 219). Em outras palavras: a legislação jurídica deve poder contar com um móbil do arbítrio que não decorre da própria lei, particularmente com uma aversão (naturalmente às consequências desagradáveis de ações ilícitas) causada por mecanismos coercitivos externos, cuja legitimidade ou racionalidade ainda terá de ser demonstrada.

1.1.3. Direito e ética

O moral em sentido amplo cobre, portanto, em Kant, todas as leis da liberdade, quer dizer, toda a legislação da razão para a liberdade ou simplesmente legislação prática. Como já mostrou R. Terra[1], esse conceito lato de moral constitui o gênero de uma divisão em que o ético figura como uma espécie, cuja diferença específica é precisamente a exigência de que a própria lei ou o dever dela decorrente constitua o móbil determinante do arbítrio. A outra espécie, o direito, diferencia-se, não por apresentar uma legislação de caráter diferente (por exemplo, hipotética ou heterônoma), mas simplesmente por admitir (possibilidade) ou mesmo exigir (necessidade) um móbil diferente do respeito pela lei.

O caráter categórico e incondicional da legislação moral, reconhecido por todo leitor da ética kantiana, vale também para o direito, na medida naturalmente em que ele decorre de princípios práticos *a priori* da razão, e não meramente de uma legislação positiva à revelia das exigências da razão prática pura. Antes de investigar, portanto, o que constitui a especificidade do direito, sua essencial exterioridade, convém recordar os elementos constitutivos de uma legislação prática em geral na vontade humana, afastando de antemão um possível mal-entendido, que consiste em inferir da especificidade do direito sua completa separação da moral em geral.

Como legislação prática da razão, a legislação jurídica constitui uma instância da autonomia da vontade, quer dizer, da faculdade

---

[1] Cf. R. Terra, "A distinção entre direito e ética na filosofia kantiana", in: *Filosofia política* 4 (1987), p. 50.

de se dar a si mesmo ou à sua liberdade uma lei. Essa faculdade da autonomia constitui para Kant o conceito positivo da liberdade, fundando-se nela as leis práticas. Nesta medida, portanto, as leis jurídicas são também leis da autonomia, simplesmente por serem leis práticas. Além disso, expressam-se como imperativos perante o arbítrio humano, por ser esse capaz de descumprir a lei, e imperativos categóricos, por se tratar de leis práticas ou regras práticas puras. Esses elementos são recordados na introdução à *Metafísica dos costumes*: "Sobre este conceito positivo (em sentido prático) da liberdade fundam-se leis práticas incondicionais, chamadas *morais*, as quais são, para nós, cujo arbítrio é afetado sensivelmente e assim não é por si mesmo adequado à vontade pura, mas muitas vezes com ela conflitante, *imperativos* (mandamentos e proibições), e mesmo imperativos categóricos (incondicionais), pelo que se diferenciam dos imperativos técnicos (as prescrições da arte), que ordenam sempre apenas de forma condicionada" (MS, AA 06: 221).

A mesma introdução à *Metafísica dos costumes* recorda ainda o que constitui o conteúdo desse imperativo categórico, a universalizabilidade das máximas das ações: "O imperativo categórico, que em geral apenas expressa o que é obrigação, diz: age de acordo com uma máxima que pode valer ao mesmo tempo como uma lei universal. – Primeiro tu tens de considerar, portanto, tuas ações segundo seu princípio subjetivo: se esse princípio é também objetivamente válido, no entanto, tu somente podes conhecer no fato de ele se qualificar para uma legislação universal tal qual é exigida pela razão, ao exigir que te penses através dele como universalmente legislador" (MS, AA 06: 225). A essência da legislação prática da razão, que se apresenta como imperativo categórico apenas a um arbítrio livre capaz de desobedecer, consiste na exigência da qualificação para uma legislação universal. Essa exigência é feita a um ser dotado de uma vontade capaz de se dar a si mesma uma lei, constituindo-se, pois, em vontade legisladora. A essa vontade autônoma é feita a exigência de se determinar sempre como se fosse ao mesmo tempo universalmente legisladora, quer dizer, como se suas determinações constituíssem regras universais ou simplesmente leis.

Ora, a qualificação para a universalidade de uma lei prática constitui também a essência da exigência colocada pela razão prática pura para o âmbito do direito ou da coexistência externa dos arbítrios, incidindo agora sobre as ações externas do arbítrio. Obtém-se, assim, "a lei universal do direito: age exteriormente de tal maneira que o livre uso de teu arbítrio possa coexistir com a liberdade de qualquer um segundo uma lei universal" (MS, AA 06: 231). Na medida em que a legislação jurídica é uma especificação dessa exigência de universalizabilidade, é ela legislação moral, da qual decorrem obrigações que um ser racional puro também teria como móbeis de seu arbítrio. Não sendo, entretanto, seres racionais puros, os homens podem eventualmente precisar ainda de outro móbil, cuja implementação constituirá o direito como essencialmente externo. A especificidade do direito no âmbito da filosofia prática decorre da legitimidade do estabelecimento de um móbil não ético para o arbítrio dos seres humanos.

Como obrigações estritas ou deveres, também obrigações jurídicas (portanto externas, no sentido de que podem ser cobradas externamente) deveriam ser cumpridas simplesmente por serem deveres ou obrigações decorrentes da legislação prática ou moral da razão, constituindo, assim, também deveres éticos: "Pode-se ver, assim, que todos os deveres, pelo simples fato de serem deveres, pertencem à ética; mas sua *legislação* não por isso se encontra sempre na ética, mas, para muitos deles, fora dela. Assim, a ética ordena que eu tenho de cumprir um compromisso assumido em um contrato, mesmo que a outra parte não pudesse me coagir a tanto, mas ela assume a lei (*pacta sunt servanda*) e o dever correspondente como dados pelo direito. A legislação de que promessas feitas têm de ser cumpridas encontra-se, portanto, não na ética, mas no direito (*jus*). A ética apenas ensina em seguida que, mesmo que o móbil ligado àquele dever pela legislação jurídica, a saber, a coação externa, seja deixado de lado, a ideia do dever é por si só já suficiente como móbil" (MS, AA 06: 219-220). Um móbil porventura muito fraco para garantir a coexistência dos arbítrios segundo uma lei universal. Reconhecendo a fraqueza da vontade humana na consecução da lei moral, a razão confere uma autorização para o estabelecimento de móbeis mais fortes como garantia da coexistência universal dos arbítrios, constituindo tarefa do filósofo mostrar a legitimidade ou racionalidade dessa autorização e a natureza desses móbeis enquanto consequências de uma autorização ou mesmo exigência da razão prática pura.

Tanto a legislação jurídica quanto a legislação ética constituem, portanto, legislação moral, com tudo o que dela decorre; mas diferenciam-se pelo móbil que exigem ou admitem para a determinação do arbítrio, diferença que funda a distinção entre direito e ética: "A doutrina do direito e a doutrina da virtude não se distinguem, pois, tanto por seus deveres diferentes, como bem mais pela diferença da legislação, a qual liga à lei um ou outro móbil" (MS, AA 06: 220). A legislação ética, fundamento da doutrina da virtude, exige que a própria lei constitua o móbil, enquanto a legislação jurídica, fundamento da doutrina do direito, não coloca essa exigência de pureza na determinação do arbítrio, mas se constitui efetivamente na medida em que implementa a esfera da coerção externa, como causa de um móbil (naturalmente interno) distinto do simples respeito pela lei moral. A legislação prática da razão adquire, portanto, com a legislação jurídica, uma dimensão externa, implementando-se finalmente como exterioridade.

1.2. Direito: obrigação ou autorização?

Atualmente se encontra bastante difundida uma interpretação da filosofia do direito de Kant que se limita essencialmente a reconstituir a continuidade dos princípios da filosofia moral kantiana no âmbito do pensamento jurídico de Kant, reivindicando-o assim para aquela linha de pensamento que imiscui indistintamente a ética no direito e na política. A reconstituição da doutrina kantiana do direito passa então coerentemente pelo conceito moral do direito, pelo princípio do direito, pela lei permissiva como uma espécie de lei moral e, finalmente, pelo imperativo categórico jurídico. Inegavelmente, encontra-se na doutrina do direito de Kant esse desdobramento das consequências éticas de sua concepção do direito, mas não deve ser esquecido que elas são consequências e não o fundamento racional do direito em sua especificidade. Para compreender esse fundamento da especificidade do direito, é preciso recuperar os passos decisivos da doutrina kantiana do direito segundo a linha de interpretação que trata consistentemente o direito como autorização da razão prática pura, antes de considerar se daí resultam obrigações éticas para o ser racional envolvido.

Ora, nesta linha de interpretação do direito independentemente da ética situa-se uma plêiade de autores que entendem que o pensamento jurídico de Kant não faz parte essencialmente de sua filosofia moral. Essa consequência (funesta para a filosofia prática kantiana) pode ser facilmente desfeita com base na distinção entre moral e ética sustentada por Kant na *Metafísica dos costumes*, deixando assim livre o caminho para uma interpretação da doutrina racional do direito que coloca em segundo plano as exigências éticas, sem que se abandone, entretanto, o domínio da filosofia moral.

1.2.1. Conceituando o meramente permitido

As confusões mais relevantes que os leitores encontram, tanto nos textos de Kant sobre o direito quanto em muitos de seus comentadores, podem ser esclarecidas depois de reconstituído o argumento principal da doutrina kantiana do direito. Esse argumento opera essencialmente com base no conceito de autorização (*Befugnis*), chegando à ordem da legislação moral (primeiramente jurídica – natural e positiva –, depois também ética) e do imperativo categórico só num segundo momento. Na introdução à *Metafísica dos costumes*, a autorização é definida precisamente pela ausência de restrição estabelecida por algum imperativo: "Lícita é uma ação (*licitum*) que não é contrária à obrigação; e essa liberdade não restringida por nenhum imperativo contraposto se chama autorização (*facultas moralis*)" (MS, AA 06: 222). Tanto leis ou imperativos prescritivos, que mandam fazer algo, quanto leis ou imperativos proibitivos, que mandam evitar algo, estabelecem obrigações e restrições da liberdade de agir. Não havendo prescrição nem proibição de uma ação, diz-se que a ação é lícita ou permitida, facultada, autorizada: "Uma ação que não é nem ordenada nem proibida é meramente *lícita*, porque em relação a ela não há nenhuma lei restritiva da liberdade (autorização) e, portanto, também nenhum dever" (MS, AA 06: 223). É óbvio que, em relação a ações meramente lícitas ou autorizadas, não há obrigação nem de fazer nem de deixar de fazer, razão pela qual não faz sentido dizer que incide sobre elas um imperativo categórico.

Em geral, a possibilidade de ações indiferentes (*adiaphora*) constitui na filosofia prática kantiana um problema, pois toda e qualquer ação é concebida como sendo realizada com base em uma máxima; ora, todas as máximas estão submetidas ao princípio da universalidade, como princípio formal que decide da possibilidade prática (lícito ou ilícito) das máximas adotadas, não restando, por conseguinte, margem para máximas e ações que não estejam submetidas ao princípio da moralidade.

No texto sobre a religião, em que se trata de traçar uma linha inconfundível entre o bem e o mal, Kant se coloca do lado daqueles que chama de rigoristas em questões de moralidade, quer dizer, dos que não admitem ações indiferentes entre o bem e o mal moral: "É muito importante para a moral, entretanto, não admitir meios-termos, quer em ações (*adiaphora*), quer em caracteres humanos, porque numa tal ambiguidade todas as máximas correm risco de perder sua determinidade e firmeza" (RGV, AA 06: 22). Esse rigorismo é reforçado ainda em nota: "entre uma disposição má ou boa (princípio interno das máximas), de acordo com a qual deve ser julgada também a moralidade da ação, não há nada intermediário" (RGV, AA 06: 22 nota). Portanto, não se pode sem prejuízo da legislação moral admitir ações moralmente indiferentes, do que parece seguir-se que uma ação é ou ordenada (boa) ou proibida (má), constituindo ações meramente permitidas um problema.

Ora, já o texto sobre a religião desfaz essa impressão numa nota em que a permissão é listada entre as determinações que suprimem a indiferença: "em relação a uma ação moralmente indiferente não haveria nem mandamento nem proibição, tampouco permissão (autorização legal)" (RGV, AA 06: 23 nota). Moralmente indiferente seria aquela ação de que se poderia dizer que não tem nada a ver com a legislação moral. No caso das ações lícitas ou permitidas, no entanto, a própria terminologia já indica sua relação com a legislação moral, pois só são lícitas aquelas ações que não se opõem a nenhuma lei moral, seja prescritiva, seja proibitiva. Nesta medida, Kant pode mesmo falar de uma lei permissiva, ou seja, de uma regra explicitando que toda ação concordante com as leis prescritivas e proibitivas é permitida. Mesmo não comandando nenhuma ação, a permissão estabelece uma cláusula moral de admissão, situando consequentemente as ações meramente permitidas na perspectiva da moralidade. Na introdução à doutrina da virtude da *Metafísica dos costumes*, Kant vai nessa direção ao questionar o excesso de rigor nas exigências morais: "Pode-se chamar, entretanto, de quimericamente virtuoso aquele que não admite *coisas indiferentes* (*adiaphora*) em vista da moralidade e cobre todos os seus passos com deveres feito estacas, não considerando indiferente se me alimento com carne ou peixe, cerveja ou vinho, mesmo que ambos me façam bem; uma micrologia que, se admitida na doutrina da virtude, tornaria seu domínio uma tirania" (MS, AA 06: 409).

Uma vez desfeito o receio de que o meramente permitido poderia cair no rol do moralmente indiferente, é possível elucidar as articulações conceituais em torno do permitido sem abandonar o domínio da moralidade. Para fazer frente àqueles intérpretes da doutrina kantiana do direito que a veem fora da moral em geral, é aconselhável interpretar todas as passagens relevantes da *Metafísica dos costumes* no sentido de uma permissão propriamente moral. A licitude constitui um elemento definitivo do que é direito ou justo: "*Justo* ou *injusto* (*rectum aut minus rectum*) em geral é um ato enquanto é conforme ou contrário ao dever (*factum licitum aut illicitum*)" (MS, AA 06: 223)[2]. No caso da ilicitude, está

---

[2] A correspondência que se estabelece assim entre o justo/direito, o lícito e o conforme ao dever pode ser encontrada também numa passagem da *Lógica*: "Temos de *estar* inteiramente *certos* se algo é justo ou injusto, conforme ou contrário ao dever, lícito ou ilícito" (Log, AA 09: 70). Para completar a lista, bastaria acrescentar o praticamente possível/impossível e o moralmente possível/impossível, que têm o mesmo significado.

desde logo claro que se trata de uma determinação contrária à lei e, em sua execução, ao dever. Mas o lícito tampouco deve ser entendido no sentido de uma total indiferença em relação à moralidade, como poderiam sugerir os termos "*erlaubt*" e "*Erlaubniss*" empregados por Kant, mais literalmente traduzidos por "permitido" e "permissão", respectivamente. Na concepção prática de Kant, o lícito é antes caracterizado como aquilo que é conforme ao dever (*pflichtmässig*). Para evitar que a conformidade ao dever seja interpretada, entretanto, como decorrente de uma exigência igualmente moral, é importante lembrar a distinção entre "conforme ao dever" e "por dever", que Kant introduz já na *Fundamentação da metafísica dos costumes* (cf. GMS, AA 04: 397 ss.).

A mera conformidade ao dever ou à lei pode ocorrer, seja em ações obrigatórias, nas quais a liberdade está restringida por uma lei prescritiva ou proibitiva, seja em ações meramente permitidas. No primeiro caso, a mera conformidade ao dever constitui o que é simplesmente devido, enquanto a adoção da lei como máxima de sua vontade constitui mérito moral: "É *meritório* (*meritum*) o que alguém faz em conformidade ao dever *a mais* do que lhe pode ser exigido segundo a lei; aquilo que ele faz apenas justamente *conforme* à lei é *devido* (*debitum*); por fim, o que ele faz *a menos* do que exige a lei é *culpa* moral (*demeritum*)" (MS, AA 06: 227). Essa apreciação vale tanto para a ética quanto para o direito, como ressalta de uma passagem da introdução à doutrina da virtude: "Ainda que a conformidade das ações ao direito (ser um homem direito) não seja algo meritório, a [conformidade] das máximas de tais ações como deveres, i. é, o *respeito* pelo direito, é *meritório*" (MS, AA 06: 390). Quer dizer, fazer o que é direito porque é direito, e não porque há dispositivos externos de coação, constitui um mérito moral. Mas o direito não é definido por esse mérito, e sim pela autorização de constituir aqueles dispositivos de coação externa.

No segundo caso, a conformidade ao dever se apresenta em relação a uma cláusula que exclui certas ações (a saber, todas as ações ilícitas), deixando as demais a critério do agente. Este é livre para fazer ou deixar de fazer o que bem lhe aprouver, desde que se restrinja ao lícito, quer dizer, desde que não queira o ilícito. Nesse caso, a conformidade ao dever não implica diretamente uma obrigação ou a submissão a uma lei que ordena ou proíbe ações determinadas. O meramente permitido ou lícito descortina uma ampla esfera de decisões e ações arbitrárias, sem que seja abandonado por isso o horizonte da moralidade.

Em relação ao que lhe é permitido, a liberdade já não é restringida por nenhuma lei, seja prescritiva, seja proibitiva. Pode, portanto, fazer ou deixar de fazer a seu bel-prazer. Essa liberdade ainda não determinada por lei alguma constitui a autorização como faculdade moral (*facultas moralis*), ou seja, como mera possibilidade moral de agir. Na introdução à doutrina da virtude (cf. MS, AA 06: 383), essa autorização originada no âmbito da legislação moral é especificada ainda como faculdade moral em geral (*facultas moralis generatim*), para distingui-la da autorização de coagir outros no sentido de respeitar as decisões e ações provenientes do meu arbítrio, a qual constitui uma faculdade propriamente jurídica (*facultas juridica*). No desenvolvimento da doutrina kantiana do direito, então, essa dupla ordem de autorização proveniente da razão prática pura constitui o recurso fundamental.

1.2.2. O direito como autorização da razão prática pura

A autorização como *facultas moralis generatim* ou licitude moral em geral se encontra enunciada naquilo que Kant chama de princípio universal do direito: "É *justa* toda ação segundo a qual ou segundo cuja máxima a liberdade do arbítrio de cada um pode coexistir com a liberdade de qualquer um segundo uma lei universal etc." (MS, AA 06: 230). Na ação justa ou direita não se trata necessariamente de uma ação derivada de uma lei universal (prescritiva ou proibitiva); para que uma ação seja justa ou direita basta que a determinação do arbítrio de quem a realiza possa coexistir universalmente com as determinações dos arbítrios alheios, ou seja, basta que a ação não lese as determinações dos arbítrios dos outros, o que por sua vez significa que a ação não seja ilícita. Tomada em si mesma, a ação pode ser realizada desde que não vá contra nenhuma lei universal (prescritiva ou proibitiva). É claro que isso não torna a ação obrigatória.

A formulação de Kant não prima exatamente pela clareza neste ponto. A enunciação teria sido muito mais clara se tivesse recorrido ao conceito de permissão ou licitude, como ocorre na introdução da *Metafísica dos costumes* (cf. MS, AA 06: 223). A formulação seria então aproximadamente a seguinte: é justa, reta ou direita toda ação lícita ou conforme ao dever. Em vez de se perder em confusos lembretes ao leitor para que não esqueça que se trata da ação tomada em sua exterioridade, de uma mera conformidade externa à lei ou ao dever, e não da exigência ética de uma conformidade interna da vontade à lei (por respeito à lei) ou ao dever (por dever), o texto teria sido mais elucidativo se tivesse em seguida se limitado a explicitar o lugar que ocupa na conceituação prática de Kant o meramente lícito, permitido ou conforme ao dever. Como se viu acima, é preciso repassar quase toda a obra de Kant para encontrar os elementos que permitem situar claramente na filosofia prática kantiana o conceito da licitude e, por conseguinte, da autorização. Enunciado como está o princípio universal do direito, não surpreende que muitos leitores de Kant encontrem nele uma formulação confusa da própria lei moral, arrematada na última alínea do parágrafo por uma lei universal do direito na forma de um imperativo categórico! Lido com atenção, entretanto, o parágrafo mostra o esforço de Kant em manter afastada a interpretação ética de sua terminologia insuficientemente elucidada.

O conceito ou princípio geral do direito diz apenas que é direito de cada um realizar ou deixar de realizar todas aquelas ações que não são contrárias a uma lei universal, ou seja, são lícitas. Neste momento, tem-se, portanto, a autorização mais geral da razão prática pura, sendo o direito entendido simplesmente como uma permissão ou faculdade moral em geral. Para que essa autorização moral em geral possa desdobrar-se em suas consequências externas, quer dizer, em suas consequências para o arbítrio dos outros, é preciso que a razão prática pura autorize algo mais, que será definitivo do direito em sentido estrito ou como *facultas juridica* (faculdade ou autorização propriamente jurídica): "está ligado ao direito ao mesmo tempo uma autorização de coagir aquele que lhe causa prejuízo" (MS, AA 06: 231). A autorização de coagir os outros constitui, portanto, o direito em sentido estrito. A dedução racional dessa autorização de coagir os outros explicita apenas o que está implícito no próprio conceito de licitude ou autorização moral: se minha ação é lícita, quer dizer, não lesa nenhuma determinação lícita de um arbítrio alheio, então a ação decorrente do arbítrio de um outro que impede minha ação ou lesa meu arbítrio é por sua vez ilícita, estando eu autorizado a lhe opor resistência para impedir que o outro impeça ilicitamente minha ação lícita ou suas consequências.

Na demonstração da racionalidade do direito, seja em geral, seja em sentido estrito, o ponto de partida é a autorização que cada um recebe de fazer ou deixar de fazer o que bem lhe apraz. Esse desenvolvimento do direito em sua especificidade vem misturado infelizmente com a dimensão da obrigação que dele decorre posteriormente, como se vê, por exemplo, numa passagem como a seguinte: "Esta proposição quer dizer que o direito não deve ser pensado como composto de duas partes, a saber, a obrigação segundo uma lei e a autorização daquele que obriga o outro através de seu arbítrio de coagi-lo ao cumprimento da obrigação, mas se pode fazer o conceito do direito consistir imediatamente na possibilidade da conexão da coação recíproca universal com a liberdade de qualquer um" (MS, AA 06: 232). Uma única frase apresenta assim duas formulações conceitualmente distintas das partes envolvidas no conceito do direito. No final da frase, encontra-se a formulação adequada ao contexto: é possível ou permitido conectar o direito como liberdade de qualquer um (entenda-se: como licença de fazer ou deixar de fazer arbitrariamente tudo o que é lícito) imediatamente com a coação do arbítrio dos outros, a saber, para que respeitem minha liberdade. Da minha liberdade licitamente exercida decorre uma obrigação dos outros de respeitar as determinações do meu arbítrio, uma obrigação que é tirada do nível do meramente ético ou das disposições internas com a autorização da coação, que, sendo lícita por sua vez, constitui uma ordem racional de obrigações externas e propriamente jurídicas. Para que resulte daí uma obrigação para mim, basta inverter os lados: o que é direito do outro constitui para mim um dever. É esse último desdobramento que se encontra, entretanto, no início da frase em análise, dando a impressão de que a primeira parte envolvida, ou seja, aquela que define o conceito do direito em geral, só pode ser pensada como uma obrigação moral[3]. A reconstituição que vem sendo feita aqui do argumento

---

[3] Aliás, Kant só pode falar em obrigação moral nesta altura do texto porque inverte a relação: a obrigação de que se trata é claramente a do outro de respeitar o meu direito, obrigação moral a que se liga então a autorização que me é conferida pela razão de coagi-lo externamente a cumprir essa sua obrigação. A ordem direta do argumento é a seguinte: ao meu direito (licença, autorização, faculdade moral) de fazer ou deixar de fazer o que me aprouver, desde que seja lícito, está vinculado

kantiano mostra que esse não é o caso. Também o conceito do direito em geral, que Kant chama em outra passagem de conceito moral do direito (cf. MS, AA 06: 230), tem de ser entendido como autorização moral em geral, antes de se passar a considerar a ordem das obrigações que dele decorrem.

Na dedução da autorização de coagir, Kant emprega um conceito de possibilidade que ainda requer uma análise. Esse conceito de possibilidade será fundamental nos argumentos que Kant desenvolve ao longo da doutrina do direito, tratando-se de mostrar, ora que "é possível...", ora "como é possível...". Seguidamente os argumentos são introduzidos com a questão: "Como é possível...?" A compreensão desses argumentos, sobretudo de sua natureza prática, depende obviamente da compreensão do sentido do conceito de possibilidade neste contexto. Foi visto acima que o par lícito/ilícito ocupa no rol das categorias modais da razão prática o lugar do possível/impossível. A explicitação do novo significado que o par possível/impossível adquire nos textos sobre filosofia prática não é feita nas respectivas considerações sobre a tábua daquelas categorias na *Crítica da razão prática*, mas pode ser encontrada na introdução à *Metafísica dos costumes*, onde é dito que, de acordo com a legislação moral, "certas ações são *lícitas* ou *ilícitas*, i. é, moralmente possíveis ou impossíveis" (MS, AA 06: 221). O conceito de possibilidade tem, portanto, um sentido bem preciso no âmbito da filosofia prática kantiana, a saber, o de licitude, permissão, faculdade ou autorização.

Assim, a "possibilidade de uma coação externa" (cf. MS, AA 06: 232) não diz respeito à possibilidade física de lançar mão de dispositivos externos para coagir os outros, mas à permissão ou

---

ainda o direito ou autorização de coagir os outros caso não respeitem este meu direito, quer dizer, caso se disponham a fazer o ilícito para impedir o meu lícito.

autorização racional (à licitude) de assim proceder. Da compreensão desse deslocamento semântico na terminologia modal empregada por Kant depende a compreensão do restante de sua doutrina do direito. Como o ponto está suficientemente claro agora, bastará apontar para algumas estações importantes do desenvolvimento dessa doutrina. A primeira se encontra logo na abertura da doutrina do direito privado, no enunciado do postulado jurídico da razão prática que vai autorizar a posse e a propriedade: "É possível ter como o meu qualquer objeto externo de meu arbítrio" (MS, AA 06: 246). Esse postulado nada mais diz, portanto, do que "é permitido ter como seu um objeto externo de seu arbítrio", razão pela qual acaba sendo chamado em seguida de lei permissiva da razão prática, uma expressão cuja inconveniência foi apontada acima. Na dedução da propriedade, em que se trata de demonstrar a possibilidade (quer dizer, mais uma vez, a permissão racional) de uma posse inteligível ou simplesmente jurídica (cf. MS, AA 06: 252), encontra-se a segunda estação das demonstrações de possibilidade ou licitude de fazer e pretender algo com consequências jurídicas. A questão da possibilidade da posse jurídica leva mesmo a "uma antinomia das proposições sobre a possibilidade de uma tal posse" (MS, AA 06: 254): é possível..., não é possível..., quer dizer: é permitido..., não é permitido... Outras estações correlatas no âmbito do direito privado são a da possibilidade de uma aquisição em geral (cf. MS, AA 06: 258), de uma aquisição originária do solo (cf. MS, AA 06: 262) e de uma aquisição por usucapião (cf. MS, AA 06: 292). Mas a questão da possibilidade no sentido da permissão pode ser colocada facilmente em relação aos demais conceitos jurídicos de que se ocupa a doutrina do direito de Kant. Na análise dos textos kantianos no âmbito da filosofia prática, é importante sempre estabelecer o significado dos termos modais empregados, pois Kant alterna continuamente entre o significado teórico e o prático, de modo que a compreensão depende do contexto.

No desenvolvimento do direito privado, Kant remete seguidamente ao postulado da razão prática como o verdadeiro fundamento do conceito que se pretende deduzir. Ora, como visto, esse postulado enuncia uma permissão ou autorização da razão prática pura, revelando-se este momento da determinação racional como essencial para a dedução puramente racional dos conceitos jurídicos. Além disso, segue-se da mera possibilidade ou permissão de ter algo externo como seu ainda a autorização de obrigar os outros a entrar num estado jurídico: "antes da constituição civil (ou *abstraindo* dela), devem ser admitidos como possível um meu e teu externo e ao mesmo tempo um direito de obrigar qualquer um, com quem pudéssemos chegar a ter contato de uma forma qualquer, a se juntar conosco em uma constituição em que pode ser assegurado aquele meu e teu externo" (MS, AA 06: 256). Como esse direito de obrigar o outro a entrar comigo numa constituição civil que garanta nossos direitos privados constitui o momento decisivo na dedução do conceito de Estado, vê-se a importância que essa linha de desenvolvimento com base no conceito de autorização tem na doutrina kantiana do direito.

1.3. Dificuldades superadas por esta interpretação

Reconstituindo a linha de fundamentação do direito como uma sequência de autorizações da razão prática pura, obtém-se o direito como espécie da moral, ou seja, a doutrina do direito natural como uma das duas partes da filosofia prática ou moral de Kant. Sem extrapolar o domínio da legislação moral, a esfera específica do direito só se constitui a partir de decisões arbitrárias do agente que levam a ações meramente possíveis do ponto de vista das leis morais propriamente ditas, sendo todas autorizadas desde que não impliquem um ilícito (moralmente impossível).

Compreendendo-se o direito em sua relação contínua com essa cláusula moral excludente do que é ilícito (o direito como autorização de tudo o que não é ilícito, quer dizer, como permissão do não-não-permitido, do lícito como não-não-lícito), é possível já responder à dificuldade que muitos leitores de Kant encontram com o enquadramento de sua doutrina do direito na filosofia moral. A resposta aqui é inequívoca: a doutrina kantiana do direito é parte de sua filosofia moral.

A dificuldade seguinte parece decorrer desta primeira resposta: em que medida os princípios do direito natural constituem imperativos do direito? Pois na filosofia moral kantiana a lei moral tem de se enunciar como um imperativo categórico sempre que se trata de uma vontade imperfeita. Vontades perfeitas, aliás, sequer precisariam da ordem do direito, pois não precisariam ser coagidas externamente para respeitar o arbítrio dos outros. Os princípios do direito natural constituem então necessariamente imperativos do direito? Indiretamente sim, mas, o que é fundamental para a leitura aqui proposta, diretamente não. Diretamente, os princípios puramente racionais para o direito envolvem tão somente autorizações, que não constituem obrigações, mas apenas licenças para fazer ou deixar de fazer a bel-prazer. A fundamentação racional do direito se baseia nessa ordem das autorizações da razão prática pura.

Para chegar daí a um imperativo, entretanto, é preciso inverter a relação, uma inversão tornada necessária pela mesma razão prática pura: uma vez que o lícito ou autorizado já traz o selo da racionalidade, impedir os outros na execução do que é lícito constitui para mim um ilícito, estando, portanto, submetido a uma lei obrigatória, de que decorre diretamente o imperativo categórico do direito: "age exteriormente de tal maneira que o livre uso de teu arbítrio possa coexistir com a liberdade de qualquer um segundo uma lei universal" (MS, AA 06: 231). Em termos mais triviais, a inversão pode ser formulada assim: o meu direito constitui um dever para os outros, o direito dos outros constitui um dever para mim. Esse meu dever é inicialmente um dever jurídico, ou seja, um dever que me pode ser cobrado externamente; mas, como corresponde a um direito do outro que lhe foi conferido pela razão, ele será indiretamente também um dever ético, ou seja, um dever que um ser racional deve admitir como máxima de sua vontade.

Com isso tocamos já na dificuldade seguinte, qual seja, a da relação do direito com a ética, como as duas espécies da moral. Como visto, o que distingue a ética é a exigência de admitir a lei como máxima da vontade, de ter a ordem do dever como móbil de suas ações. Diretamente, o direito, mesmo o natural, não faz essa exigência. Entretanto, como o direito natural apenas explicita as autorizações conferidas pela razão prática pura, os deveres que me tocam em virtude dos direitos dos outros são necessariamente incorporados pela ética, sendo os deveres jurídicos indiretamente também deveres éticos: "A ética certamente possui seus próprios deveres (p. ex., os deveres para consigo mesmo), mas tem também deveres em comum com o direito, apenas não o modo de *obrigação*. Pois realizar ações simplesmente por serem deveres e fazer do princípio do próprio dever, de onde quer que venha, o móbil suficiente do arbítrio é o característico da legislação ética. Assim, portanto, há com certeza muitos deveres *diretamente éticos*, mas a legislação interna também torna todos os demais indiretamente éticos" (MS, AA 06: 220-221).

Estando claro já como essa incorporação ética pode valer para os deveres decorrentes do direito natural, apresenta-se uma nova dificuldade: as obrigações propriamente jurídicas decorrentes do direito positivo também são indiretamente éticas? A resposta neste caso é igualmente afirmativa, apesar de serem necessários alguns passos intermediários cuja análise extrapola o objetivo do presente trabalho. Sejam apenas mencionados os essenciais: 1. ao meu direito de obrigar os outros a entrar comigo no estado jurídico corresponde um direito igual dos outros que constitui para mim o dever de entrar com eles num tal estado, cuja garantia será o Estado; 2. o Estado a que estou sempre já submetido é o Estado em que devo estar. Leis contestáveis do ponto de vista puramente racional devem ser reformadas, mas enquanto em vigor devem ser obedecidas.

Como a obediência à lei jurídica pode ser meramente externa, há quem defenda a tese de que na doutrina kantiana do direito as leis jurídicas se apresentam, no concernente à legislação interna ou ética, como imperativos meramente hipotéticos[4], acarretando mais uma dificuldade: os imperativos jurídicos são imperativos categóricos ou hipotéticos? Essa dificuldade não diz respeito naturalmente ao caráter do mandamento jurídico em sua exterioridade, onde sua incondicionalidade depende da eficácia do poder público; trata-se do caráter do imperativo decorrente da lei jurídica com sua incorporação à ética. Uma vez compreendido o princípio da incorporação do jurídico ao ético, essa dificuldade se desfaz, pois é claro que no domínio da ética a razão se impõe por imperativos categóricos.

Uma última dificuldade pode ser encontrada na relação da legislação jurídica com os princípios determinantes da vontade, colocando-se a seguinte questão: as leis do direito, enquanto leis que comandam externamente, são leis de autonomia ou de heteronomia? Como a garantia efetiva dos direitos só pode ser dada

---

[4] Essa posição e a seguinte (acerca da heteronomia) são defendidas, entre outros, por N. Bobbio, em seu livro *Direito e Estado no pensamento de Emanuel Kant*.

com o Estado, que outorga e cobra externamente suas leis, mesmo contra a vontade dos seus membros, parece que essas leis só podem ser entendidas como leis de heteronomia, ou seja, como leis dadas de fora da vontade dos indivíduos. Para evitar essa conclusão apressada, é preciso cuidar para que a doutrina kantiana do direito público seja entendida devidamente como parte do direito natural, estando em questão precisamente as condições sob as quais um Estado pode ser reconhecido como racional, ou seja, como fonte de leis universalmente válidas. Entre essas condições está a de que o povo ou a totalidade dos indivíduos submetidos a um Estado constitua o poder legislador, de tal modo que as leis a que todos têm de se submeter são originárias da vontade de todos, o que define a liberdade jurídica ou externa de cada um: "Minha liberdade externa (jurídica) [...] é a autorização de não obedecer a quaisquer leis externas a não ser àquelas a que eu tenha podido dar minha anuência" (ZeF, AA 08: 350 nota). Nesta medida, mesmo as leis positivas de um Estado constituído são leis da autonomia, e não leis heterônomas.

Mostrando-se capaz de superar tantas dificuldades levantadas pela literatura kantiana, a interpretação aqui apresentada ganha um reforço por esse lado. Seu maior mérito me parece ser, entretanto, a possibilidade de reconstituir de maneira coerente as diversas etapas da doutrina kantiana do direito natural, como esboçado acima.

2. O DIREITO COMO EXTERIORIDADE DA LEGISLAÇÃO PRÁTICA

Na distinção entre direito e ética, a *Metafísica dos costumes* associa seguidamente ao direito o qualificativo de externo. Partindo daí, já G. Solari propunha uma leitura da filosofia do direito de Kant com ênfase na tendência "a mecanizar a relação jurídica mediante a coação e a exterioridade"⁵. Ainda que se possa falar, em certa medida, de uma exigência de mecanização das relações jurídicas em Kant, não parece necessário, contudo, concluir daí que a filosofia kantiana do direito propõe uma analogia "íntima e perfeita" entre a ciência do direito e a matemática⁶, distanciando--se "da ciência do espírito para assumir formas e métodos próprios das ciências físicas e matemáticas"⁷. A insistência neste último ponto, com base no que Kant diz na observação ao § E da Introdução à Doutrina do Direito, leva a desconsiderar os procedimentos peculiares adotados nos *Princípios metafísicos da doutrina do direito*, e que são procedimentos característicos da filosofia *prática* kantiana.

Sem compartilhar, portanto, o excesso mecanicista da interpretação proposta por Solari, cabe aqui mostrar que a caracterização do direito como exterioridade faz sentido nos termos mesmos da filosofia prática kantiana. Trata-se, pois, de enfatizar a natureza externa, e como que mecânica, das relações jurídicas, quando se está falando de direito em sentido estrito. A exterioridade do direito não deve ser entendida, contudo, como uma simples exteriorização da legislação prática, pois todo seguimento da lei moral seria, na medida em que tem consequências no mundo externo, uma exteriorização da lei, o que não significa, entretanto, que tal seguimento também instituiria relações de legalidade no mundo externo. Ora, é precisamente isso que o direito tem de fazer para ter uma função específica no domínio prático, caracterizando-se então propriamente como exterioridade da legislação prática.

---

[5] G. Solari, *Studi storici di filosofia del diritto* (cap. VII: "Scienza e Metafisica del Diritto in Kant"), Turim, G. Giappichelli, 1949, p. 215.
[6] Cf. G. Solari, *Studi storici di filosofia del diritto*, p. 214.
[7] G. Solari, *Studi storici di filosofia del diritto*, p. 215.

2.1. "Externo" e "interno" na filosofia prática dos wolffianos

Os wolffianos entendiam a filosofia prática como "ciência das obrigações dos homens"[8], constituindo o conceito de obrigação (*obligatio*) também o referencial para a subdivisão ulterior do domínio prático. Em alguns casos, a relação de obrigação pode ser conhecida suficientemente "da natureza das ações e dos agentes"; em outros, apenas "do arbítrio livre de algum outro", o que permite distinguir as obrigações internas das obrigações externas: "Aquela *obrigação* é *natural* (objetiva, intrínseca, interna), esta é *positiva* (arbitrária, subjetiva, formal, extrínseca, externa)."[9] A obrigação é interna quando decorre da própria natureza racional do agente, sem que seja necessário levar em consideração o arbítrio de outros; quando a obrigação decorre tão somente da relação ao arbítrio alheio, trata-se de uma obrigação externa.

Uma vez que a obrigação a ações contrárias à própria inclinação tem de se apresentar como coação moral[10], pela qual certas ações são tornadas moralmente necessárias, mesmo havendo desejos ou inclinações contrários, encontra-se desenvolvida a distinção entre o externo e o interno particularmente em relação à coação moral. A coação moral interna pressupõe certamente a liberdade, pois nela o ser racional livre apenas coage a si mesmo: "*A coação moral interna*, pela qual a pessoa é dita coagir-se a si mesma, é obrigação de si mesmo."[11] Na coação moral interna, tem-se uma relação de coação intrínseca à vontade da pessoa, não

---

[8] Baumgarten, *Initia philosophiae practicae primae*, § 1 (reimpresso em AA 19: 9).
[9] Baumgarten, *Initia philosophiae practicae primae*, § 29 (AA 19: 19).
[10] Cf. Baumgarten, *Metaphysica*, § 723 (AA 17: 137): "Necessitatio moralis est *obligatio*. Obligatio ad actionem invitam erit *coactio moralis*." Infelizmente não dispomos em português de um equivalente para o termo latino "*necessitatio*" e seu correspondente alemão "*Nötigung*". No contexto, entretanto, é possível substituí-lo por "coação", com base na equivalência estabelecida por Baumgarten no § 701 da *Metaphysica*: "*Necessitatio* (coactio) est mutatio alicuius ex contingenti in necessarium."
[11] Baumgarten, *Initia philosophiae practicae primae*, § 51 (AA 19: 27).

sendo necessário apontar, em sua determinação, para a vontade ou o arbítrio de outros. A relação ao arbítrio de outros é constitutiva, entretanto, da coação moral externa: "*A coação moral externa*, pela qual a pessoa é dita coagir a outra em certa medida, é obrigação de outrem."[12] Como coação moral, e não física[13], a coação moral externa certamente pressupõe também a liberdade, ainda que Baumgarten não apresente uma resposta à questão que se costuma fazer aqui, a saber, a de como é possível conciliar a liberdade com a coação e particularmente com a coação externa. Em todo caso, a coação moral externa é definida em termos de ameaça de violência física, tratando-se da autorização para a extorsão de uma determinação do arbítrio alheio. O que define uma obrigação como externa é precisamente a possibilidade de que a determinação de nosso arbítrio no sentido daquilo que exige a obrigação nos seja extorquida: "*Somos obrigados externamente* se e na medida em que nos representamos a *determinação livre* como *podendo ser extorquida, i. e.*, tal que sua extorsão é moralmente possível ou lícita por parte de outros homens. Somos obrigados [apenas] *internamente*, contudo, se e na medida em que não nos representamos a determinação livre, à qual somos obrigados, como podendo ser extorquida."[14] A possibilidade ou impossibilidade (moral) de uma tal extorsão constitui, ademais, a base para a distinção entre deveres perfeitos e imperfeitos: "A *obrigação* a uma determinação livre através de uma extorsão lícita por parte de outros homens é *externa* (plena, perfeita), as demais são *obrigações internas* (não plenas, imperfeitas)."[15] Uma obrigação externa vem acompanhada, portanto, da permissão de extorquir uma determinação do arbítrio livre.

---

[12] Baumgarten, *Initia philosophiae practicae primae*, § 52 (AA 19: 28).
[13] A contraposição entre a necessidade física e a necessidade moral encontra-se explicitada em Baumgarten, *Initia philosophiae practicae primae*, §§ 11 e 12 (AA 19: 12).
[14] Baumgarten, *Initia philosophiae practicae primae*, § 56 (AA 19: 30).
[15] Baumgarten, *Initia philosophiae practicae primae*, § 56 (AA 19: 30).

Definindo-se as leis morais como proposições que enunciam as obrigações[16], tem-se o referencial para finalmente abordar a espécie jurídica da obrigação, distinguindo-se seis sentidos diferentes do termo "direito" (*jus*): "*Direito* significa: 1) a ação conforme à lei; 2) a lei; 3) o complexo de leis semelhantes em sentido lato; 4) o complexo de leis semelhantes em sentido estrito, o direito *estrito* (externo, coativo, pleno, perfeito); 5) uma faculdade moral qualquer, em sentido lato; [...] 6) *em sentido estrito*, o *direito* é a faculdade moral concedida pelas leis em sentido estrito [quer dizer, leis externas, coercitivas]."[17] Esses diferentes significados do termo "direito" (*jus* ou *Recht*) perpassam ainda o texto de Kant, em que são particularmente relevantes o primeiro, o quarto e o sexto. A partir das diversas distinções traçadas por Baumgarten, Kant vai elaborando suas próprias contraposições.

Assim, em seus apontamentos ao manual de Baumgarten, Kant observa nos anos 1770: "moralidade interna, pela natureza da ação (externa, por dever em relação a ordens)" (R 6480, AA XIX, 21). Esboça-se, portanto, a distinção posterior entre moralidade (aqui, moralidade interna) e legalidade (aqui, moralidade externa, também presente com o termo latino "*legalitas*"). E, já nos anos 1770, explicita uma distinção entre o direito e a ética, com base precisamente no modo de coagir: "sou coagido moralmente de forma externa através de motivos do direito; de forma interna, através de motivos da ética" (Refl 6492, AA 19: 27).

2.2. A exterioridade das relações jurídicas em Kant

Como visto, as leis jurídicas, por serem leis da liberdade, são também chamadas de leis morais, tanto por Baumgarten quanto por Kant. Distinguem-se das leis éticas por incidirem "apenas so-

---

[16] Cf. Baumgarten, *Initia philosophiae practicae primae*, § 60 (AA 19: 32).
[17] Baumgarten, *Initia philosophiae practicae primae*, § 64 (AA 19: 33).

bre ações meramente externas e sua legalidade" (MS, AA 06: 214), o que significa que não exigem que a própria lei seja também o móbil na determinação do arbítrio, contentando-se com uma adequação meramente externa ao que é exigido pela lei. Nesta medida, as leis jurídicas incidem tão somente sobre a liberdade no uso externo do arbítrio, quer dizer, na determinação do arbítrio a ações externas, pelas quais se torna capaz de influenciar a esfera de determinação do arbítrio dos outros. A liberdade no uso interno do arbítrio, quer dizer, na determinação interna do arbítrio em relação à própria lei, concerne apenas à legislação ética (cf. MS, AA 06: 214).

A distinção entre externo e interno é aplicada também aos deveres, tendo-se os deveres de direito (*Rechtspflichten*) como deveres externos e os deveres de virtude (*Tugendpflichten*) como deveres internos: "Os deveres pela legislação jurídica só podem ser deveres externos porque esta legislação não exige que a ideia deste dever, a qual é interna, seja por si mesma fundamento de determinação do arbítrio do agente, e, uma vez que precisa ainda assim de um móbil apropriado para as leis, ela somente pode ligar móbeis externos com a lei" (MS, AA 06: 219). Ainda que a caracterização das obrigações (*Verbindlichkeiten*) jurídicas como deveres (*Pflichten*) possa sugerir aqui uma incorporação ética antecipada ou precipitada – uma vez que, segundo a *Fundamentação da metafísica dos costumes*, o conceito do dever implica a adequação à lei por respeito à própria lei (cf. GMS, AA 04: 400) –, trata-se claramente, contudo, de uma obrigação apenas externa, o que é explicitado apontando-se para a necessidade de se ligar um móbil externo com a lei. Um dever é externo, nesse sentido, na medida em que pode ser cobrado ou coagido (extorquido) externamente. Na perspectiva da legislação jurídica, os deveres jurídicos são obrigações meramente externas, não se esperando que a pessoa os cumpra por respeito (interno) à própria lei; pelo contrário, a legislação jurídica só se torna efetiva ao ligar à lei um móbil com fundamento externo.

Como a legislação ética se caracteriza precisamente pela exigência de que a adequação à lei tenha como fundamento único o móbil interno do respeito à lei, está claro que ela não pode ser externa, ao contrário da legislação jurídica: "A legislação ética (mesmo que os deveres possam ser também externos) é aquela que não *pode* ser externa; a jurídica é aquela que também pode ser externa" (MS, AA 06: 220). A legislação jurídica é confrontada aqui com a legislação ética, distinguindo-se então vagamente como podendo ser externa, o que poderia deixar em aberto a possibilidade de uma legislação jurídica que não fosse efetivamente externa; como veremos adiante, contudo, a legislação jurídica é bem mais aquela que não só pode, mas precisa ser efetivamente externa.

As leis oriundas de uma legislação jurídica são ditas leis externas, numa terminologia também prefigurada em Baumgarten: "As leis obrigatórias para as quais é possível uma legislação externa chamam-se em geral leis externas (*leges externae*)" (MS, AA 06: 224). Estas leis externas dividem-se em duas espécies, a primeira constituída daquelas leis jurídicas que podem ser conhecidas *a priori* pela razão, quer dizer, sem levar em consideração uma legislação externa efetiva (positiva), a segunda constituída daquelas leis jurídicas que provêm de uma legislação externa positiva: "aquelas cuja obrigação pode ser conhecida *a priori* pela razão, mesmo sem legislação externa, são leis *naturais*, ainda que externas; aquelas, ao contrário, que nem sequer obrigam sem uma legislação externa efetiva (portanto, sem a última, não seriam leis) chamam-se leis *positivas*" (MS, AA 06: 224). Claro está que a incorporação das leis jurídicas naturais às exigências da ética se dá sem maior dificuldade; a incorporação das leis positivas, entretanto, constitui um problema, a que poderemos responder só parcialmente adiante, ao tratar da implementação da exterioridade do direito.

Vê-se, pois, que a caracterização do direito como exterioridade passa por todas as instâncias que permitem distinguir o direito no âmbito da filosofia prática. Avançando no sentido de maior sistematização, tem-se que, na análise do conceito do direito em geral, Kant explicita em três momentos distintos a exterioridade das relações de direito. Assim, "o conceito do direito diz respeito, *em primeiro lugar*, apenas à relação externa e prática de uma pessoa com uma outra, na medida em que suas ações, como fatos, podem ter (imediata ou mediatamente) influência umas sobre as outras" (MS, AA 06: 230). Apenas ações externas com consequências externas são objeto de determinações de dircito, porque somente elas estabelecem uma relação prática externa entre os diversos arbítrios, na medida em que, por si mesmas ou em suas consequências, têm influência sobre o âmbito de determinação do arbítrio alheio. As determinações internas da vontade ficam, portanto, fora da esfera jurídica; má vontade, desejos perversos e coisas do gênero não são levados em consideração pelo julgamento meramente jurídico, desde que não cheguem a se efetivar em ações externas injustas.

Na explicitação da exterioridade da relação jurídica, é importante ademais registrar que o conceito do direito "*em segundo lugar*, não significa a relação do arbítrio ao *desejo* (portanto à mera necessidade) do outro, como por exemplo nas ações da caridade ou da indiferença, mas apenas ao *arbítrio* do outro" (MS, AA 06: 230). A relação ao desejo do outro seria uma relação a uma determinação interna do outro, a qual pode ser objeto de determinações éticas, mas não de determinações jurídicas, na medida em que estas devem permanecer circunscritas ao âmbito das relações meramente externas; neste âmbito, o outro comparece também apenas exteriormente, como arbítrio que se determina a ações externas.

Uma vez que os fins que o outro se propõe, a matéria do arbítrio, decorrem de determinações internas de sua vontade, a estrita exterioridade do direito tem como consequência sua formalidade: "*Em terceiro lugar*, nesta relação recíproca do arbítrio, também não é levada em consideração a *matéria* do arbítrio, i. é, o fim que cada um se propõe com o objeto que quer; p. ex., não se pergunta se alguém terá vantagem ou não com a mercadoria que compra de mim para o seu próprio comércio, mas pergunta-se apenas pela *forma* na relação do arbítrio recíproco, na medida em que ele é considerado simplesmente como *livre*, e se assim a ação de um dos dois se deixa pôr de acordo com o arbítrio do outro segundo uma lei universal da liberdade" (MS, AA 06: 230). Poder-se-ia dizer que, do ponto de vista material das determinações internas da faculdade de desejar, o arbítrio é essencialmente infinito; que ele possa ainda assim ser unificado com outros arbítrios, igualmente infinitos, depende precisamente dessa abstração formal de toda matéria, limitando-se o conceito do direito às condições externas sob as quais o arbítrio de um pode coexistir com o arbítrio dos demais segundo o princípio da universalidade.

É no contexto desta explicitação da exterioridade das relações jurídicas que se deve ler então a definição da juridicidade de uma ação: "É *justa* toda ação segundo a qual ou segundo cuja máxima a liberdade do arbítrio de cada um pode coexistir com a liberdade de qualquer um segundo uma lei universal" (MS, AA 06: 230). Pois somente ações externas, com consequências externas, são relevantes quando se trata simplesmente de estabelecer um princípio universal da coexistência dos arbítrios. Assim como se abstrai, na definição de uma ação justa ou direita, das determinações internas da vontade alheia, retendo-a tão somente como arbítrio, quer dizer, como determinação a ações externas, da mesma forma não se considera nela a determinação interna da própria vontade: "Segue-se disso também que não se pode exigir que esse princípio de todas as máximas seja por sua vez também ele minha máxima, i. é, que eu *faça* dele *a máxima* de minha ação, pois cada um pode ser livre mesmo que sua liberdade me fosse inteiramente indiferente ou eu preferisse lá no fundo impedi-la, desde que eu não a prejudique por minha *ação externa*" (MS, AA 06: 231). O princípio do direito exige meramente uma adequação externa de meu arbítrio às condições que tornam possível sua coexistência universal com o arbítrio dos demais; entendendo-se que essas condições são enunciadas em leis, isso quer dizer que no direito se exige apenas a legalidade ou a mera conformidade à lei, mesmo que esta seja inteiramente externa.

2.3. O direito em sentido estrito como coação externa

O § C da Introdução à Doutrina do Direito apresenta, portanto, o princípio universal do direito em termos estritamente externos, o que permite uma definição do que é justo ou direito levando em consideração tão somente as relações externas entre os arbítrios. A par disso, no entanto, introduz ainda o momento decisivo que prepara a passagem para o conceito do direito em sentido estrito: "Se minha ação, portanto, ou em geral meu estado, pode coexistir com a liberdade de qualquer um segundo uma lei universal, então aquele que me impede nisso é injusto para comigo, pois esse impedimento (essa resistência) não pode coexistir com a liberdade segundo leis universais" (MS, AA 06: 231). Desde que minha ação seja justa, quer dizer, tal que permite a coexistência de meu arbítrio com o arbítrio de todos os outros, não impedindo, assim, o livre exercício dos demais arbítrios, estou plenamente autorizado pela razão a realizá-la. Em outros termos, tenho a faculdade moral plena de realizar uma ação justa, neste preciso sentido, ou seja, tenho o direito de realizá-la ou de determinar meu arbítrio no sentido de sua realização no mundo externo. A ação injusta é, por derivação, aquela que impede a realização de uma ação justa, quer dizer, aquela que impede o livre exercício do arbítrio alheio, constituindo, por conseguinte, um obstáculo à coexistência universal dos arbítrios livres.

Partindo dessa definição do que é uma ação injusta, apresentada ainda no âmbito formal e abstrato do conceito geral do direito, bastam algumas considerações para chegar ao conceito estrito do direito como faculdade da coação externa. Se uma ação injusta impede o arbítrio no exercício de sua liberdade segundo o princípio da universalidade, então impedir a ação injusta pode ser considerado uma ação justa, de certa maneira complementar (e eventualmente necessária) à ação justa pretendida inicialmente pelo arbítrio. Sendo assim, a coação pode ser justa, precisamente na medida em que visa impedir uma ação injusta, quer dizer, tal que impede o livre exercício do arbítrio alheio. Esse é o raciocínio seguido no § D da Introdução à Doutrina do Direito, em que se trata de mostrar que o direito vem acompanhado da autorização para coagir: "A resistência que se opõe ao impedimento de um efeito é uma promoção desse efeito e concorda com ele. Ora, tudo o que é injusto é um impedimento da liberdade segundo leis universais; a coação, no entanto, é um impedimento ou resistência sofrida pela liberdade. Por conseguinte, se certo uso da liberdade é ele mesmo um impedimento da liberdade segundo leis universais (i. é, injusto), então a coação que lhe é oposta é, enquanto *impedimento* de um *impedimento da liberdade*, concordante com a liberdade segundo leis universais, i. é, justa: portanto, de acordo com o princípio de contradição, está ligado ao direito ao mesmo tempo uma autorização de coagir aquele que lhe causa prejuízo" (MS, AA 06: 231). A coação enquanto impedimento ou remoção de um impedimento do livre exercício do arbítrio é, portanto, justa, constituindo um direito como faculdade moral de coagir outro arbítrio. Seria contraditório afirmar que alguém tem o direito a realizar determinada ação, por ser ela justa, e negar que ele pode realizar uma ação destinada exclusivamente a remover os obstáculos à ação pretendida, uma vez que a permanência dos obstáculos inviabiliza essa ação, resultando da negação de sua remoção a negação da própria ação, com o que se acaba negando o direito à ação. A faculdade de coagir segue-se, pois, analiticamente do conceito do direito.

Tendo em vista que, no estabelecimento da especificidade do direito em geral no domínio da filosofia prática, é a exterioridade das determinações que constitui a diferença específica, chega-se ao conceito estrito do direito, "a saber, aquele em que não se mescla nada de ético" (MS, AA 06: 232), precisamente pela coação externa, cuja finalidade é, do ponto de vista das determinações práticas, introduzir no âmbito da determinação do arbítrio um móbil não ético, quer dizer, um móbil diferente do respeito pela própria lei. O direito estrito é, neste sentido, aquele que se deixa representar pela coação externa, constituindo-se como direito ou faculdade moral de coagir. Kant é bastante enfático em sua afirmação de que "direito e autorização de coagir significam a mesma coisa": "o direito não deve ser pensado como composto de duas partes, a saber, a obrigação segundo uma lei e a autorização, daquele que obriga o outro através de seu arbítrio, de coagi-lo ao cumprimento da obrigação, mas pode-se fazer o conceito do direito consistir imediatamente na possibilidade da conexão da coação recíproca universal com a liberdade de qualquer um" (MS, AA 06: 232). Não se podendo recorrer na esfera do direito a uma coação interna como eventual motor para o cumprimento da obrigação, o que seria específico da ética, resta apenas a coação externa como garantia para o cumprimento das obrigações jurídicas; o direito estrito é, pois, a faculdade moral (possibilidade prática ou autorização) de ligar ao exercício da liberdade uma coação externa recíproca e universal, no intuito de impedir aquelas ações que impediriam o livre exercício dos arbítrios.

No conceito estrito do direito é enfatizado o momento da exterioridade, que já vinha sendo explicitado com o conceito geral do direito. No direito estrito requerem-se apenas fundamentos de determinação do arbítrio inteiramente externos, o que permite apresentá-lo também como o direito inteiramente externo: "o direito estrito, a saber, aquele em que não se mescla nada de ético, é aquele que não exige outros fundamentos de determinação do arbítrio a não ser os meramente externos, pois então ele é puro e sem mescla com qualquer prescrição de virtude. Portanto, só se pode chamar um direito *estrito* (estreito) o inteiramente externo" (MS, AA 06: 232). Considerado em sua especificidade, e independentemente de uma possível incorporação de suas leis ao âmbito da ética, o direito se caracteriza por sua exterioridade, nos diversos aspectos em que pode ser analisado. Sua efetividade depende da coação externa, que introduz um fundamento meramente externo na determinação do arbítrio; por isso, o direito estrito "se fundamenta no princípio da possibilidade de uma coação externa que pode coexistir com a liberdade de qualquer um segundo leis universais" (MS, AA 06: 232). Se a coação externa fosse moralmente impossível, quer dizer, ilícita, então não seria possível também o direito estrito, e consequentemente o direito em geral deixaria de ter uma esfera específica no domínio da *filosofia* prática.

3. A IMPLEMENTAÇÃO DA EXTERIORIDADE DA LEGISLAÇÃO PRÁTICA

Definitivamente, a legislação prática da razão só se torna efetiva externamente através de leis estatutárias provenientes e garantidas por um legislador constituído externamente. As leis positivas de um legislador assim constituído interessam ao filósofo do direito tão somente no que tange à sua concordância com a legislação *a priori* da razão, ocupando-se o filósofo propriamente só de uma parte da doutrina do direito em geral: o direito como *doutrina* sistemática se divide "em *direito natural*, baseado apenas em princípios *a priori*; e direito *positivo* (estatutário), procedente da vontade de um legislador" (MS, AA 06: 237). A doutrina do direito natural, que estabelece o que é possível conhecer *a priori* em matéria de direito, deve constituir, como disciplina prática, o fio condutor de toda legislação positiva, fornecendo-lhe os princípios imutáveis que devem norteá-la (cf. MS, AA 06: 229).

A doutrina do direito natural fornece, portanto, os princípios que devem nortear a implementação da exterioridade do direito, sem os quais se pode muito bem instituir positivamente uma esfera jurídica que não corresponda às exigências da legislação prática da razão. Procedendo a partir da própria razão, a doutrina do direito natural permite estipular, em primeiro lugar, princípios racionais para a interação com outros arbítrios no estado de natureza e, em segundo lugar, princípios de constituição do estado civil, dividindo-se, assim, em duas partes essenciais: "A divisão suprema do direito natural tem de ser aquela entre o direito no estado de natureza e o direito *civil*, dos quais o primeiro é chamado o *direito privado*; o segundo, o *direito público*" (MS, AA 06: 242).

O estudo da implementação da exterioridade da legislação prática da razão se dá, portanto, em duas etapas, a do direito provisório no estado de natureza ou direito privado, e a do direito definitivo no estado civil ou direito público.

3.1. Liberdade, posse e propriedade

Como o direito público deve limitar-se, segundo Kant, a consagrar as obrigações dos homens uns para com os outros, obrigações estabelecidas pelo direito privado, sendo "a matéria do direito privado a mesma em ambos" e concernindo as leis do direito público "apenas à forma jurídica de sua coexistência" (MS, AA 06: 306), cumpre reconstituir com particular cuidado os elementos da doutrina kantiana do direito privado.

A primeira constatação a ser feita, essencial para ter a visão de conjunto do direito privado, é a de que Kant trata ainda na Introdução à Doutrina do Direito de uma parte importante do direito privado, o que dificulta em muito a compreensão se não percebido a tempo. Trata-se do direito inato à liberdade externa e dos direitos dele decorrentes. Na parte dedicada ao direito privado, Kant se ocupa apenas dos direitos adquiridos, segundo a divisão dos direitos em geral: "Dos direitos como *faculdades* (morais) de obrigar outros, i. é, como um fundamento legal para os últimos (*titulum*), que têm por divisão superior aquela entre direito *inato* e *adquirido*, sendo o primeiro, por sua vez, aquele direito que pertence a qualquer um por natureza, independentemente de todo ato jurídico; o segundo, aquele para o qual é exigido um tal ato" (MS, AA 06: 237). Tomado neste sentido de direito subjetivo, o direito é caracterizado também com a expressão "meu e teu", tratando-se no caso do direito inato de um meu e teu interno: "O meu e teu inato pode ser chamado também o interno (*meum vel tuum internum*), pois o externo tem de ser sempre adquirido" (MS, AA 06: 237). Cabendo a qualquer um por natureza, portanto antes mesmo da entrada no estado civil, o direito inato pertence certamente ao direito privado.

Por uma razão de simetria, no entanto, o direito inato é despachado na introdução; pois o direito privado trata de uma série de direitos adquiridos, enquanto na concepção de Kant só existe um único direito inato: "Dado então que, em vista do meu e teu inato, portanto interno, não há *direitos*, mas apenas *um* direito, essa divisão superior poderá ser deixada nos prolegômenos, como consistindo em dois membros extremamente desiguais segundo o conteúdo, referindo-se a divisão da doutrina do direito apenas ao meu e teu externo" (MS, AA 06: 238). A assimetria dos dois membros se daria com o tratamento, de um lado, de um único direito inato e, do outro, de uma série de direitos adquiridos por um ato jurídico; para evitar essa assimetria, Kant prefere deixar o direito inato "nos prolegômenos", o que exige do leitor atenção redobrada para reconhecer que se trata efetivamente de uma parte do direito privado.

E uma parte bastante importante, visto que se trata dos direitos humanos fundamentais, redutíveis em última instância à minha liberdade em relação ao mundo externo. Pois Kant admite só um direito inato: "*Liberdade* (independência do arbítrio coercitivo de um outro), na medida em que pode subsistir com a liberdade de qualquer outro de acordo com uma lei universal, é este direito único, originário, pertencente a cada homem por força de sua humanidade" (MS, AA 06: 237). A independência de meu arbítrio em relação à coerção por parte de arbítrios alheios define o conceito de liberdade externa ou de liberdade no uso externo de meu arbítrio. Na medida em que minha escolha recai sobre ações que podem subsistir universalmente com a liberdade dos outros, ela é justa e vem acompanhada da faculdade moral de executá-la, do direito de agir sem a interferência do arbítrio de outros. Essa liberdade em relação ao arbítrio alheio é algo que me pertence originariamente, por força da própria racionalidade que me constitui; pode ser dito, por isso, ser algo meu, e, uma vez que diz respeito às determinações do meu arbítrio, é chamado de meu interno. O meu interno de cada qual é o direito originário de uma pessoa em relação a si mesma, direito de se determinar a qualquer ação que possa subsistir universalmente com o arbítrio dos demais. Enquanto direito estrito, quer dizer, direito de coagir externamente o arbítrio dos outros, esse direito originário se expressa como direito de defesa.

Minha liberdade em relação a ações externas justas, o direito inato ao meu interno, fundamenta ainda diretamente meu direito em relação à posse física (detenção) de algo externo. Pois ações externas incidem sobre objetos no mundo externo, implicando o direito de agir livremente no mundo externo o direito de tomar posse fisicamente dos objetos envolvidos em minha ação. Assim, por exemplo, no caso de eu apanhar uma maçã na beira da estrada ou ainda no caso de eu me assentar em um terreno que não está na posse de um outro, "aquele que quisesse [neste caso da posse empírica] tirar-me da mão a maçã, ou me arrancar do lugar de meu assentamento, certamente me lesaria em vista do meu *interno* (da liberdade)" (MS, AA 06: 247-8), quer dizer, interferiria em minha liberdade externa, ferindo, portanto, meu direito inato de agir independentemente da interferência do arbítrio alheio. Por isso, o direito à posse empírica de algo externo se segue analiticamente do direito inato da liberdade externa: "A proposição jurídica *a priori* em vista da *posse empírica* é *analítica*, pois não diz mais do que se segue da última segundo o princípio de contradição, a saber, que, se eu sou detentor de uma coisa (portanto ligado a ela fisicamente), aquele que a afeta contra o meu consentimento (p. ex., arranca a maçã de minha mão) afeta e reduz o meu interno (minha liberdade), estando, pois, com sua máxima em contradição direta com o axioma do direito. A proposição de uma posse empírica conforme ao direito não vai, portanto, além do direito de uma pessoa em relação a si mesma" (MS, AA 06: 249-250). A posse física de um objeto externo é, neste sentido, uma simples extensão do meu interno, uma manifestação externa de minha liberdade. Interferir com a posse física do objeto é, portanto, interferir diretamente com a própria liberdade, o que constitui uma ação injusta sempre que a posse física for justa, quer dizer, não lesar por sua vez a esfera de determinação do arbítrio livre de um outro. Como direito estrito, o direito à posse física de um objeto não se distingue do direito de defesa, pois no ataque à posse física é atacado diretamente o próprio possuidor.

Se o princípio universal do direito confere, assim, o direito de agir externamente e de se apossar fisicamente das coisas, como extensão do direito ao meu interno, o direito, entretanto, não teria de instituir-se efetivamente em sua exterioridade sem a passagem para uma outra espécie de posse. Pois, no âmbito das relações empíricas que caracterizam a posse física, o direito conferido pela razão se limita à defesa pessoal da liberdade de seu arbítrio, tornada manifesta na detenção efetiva da coisa. Interrompida a detenção ou a posse física, a tomada de posse por parte de um outro já não constitui lesão; e assim as relações de direito poderiam esgotar-se na exteriorização da determinação do arbítrio e na eventual defesa da liberdade dessa determinação (o que inclui naturalmente também a defesa do próprio corpo e de cada um de seus membros).

A possibilidade moral da instituição de uma sociedade jurídica e de um Estado, como sua garantia, passa pela possibilidade de uma posse não meramente física de coisas externas, a qual é designada pela expressão "meu e teu externo". Diferentemente do meu e teu interno (a liberdade), que constitui um direito inato, o meu e teu externo precisa ser adquirido em relação a outras pessoas, seja por antecipação do confronto com elas, seja efetivamente num acordo. Na fundamentação puramente racional desses direitos adquiríveis, entra a ideia da concordância universal das vontades em relações jurídicas como condição de possibilidade da aquisição de direitos sobre coisas externas, quer dizer, da possibilidade de um meu e teu externo (do qual a propriedade é uma espécie definida como o meu e teu externo segundo a substância)[18]. A entrada num estado de relações jurídicas é condição da possibilidade do meu e teu externo em dois sentidos distintos. Em primeiro lugar, só é possível (quer dizer, lícito ou permitido) ter algo externo como seu na perspectiva da concordância com possíveis outros pretendentes às coisas; em segundo lugar, a entrada efetiva no estado jurídico constitui a única garantia possível do meu direito a uma coisa externa. Para a dedução da possibilidade do meu e teu externo, é decisivo o primeiro desses sentidos.

A questão a ser respondida de imediato é a seguinte: na perspectiva da razão prática pura, é permitido (ou não) ter algo externo como seu? A resposta a essa questão é desenvolvida em duas partes, uma destinada a esclarecer o conceito de meu e teu externo, a outra argumentando em prol da proposição de que é permitido ou possível ter algo externo como seu. Na análise do conceito de meu e teu externo, feita nos §§ 1 e 3-5, fica claro que um meu e teu externo implica mais do que a mera posse física, acarretando uma posse inteligível do objeto externo do arbítrio. O § 1 in-

---

[18] O que limita o conceito de propriedade à posse de coisas corpóreas, de que se pode dispor a bel-prazer: "O objeto externo que é o seu de alguém segundo sua substância é sua *propriedade* (*dominium*), a que aderem todos os direitos sobre esta coisa (como acidentes à substância), podendo, pois, o proprietário dela dispor a bel-prazer (*jus disponendi de re sua*). Mas segue-se disso diretamente que um tal objeto só pode ser uma coisa corpórea (em relação à qual não se tem nenhuma obrigação)" (MS, AA 06: 270). Não procede, portanto, a acusação bastante comum de que Kant não teria distinguido suficientemente os conceitos de posse (*Besitz*) e de propriedade (*Eigentum*). Fato é que a argumentação kantiana não se limita a uma dedução do conceito de propriedade, o que facilitaria a vida do leitor apressado, mas opera com o conceito genérico do meu e teu externo (caracterizado como posse inteligível), do qual a propriedade é apenas uma espécie.

troduz o problema do meu externo como o de uma posse inteligível ou simplesmente jurídica: "algo *externo* só seria o meu se posso assumir que é possível que eu seja lesado pelo uso que um outro faz de uma coisa mesmo quando *não a tenho em minha posse*. – Portanto, é contraditório ter algo externo como o seu se o conceito da posse não comporta sentidos diversos, a saber, a posse *sensível* e a posse *inteligível*, podendo-se entender pela primeira uma posse *física* e pela outra uma posse *simplesmente jurídica* do mesmo objeto" (MS, AA 06: 245). O § 4 expõe o conceito do meu e teu externo em relação às três espécies possíveis de objetos externos do arbítrio, mostrando que, tanto no caso de um objeto no espaço (coisa corpórea) quanto no caso de uma prestação de algo no tempo futuro pelo arbítrio de um outro e ainda no caso do estado de um outro em relação a mim, não posso dizer que são meus a não ser que os possua de uma forma não meramente física. O resultado essencial desta exposição é que o meu e teu externo pressupõe uma posse inteligível, a qual não se limita às condições do espaço e do tempo, como a posse física. O § 5 passa então à definição do conceito: "o meu externo é aquilo cujo uso somente me pode ser obstado com lesão, *mesmo que eu não tenha a posse dele* (não seja detentor do objeto)" (MS, AA 06: 249). Segundo essa definição, o conceito de meu externo implica ter direito a algo externo mesmo quando não o detenho, quer dizer, mesmo quando ele não está em minha posse física, mas em algum lugar no espaço, em que não me encontro no momento, ou ainda em algum tempo futuro. Da exposição e definição do meu e teu externo ressalta, portanto, seu caráter não empírico ou inteligível, como posse inteligível ou posse sem detenção, levando a questão da possibilidade de um meu e teu externo diretamente à questão da possibilidade de uma posse inteligível, como explicita o início do § 6, dedicado precisamente à dedução do conceito da posse simplesmente jurídica de um objeto externo.

O § 6 apresenta o argumento em favor do conceito da posse inteligível, tendo como objetivo estabelecer que é possível ou permitido ter algo externo como seu mesmo quando não se tem a posse física. A questão da possibilidade de um meu externo é explicitada pela seguinte questão da possibilidade de uma posse inteligível: é lícito excluir qualquer outro do uso de uma coisa que não detenho fisicamente? Por exemplo, posso impedir um outro de usar um pedaço de terra que se encontra longe de onde estou? A explicitação da condição inteligível do conceito de meu e teu externo torna claro que tomar algo externo como seu implica uma restrição do arbítrio dos outros de se absterem do uso de uma coisa mesmo quando não está fisicamente ligada a mim, "uma obrigação que ninguém teria sem este meu ato jurídico" (MS, AA 06: 255). Não seria essa restrição uma pretensão ilícita, ou seja, uma possível lesão do arbítrio dos outros e, portanto, injustiça da minha parte? É isso que está envolvido na demonstração de que a posse inteligível é lícita ou possível. Segundo o argumento, a possibilidade de uma posse inteligível decorre de dois elementos expostos anteriormente, a saber, o postulado jurídico da razão (§ 2), que estabelece a possibilidade moral de um meu e teu externo; e a exposição do conceito do meu e teu externo (cf. MS, AA 06: 252)[19]. Da exposição desse conceito resultou que o meu e teu ex-

---

[19] Em torno do texto do § 6, levantou-se uma discussão concernente a uma possível interpolação indevida das alíneas 4-8. Já em 1929, numa tese sobre o direito privado de Kant, G. Buchda lançava a hipótese da interpolação dessas alíneas, o que viria a ser proposto, em 1949, num artigo de F. Tenbruck ("Über eine notwendige Textkorrektur in Kants Metaphysik der Sitten", publicado em *Archiv für Philosophie* 3 (1949), pp. 216-20). Partindo desta constatação inicial, B. Ludwig propôs uma reestruturação geral do texto da primeira parte da *Metafísica dos costumes*, apresentada ao público na edição da Felix Meiner, a partir de 1986. A justificação e os procedimentos adotados nesta reedição do texto kantiano encontram-se em B. Ludwig, *Kants Rechtslehre*, Hamburgo, F. Meiner, 1988. Com a remoção das mencionadas alíneas, ganha-se uma sequência mais lógica, na qual, após explicitar a natureza sintética da proposição acerca da possibilidade de um meu externo (alíneas 1-3),

terno só é possível como posse inteligível. A posse inteligível ou simplesmente jurídica de um objeto externo é, portanto, um pressuposto do meu e teu externo, e sua possibilidade (ou seja, o direito à posse inteligível) é "uma consequência imediata do postulado jurídico da razão prática" (MS, AA 06: 252), que estabelece o direito ao meu e teu externo. Todo o argumento se baseia, portanto, no mencionado postulado jurídico da razão prática.

A antecipação do argumento dos §§ 5-6 pode ajudar o leitor de hoje na compreensão dos elementos envolvidos, quase inteiramente ocultos numa terminologia que entrou em desuso[20]. Além disso, fica claro que o passo decisivo se encontra de fato no § 2, que introduz e defende o postulado jurídico da razão prática pura. Esse postulado afirma a possibilidade moral (permissão ou autorização) de ter um objeto externo como o seu, quer dizer, postula o direito a um meu *externo*: "É possível ter como o meu qualquer objeto externo de meu arbítrio, i. é, uma máxima de acordo com a qual, caso se tornasse lei, um objeto do arbítrio teria de se tornar *em si* (objetivamente) *sem dono* (*res nullius*) é contrária ao direito" (MS, AA 06: 246). Constituindo uma pressuposição *a priori* da razão prática pura, o postulado não comporta propriamente uma demonstração direta, sendo firmado apenas com base em uma análise das implicações insustentáveis do seu contrário,

---

Kant resolve (nas alíneas 9 e 10) o problema assim colocado à razão, "de como é possível *a priori* uma tal proposição que se estende além do conceito da posse empírica" (MS, AA 06: 250). A alteração mais ampla sugerida por B. Ludwig, que consiste em substituir as alíneas 4-8 pelo § 2 (cf. B. Ludwig, *Kants Rechtslehre*, p. 80), além de criar novos problemas no concernente à sequência lógica, não se faz necessária, pois é um procedimento comum nos textos kantianos expor antes os elementos e só depois o argumento em que eles cumprem sua função.

[20] A sequência de Kant é mais direta: a) é possível um meu e teu externo (§ 2) e b) um meu e teu externo implica uma posse inteligível (§ 5); logo c) é possível uma posse inteligível. Para um leitor do século XVIII, o enunciado do postulado no § 2 não seria difícil de entender, já que emprega a terminologia usual na época.

quer dizer, da impossibilidade de um meu externo. Se fosse moralmente (juridicamente) impossível ter como seu o objeto do arbítrio, a liberdade do arbítrio ficaria privada do uso arbitrário de objetos externos: "Pois um objeto de meu arbítrio é algo cujo uso está *fisicamente* em meu poder. Mas, se porventura fazer uso dele simplesmente não estiver *juridicamente* em meu poder, i. é, não puder coexistir com a liberdade de qualquer um segundo uma lei universal (for injusto), então a liberdade privar-se-ia a si mesma do uso de seu arbítrio em vista de um objeto dele, por colocar fora de toda possibilidade de *uso* os objetos *úteis*, i. é, por aniquilá-los de um ponto de vista prático e torná-los sem dono (*res nullius*), mesmo que o arbítrio no uso das coisas concordasse formalmente (*formaliter*) com a liberdade externa de qualquer um segundo leis universais" (MS, AA 06: 246). Ou seja, negar o direito a ter como seu um objeto externo qualquer do seu arbítrio, naturalmente para dele fazer uso a bel-prazer, implica negar materialmente o que formalmente já se firmou como um direito, quer dizer, o direito inato à liberdade no uso externo de seu arbítrio.

Ora, na legislação da razão prática *pura*, de que sempre se trata afinal na filosofia moral kantiana, abstrai-se de toda a matéria do arbítrio (cf. KpV, A 48), incidindo a lei tão somente sobre sua forma. De um ponto de vista estritamente formal, quer dizer, abstraindo das qualidades do objeto e retendo apenas a condição de que se trata de um objeto qualquer do arbítrio, a razão pode permitir ou proibir tê-lo como seu (segundo a categoria modal da possibilidade prática, cf. KpV, A 117 e MS, AA 06: 221). O passo decisivo no estabelecimento da possibilidade do meu externo consiste em lembrar que sua proibição generalizada (única possível de um ponto de vista meramente formal) constituiria uma contradição da razão consigo mesma, uma vez que dela se segue imediatamente o direito inato da liberdade externa: "Uma vez que a razão prática pura parte tão somente de leis formais do uso do arbítrio, abstraindo, portanto, da matéria do arbítrio, i. é, das demais qualidades do objeto, *desde que se trate de um objeto do arbítrio*, assim ela não pode conter em vista de um tal objeto uma proibição absoluta de seu uso, porque isso seria uma contradição da liberdade externa consigo mesma" (MS, AA 06: 246). A não proibição generalizada constitui, entretanto, uma permissão generalizada da razão ou, em termos de modalidade prática, a possibilidade moral de ter como seu um objeto externo do arbítrio.

Na exposição do texto publicado[21], uma importante condição para que seja lícito pretender que algo externo seja meu é explicitada apenas no § 8, a saber, que essa pretensão só é legítima se admite reciprocamente pretensões iguais da parte dos outros: "Mas nesta pretensão está implícita ao mesmo tempo a admissão de estar reciprocamente obrigado a uma abstenção proporcional em relação a todos os outros em vista do seu externo, pois a obrigação procede aqui de uma regra universal da relação jurídica externa" (MS, AA 06: 255). Em caso contrário, a pretensão seria injusta por pretender unilateralmente excluir os outros do uso de um objeto de seu arbítrio. Se, entretanto, puder ser sustentada a reciprocidade, portanto a universalidade, nas pretensões sobre objetos externos, então será evitada a injustiça, ou seja, essas pretensões se mostrarão como justas. A razão prática pura não pode proibir o que não é injusto; sob a condição de que a pretensão seja

---

[21] No legado póstumo (AA 23: 211-242), encontra-se um esboço preparatório que explicitava muito mais diretamente a relação entre a possibilidade de um meu e teu externo e a ideia de uma vontade universal, como, entre outras, na passagem seguinte: "O princípio sintético *a priori* do direito adquirível (ou da aquisição de direitos, pois a liberdade não precisa ser adquirida) é a concordância do arbítrio com a ideia da vontade unificada daqueles que são restringidos por aquela [aquisição]" (AA 23: 220).

levantada na perspectiva de um acordo dos arbítrios, portanto, pretender ter algo externo como seu é lícito. Essa perspectiva da coexistência universal dos arbítrios segundo o princípio da reciprocidade é pensada na ideia de uma vontade universal coletiva: "Ora, a vontade unilateral não pode servir de lei coercitiva para todos em vista de uma posse externa, portanto contingente, porque isso prejudicaria a liberdade segundo leis universais. Por conseguinte, somente uma vontade que obriga a cada um dos outros, portanto uma vontade universal (comum) coletiva e detentora do poder, é uma vontade que pode dar aquela garantia a cada um" (MS, AA 06: 256). Ao mesmo tempo que afirma a ideia da vontade comum como condição da licitude (possibilidade) de ter algo externo como seu, o texto marca aqui também a passagem para o segundo sentido em que a vontade universal coletiva é condição de possibilidade do seu externo (enquanto garantia), como será detalhado abaixo.

Pela equivalência entre direito estrito e autorização de coagir, segue-se do estabelecido também a autorização para coagir o arbítrio alheio no sentido da abstenção do uso dos objetos externos de que me apossei primeiro, pois somente assim constitui-se para os outros uma obrigação jurídica (externa). Sendo possível ter como meu qualquer objeto externo do meu arbítrio, quer dizer, sendo meu direito tê-lo como o meu externo, corresponde a isso ainda um dever jurídico em relação ao direito equivalente dos outros; ou seja, ao meu direito de coagir o arbítrio de qualquer outro, no intuito de mantê-lo afastado do que é meu, corresponde um igual direito dos outros de me coagirem igualmente no mesmo sentido; essa correlação permite sem mais apresentar o postulado jurídico da razão prática também em forma imperativa, como acontece já no § 6: "é dever de direito agir em relação a outros de tal maneira que o externo (útil) também possa vir a ser o seu de um qualquer" (MS, AA 06: 252). O postulado jurídico da razão prática não afirma naturalmente a necessidade (obrigatoriedade) de ter algo externo como o seu, mas apenas a possibilidade ou a permissão para tanto, à qual corresponde, entretanto, uma obrigação jurídica de respeitar o seu externo dos outros, cujo cumprimento pode ser exigido mediante coação externa.

3.2. O direito provisório no estado de natureza

Tendo como condição formal não ser injusto (pois o injusto é proibido pela razão), o ter algo externo como seu implica diretamente a relação a outros arbítrios em atos com consequências jurídicas. A aquisição de um direito sobre uma coisa externa só é justa se comporta a reciprocidade de igual aquisição da parte dos outros. Como essa correlação de reciprocidade só pode ser efetivamente realizada com a entrada mútua num estado de relações jurídicas, está claro também que só é possível ter algo externo como seu na perspectiva desta fundação de um estado jurídico ou civil: "Ter algo externo como o seu somente é possível num estado jurídico, sob um poder legislativo público, i. é, no estado civil" (MS, AA 06: 255). Esse título do § 8 oculta, entretanto, um duplo sentido sob o termo "possível". Por um lado, conclui-se aqui o argumento destinado a mostrar que é possível ou lícito ou permitido ter algo externo como seu, ou seja, o fundamento racional do postulado jurídico da razão prática pura. Por outro lado, no entanto, passa-se para a ordem do estado jurídico sob um poder público como garantia do direito a uma coisa externa. Pois definitivamente só é possível continuar possuindo algo mesmo quando já não se detém sua posse física (por distanciamento no espaço e no tempo) se houver uma relação simplesmente jurídica ao arbítrio dos outros, não baseada na presença física. Essa relação simplesmente jurídica tem sua origem num ato jurídico pelo qual os arbítrios reconhecem reciprocamente seus direitos. A possibilidade de um meu externo significa, então, a exequibilidade desse meu direito, o que leva diretamente para a implementação pela entrada com os outros num estado jurídico.

Pelo postulado jurídico da razão prática é permitido ter algo externo como o seu, na medida em que se admite que os demais têm reciprocamente a mesma permissão. Coloca-se, pois, para cada um a exigência correspondente de agir de tal maneira que seja possível que algo externo se torne o seu de alguém. Este é o primeiro passo para se mostrar a necessidade do estado civil: "Se declaro: 'Eu quero que algo externo seja o meu', então declaro qualquer outro obrigado a se abster do objeto de meu arbítrio, uma obrigação que ninguém teria sem este meu ato jurídico. Mas nesta pretensão está implícita ao mesmo tempo a admissão de estar reciprocamente obrigado a uma abstenção proporcional em relação a todos os outros em vista do seu externo, pois a obrigação procede aqui de uma regra universal da relação jurídica externa" (MS, AA 06: 255). O meu direito a algo externo coloca para os outros arbítrios a exigência de se absterem do uso do que é meu; a reciprocidade (ou a exigência racional de universalidade) consiste aqui em admitir que o seu externo de um outro constitui para mim uma obrigação de me abster igualmente de seu uso.

Não se tratando meramente de exigências éticas, mas de obrigações jurídicas, quer dizer, externas, carece-se da instância da coação externa para que sejam possíveis assim direitos e deveres jurídicos. Disso decorre, naturalmente, a busca de garantias por parte do arbítrio: "Não sou, portanto, obrigado a deixar intocado o seu externo do outro se em contrapartida cada um dos outros não me assegura que se portará em vista do meu de acordo com o mesmo princípio, cuja garantia nem precisa de um ato jurídico particular, mas já está contida no conceito de uma obrigação jurídica externa, devido à universalidade e, portanto, também à reciprocidade da obrigação a partir de uma regra universal" (MS, AA 06: 255-6). Diferentemente do direito ao meu interno e à posse física de uma coisa externa, que se define enquanto direito estrito como autorização de coagir os outros (quer dizer, de me defender) por minha vontade unilateral, o direito ao meu externo não decorre simplesmente de minha vontade unilateral, mas tem sua origem num comum acordo com a vontade dos demais: "a vontade unilateral não pode servir de lei coercitiva para todos em vista de uma posse externa, portanto contingente, porque isso prejudicaria a liberdade segundo leis universais. Por conseguinte, somente uma vontade que obriga a cada um dos outros, portanto uma vontade universal (comum) coletiva e detentora do poder, é uma vontade que pode dar aquela garantia a cada um. – Mas o estado sob uma legislação universal externa (i. é, pública) acompanhada de poder é o estado civil. Portanto, somente pode haver um meu e teu externo no estado civil" (MS, AA 06: 256). A busca da garantia de que meu direito a algo externo será respeitado pelos outros só pode ocorrer juridicamente (quer dizer, de acordo com o direito) na busca do estado civil, no qual tão somente a coação externa dos arbítrios no sentido de se absterem do uso de algo que é meu, quer dizer, sua única garantia externa, afinal de contas, é justa ou de acordo com o direito.

Enquanto não se chega a um tal estado civil, quer dizer, no estado de natureza, a possibilidade ou o direito de ter algo externo como o seu expressa-se, em termos de coação externa possível, como permissão racional para coagir externamente os outros a entrar comigo em um tal estado: "Se deve ser juridicamente possível ter um objeto externo como o seu, então tem de ser também permitido ao sujeito *coagir* cada um dos outros, com quem se chega a uma disputa do meu e teu a respeito de um tal objeto, a entrar juntamente com ele em uma constituição civil" (MS, AA 06: 256). Essa faculdade moral de coagir os outros a entrar comigo no estado civil, decorrência imediata do postulado jurídico da razão prática, torna possível, ainda no estado de natureza, um meu e teu efetivo, se bem que provisório.

No estado de natureza, a posse de um objeto externo como o meu é provisória, sendo possível apenas na expectativa da entrada no estado civil, no qual tão somente pode ter sua garantia: "Uma posse na espera e preparação de um estado tal que somente pode ser fundado sobre uma lei da vontade comum, concordando, portanto, com a *possibilidade* da última, é uma posse *provisoriamente jurídica*, enquanto aquela que se encontra *efetivamente* num tal estado é uma posse *peremptória*" (MS, AA 06: 256-7). A juridicidade (possibilidade moral) dessa posse provisória está vinculada precisamente à intenção de entrar num estado civil, tornando-a assim definitiva ou peremptória. Enquanto os outros não se relacionarem com o objeto de minha posse a partir de uma lei da vontade comum, posso coagi-los a se absterem do uso do que considero meu, porque sua vontade é unilateral, sendo injusta sua tentativa de interferir no uso do que é meu: "Antes da entrada nesse estado [civil], à qual o sujeito está disposto, ele se opõe com direito àqueles que não querem se acomodar a isso e querem impedi-lo em sua posse futura, porque a vontade de todos os outros, com exceção dele mesmo que pensa lhes impor uma obrigação de se abster de uma certa posse, é meramente *unilateral*, tendo, portanto, tão pouca força jurídica para a contestação quanto aquele tem para a afirmação, enquanto o último pelo menos tem como vantagem concordar com a introdução e instituição de um estado civil" (MS, AA 06: 257). Na medida em que, com minha pretensão à posse de uma coisa como o meu externo, passo a exigir dos outros que entrem comigo em um estado civil, quer dizer, que passem a constituir comigo uma vontade comum legisladora externa, vou além da mera posse física e constituo provisoriamente uma posse simplesmente jurídica, que me dá o direito, não só de defender minha posse física de toda intervenção da parte da vontade unilateral dos outros (direito ao meu interno), mas de coagir os outros no sentido de constituírem comigo uma vontade comum, a partir da qual minha posse pode tornar-se definitivamente jurídica. Assim, mesmo no estado de natureza, é possível ter algo externo como o seu, baseado simplesmente na intenção de sair do estado de natureza e entrar em um estado civil: "Em uma palavra: o modo de ter algo externo como o seu *no estado de natureza* é uma posse física que tem a seu favor a *presunção* jurídica de fazer dela uma posse jurídica pela reunião com a vontade de todos em uma legislação pública, e na espera vale *comparativamente* como uma posse jurídica" (MS, AA 06: 257).

No conceito de um direito provisório no estado de natureza, articula-se mais do que uma mera ficção histórica acerca de um possível estado primitivo da humanidade. O que está em jogo é a necessidade racional do estado civil (sua racionalidade ou "naturalidade", como sugere seu tratamento no âmbito do direito natural). A possibilidade de uma posse jurídica provisória constitui, na filosofia do direito natural de Kant, um pressuposto necessário do estado civil, cujas leis devem prescrever, no concernente à relação entre os arbítrios privados, tão somente aquilo que decorre, em termos do meu e teu, do direito no estado de natureza: "Caso não se quisesse reconhecer como jurídica nenhuma aquisição antes da entrada no estado civil, nem sequer provisoriamente, então o próprio estado civil seria impossível. Pois as leis sobre o meu e teu no estado de natureza contêm, segundo a forma, o mesmo que prescrevem as leis no estado civil, na medida em que esse é pensado apenas conforme conceitos puros da razão; só que no último são indicadas as condições sob as quais aquelas chegam a ser executadas (em conformidade com a justiça distributiva). – Portanto, se não existisse no estado de natureza nem sequer *provisoriamente* um meu e teu externo, também não existiriam deveres de direito em vista dele, e assim também não existiria nenhuma ordem de sair daquele estado de natureza" (MS, AA 06: 312-3). O direito provisório a algo externo só se sustenta propriamente como ordem de sair do estado de natureza, à qual corresponde a faculdade ou o direito de coagir os outros nesse sentido.

3.3. O direito peremptório no estado civil

Na perspectiva racional adotada pelo direito natural kantiano, o estado civil é necessário tão somente como garantia do meu e teu externo. Pressupõe, portanto, a possibilidade da posse jurídica provisória, uma vez que deve garantir algo que ele mesmo não estabelece nem determina: "Toda garantia já pressupõe, portanto, o seu de alguém (ao qual ele é assegurado). Portanto, antes da constituição civil (ou *abstraindo* dela), deve ser assumido como possível um meu e teu externo e ao mesmo tempo um direito de coagir qualquer um, com quem pudéssemos chegar a ter contato de uma forma qualquer, a se juntar conosco numa constituição em que pode ser assegurado aquele meu e teu externo" (MS, AA 06: 256). O estado civil funda-se, assim, racionalmente sobre as prerrogativas individuais no estado de natureza, e o direito peremptório na constituição civil tem como núcleo racional o direito provisório no estado de natureza[22].

---

[22] Difícil de entender, neste sentido, a insistência de A. Philonenko em sua afirmação de que "*é o direito político [público] que funda e, por isso mesmo, justifica o direito natural [privado], realizando-o*". (A. Philonenko, introdução à tradução francesa da primeira parte da *Metafísica dos costumes*, Paris, J. Vrin, 1993, p. 44; ver igualmente as páginas 35 e 45.)

O estado civil é visado, portanto, mesmo no estado de natureza, também porque tão somente nele pode tornar-se definitivo ou peremptório o direito provisório adquirido por atos jurídicos no estado de natureza, tratando-se então da possibilidade de um seu externo no sentido de sua exiquibilidade. Neste sentido, o estado civil é necessário como garantia da propriedade, na expressão de R. Terra: "A instituição do estado jurídico, do estado civil, está intimamente vinculada com a necessidade da garantia da propriedade. Na medida em que é demonstrada a possibilidade da propriedade, já se abre caminho para a exigência de sair do estado de natureza e entrar no estado civil."[23] A possibilidade da propriedade ou da posse inteligível de uma coisa externa pressupõe um ato jurídico de aquisição, no qual se coloca sempre a exigência do estado civil, seja provisoriamente, no estado de natureza, como exigência de entrar finalmente no estado civil, seja definitivamente, como chancela do ato de aquisição.

Por isso, para o ser racional às voltas com a necessidade de fazer uso de coisas no mundo externo, põe-se no próprio estado de natureza a exigência de abandonar esse estado e entrar com os outros em um estado civil. Essa exigência torna necessário o postulado do direito público, segundo o qual "tem de ser permitido ao sujeito *coagir* cada um dos outros, com quem se chega a uma disputa do meu e teu a respeito de um objeto, a entrar juntamente com ele em uma constituição civil" (MS, AA 06: 256)[24]. Esse pos-

---

[23] R. Terra, *A política tensa: ideia e realidade na filosofia da história de Kant*, São Paulo, Iluminuras, 1995, p. 129.
[24] No lugar devido (§ 42), infelizmente se encontra enunciado, não o postulado, mas o imperativo do direito público: "tu deves, tendo em vista a relação de uma coexistência inevitável com todos os outros, sair daquele estado de natureza e passar para um estado jurídico, i. é, para o estado de uma justiça distributiva" (MS, AA 06: 307). O argumento consecutivo mostra, entretanto, que se trata mesmo do postulado, quer dizer, da autorização de coagir os outros a sair do estado de natureza e entrar

tulado é uma consequência analítica do postulado jurídico da razão prática e de suas condições: se é lícito ter algo externo como o seu e, ademais, se é possível ter algo externo como o seu tão somente na perspectiva do estado jurídico, seja antecipando-o como exigência, no estado de natureza, seja adquirindo-o segundo suas leis, uma vez constituído, então é lícito coagir os outros a entrar comigo em um estado jurídico.

A filosofia do direito natural de Kant, ao mesmo tempo que fundamenta a obrigatoriedade estritamente jurídica, estabelece, entretanto, claramente um critério de validade de toda legislação externa efetiva, que permite colocar como objetivo, a ser alcançado por progressivas reformas da legislação positiva, sempre dada em sua facticidade histórica, "a única constituição legítima, a saber, a de uma república pura, [...] única a fazer da *liberdade* o princípio, sim, a condição de toda *coação* necessária para uma constituição jurídica, no sentido estrito do Estado" (MS, AA 06: 340). Para que a coação externa, essencial à exterioridade da legislação jurídica efetiva, não contradiga a liberdade daqueles que a ela se submetem, é preciso que a lei provenha, não de uma vontade particular, mas da vontade unificada de todo o povo, sendo, assim, uma lei da autonomia ou autocracia: "Essa é a única constituição política duradoura, em que a *lei* é autocrática e não depende de nenhuma pessoa particular, o fim último de todo direito público, o estado tão somente no qual pode ser conferido *peremptoriamente* a cada um o seu" (MS, AA 06: 341).

O direito estatutário ou positivo pode não satisfazer plenamente esse critério racional puro, o que, longe de sugerir um abismo intransponível entre o inteligível do direito natural e o empí-

---

no estado civil, como estado "de uma sociedade submetida a uma justiça distributiva" (MS, AA 06: 306).

rico do direito positivo, abre a perspectiva de uma exigência moral para a política, entendida esta última como técnica de efetivação do direito. Essa política de um ponto de vista moral tem como guia a ideia puramente racional do Estado: "Um Estado é a união de uma multidão de homens sob leis jurídicas. Na medida em que essas leis são necessárias como leis *a priori*, i. é, como resultando de conceitos do direito externo em geral, sua forma é a forma de um Estado em geral, i. é, do Estado *na ideia*, tal como deve ser segundo princípios jurídicos puros, ideia essa que serve de diretiva (*norma*) para toda união efetiva numa república" (MS, AA 06: 313). Em sua exposição dessa ideia, Kant segue a concepção moderna do Estado, segundo a qual a vontade universalmente unificada do povo se apresenta em três pessoas ou poderes, a saber, o Legislativo, o Executivo e o Judiciário. Sendo o Poder Executivo um mero "órgão" para a execução da lei (cf. MS, AA 06: 319) e o Poder Judiciário um órgão para a distribuição da justiça, quer dizer, para julgar casos determinados segundo a legislação, cabe ao Poder Legislativo o primado da elaboração das leis.

Na perspectiva do direito natural, o Poder Legislativo só pode competir à vontade unificada do povo, pois somente assim podem dele provir leis de autonomia: "O Poder Legislativo somente pode caber à vontade unificada do povo. [...] somente a vontade concordante e unificada de todos, na medida em que cada um decide o mesmo sobre todos e todos sobre um, portanto somente a vontade universalmente unificada do povo é legisladora" (MS, AA 06: 313-4). Ainda que a terminologia de Kant nem sempre seja coerente, é o Poder Legislativo que é considerado o soberano (*Souverän, Herrscher, Beherrscher*), cabendo-lhe inclusive a prerrogativa de depor o regente ou chefe do Poder Executivo: "O soberano do povo (o legislador) não pode, portanto, ser ao mesmo tempo o *regente*, pois este está submetido à lei e é obrigado por ela, portanto por um *outro*, o soberano. O soberano pode também tirar o poder do regente, depô-lo ou reformar sua administração, mas não *puni*-lo" (MS, AA 06: 317). Na constituição do poder soberano do legislativo, Kant propõe o modelo representativo: "Mas toda verdadeira república é e não pode ser outra coisa senão um *sistema representativo* do povo, para em seu nome e pela união de todos os cidadãos cuidar dos direitos do povo, por intermédio de seus delegados (deputados)" (MS, AA 06: 341).

Segundo a ideia do Estado, os três poderes representam tão somente as diversas relações da vontade unificada do povo consigo mesma, como vontade que se dá uma lei, como vontade que se obriga ao cumprimento da lei e como vontade que julga os casos segundo a lei: "Os três poderes no Estado, que derivam do conceito de uma *república* em geral, são apenas outras tantas relações da vontade unificada do povo, procedente *a priori* da razão, e uma ideia pura de um chefe de Estado, que possui realidade objetiva prática" (MS, AA 06: 338). O direito natural vai até o ponto de estabelecer a realidade objetiva prática da ideia do Estado soberano, o que significa que toda legislação que possa ser tomada como proveniente de um tal Estado tem validade moral ou caráter obrigatório. Nessa ideia do Estado, é representada a implementação da exterioridade do direito na medida em que pode ser determinada *a priori*. Mesmo que seja "apenas um *ente de razão* (que representa o povo todo), enquanto faltar ainda uma pessoa física que represente o poder supremo no Estado, conferindo àquela ideia eficácia sobre a vontade do povo" (MS, AA 06: 338), é essa ideia do Estado que constitui o critério de julgamento e, eventualmente, de reforma dos Estados dados em sua facticidade histórica.

JOÃOSINHO BECKENKAMP (UFMG)

BIBLIOGRAFIA

Abreviações empregadas:
AA – *Kants Gesammelte Schriften*. Edição da Königlich Preussischen Akademie der Wissenschaften e seus continuadores. Seguem-se o volume e a página.
GMS – *Grundlegung zur Metaphysik der Sitten*
KrV – *Kritik der reinen Vernunft*
KpV – *Kritik der praktischen Vernunft*
MS – *Metaphysik der Sitten*
RGV – *Die Religion innerhalb der Grenzen der blossen Vernunft*

ALMEIDA, G. A. de. "Sobre o princípio e a lei universal do direito em Kant", in: *Kriterion* 114 (2006), pp. 205-22.
BATSCHA, Z. (ed.). *Materialien zu Kants Rechtsphilosophie*. Frankfurt a.M.: Suhrkamp, 1986.
BOBBIO, N. *Direito e Estado no pensamento de Emanuel Kant*. Brasília: Editora UNB, 1999.
GREGOR, M. J. "Kant on 'Natural Rights'", in: BEINER, R. e BOOTH, W. J. (eds.), *Kant & Political Philosophy*, New Haven/London, Yale UP, 1993.
_____. *Laws of Freedom: A Study of Kant's Method of Applying the Categorical Imperative in the "Metaphysik der Sitten"*. Oxford: Blackwell, 1963.

HECK, J. N. *Direito e moral: duas lições sobre Kant*. Goiânia: Editora UFG e Editora UCG, 2000.

HÖFFE, O. "O imperativo categórico do direito: uma interpretação da 'Introdução à Doutrina do Direito'", in: *Studia Kantiana* I/I (1998), pp. 203-36.

HÖFFE, O. (org.). *Immanuel Kant, Metaphysische Anfangsgründe der Rechtslehre*. Berlin: Akademie Verlag, 1999.

KERSTING, W. *Wohlgeornete Freiheit: Immanuel Kants Rechts- und Staatsphilosophie*. Frankfur a.M.: Suhrkamp, 1993.

LOPARIC, Z. "O problema fundamental da semântica jurídica de Kant", in: WRIGLEY, M. B. & SMITH, P. J. (orgs.). *O filósofo e sua história: uma homenagem a Oswaldo Porchat*. Campinas: Unicamp/CLE, 2003. Pp. 477-520.

LUDWIG, B. *Kants Rechtslehre*. Hamburg: F. Meiner, 1988.

MULHOLLAND, L. A. *Kant's System of Rights*. New York: Columbia University Press, 1990.

ROHDEN, V. (org.). *Kant e a Instituição da Paz*. Porto Alegre: Ed. Universidade/UFRGS e Goethe-Institut/ICBA, 1997.

SOLARI, G. *Studi storici di filosofia del diritto*. Turim: G. Giappichelli, 1949.

TERRA, R. "A distinção entre direito e ética na filosofia kantiana", in: *Filosofia política* 4 (1997), p. 49-65.

_____. *A política tensa: ideia e realidade na filosofia da história de Kant*. São Paulo: Iluminuras, 1995.

TIMMONS, M. (org.). *Kant's Metaphysics of Morals: Interpretative Essays*. Oxford: Oxford University Press, 2002.

PRINCÍPIOS METAFÍSICOS
DA DOUTRINA DO DIREITO*

---

* Segue-se aqui o texto estabelecido no volume 6 (1914) da edição da Academia Prussiana de Ciências (cuja paginação é indicada entre colchetes). A edição da Academia, por sua vez, é baseada na primeira edição do texto, de 1797, com exceção do apêndice, que é um acréscimo à segunda edição, de 1798. Com relação ao título da obra, cabe lembrar o que informa o editor do volume (cf. AA 06: 518), Paul Natorp, a saber, que na primeira edição o texto da doutrina do direito foi lançado tanto separadamente, com o título de *Princípios metafísicos da doutrina do direito*, quanto em conjunto com a doutrina da virtude, sob o título comum de *Metafísica dos costumes*. Numa publicação em separado, recomenda-se, portanto, o primeiro título. (N. do T.)

PREFÁCIO

À crítica da razão *prática* deveria seguir-se o sistema, a metafísica dos *costumes*, que se compõe de princípios metafísicos da *doutrina do direito* e princípios metafísicos da *doutrina da virtude* (como uma contrapartida dos princípios metafísicos da *ciência da natureza*, já publicados), cabendo à introdução a seguir apresentar e, em parte, tornar clara a forma do sistema em ambas.

A *doutrina do direito*, como a primeira parte da moral, é, pois, aquilo de que se exige um sistema proveniente da razão, o qual se poderia chamar a *metafísica do direito*. Como, no entanto, o conceito do direito é um conceito puro mas baseado na práxis (aplicação a casos dados na experiência), devendo, pois, um *sistema metafísico* dele levar em consideração em sua divisão também a multiplicidade empírica daqueles casos, para tornar completa a divisão (o que é uma exigência indispensável para o estabelecimento de um sistema da razão), mas completude da divisão do *empírico* é impossível, e, onde ensaiada (ao menos para dela se aproximar), tais conceitos não podem entrar no sistema como parte integrante, mas apenas aparecer nas observações como exemplos, assim a única expressão apropriada para a primeira parte da metafísica dos costumes será *princípios metafísicos da doutrina do direito*, porque em vista daqueles casos da aplicação só se pode esperar aproximação ao sistema, e não o próprio sistema. Por isso, proceder-se-á também aqui como nos (precedentes) princípios metafísicos da ciência da natureza: a saber, apresentar no texto o direito que pertence ao sistema projetado *a priori*, mas, em anotações mais ou menos extensas*, os direitos que se referem a casos particulares da experiência, porque do contrário não se poderia distinguir bem aquilo que é aqui metafísica daquilo que é práxis jurídica empírica.

A tantas vezes repetida censura da obscuridade, sim, até mesmo de uma confusão proposital na exposição filosófica para insinuar uma profunda compreensão, não posso prevenir e remediar de forma melhor do que aceitando voluntariamente aquilo que o senhor *Garve*, um filósofo no verdadeiro sentido do termo, apresenta como dever de todo escritor, principalmente do filosófico, apenas restringindo, de minha parte, essa exigência à condição de segui-la somente até onde permite a natureza da ciência a ser corrigida e ampliada.

O sábio homem exige com razão (em sua obra intitulada *Vermischte Aufsätze*, pp. 352 ss.) que toda doutrina filosófica deveria poder chegar à *popularidade* (uma sensificação suficiente para uma comunicação universal) – caso seu autor não deva ele mesmo acabar suspeito de obscuridade em seus conceitos. De bom grado concedo isso, apenas com exceção do sistema de uma crítica da própria faculdade da razão e de tudo aquilo que só pode ser estabelecido através da determinação dessa razão, por pertencer à diferenciação entre o sensível em nosso conhecimento e o suprassensível enquanto compete ainda à razão. Esse sistema jamais pode tornar-se popular, como, aliás, nenhuma metafísica, ainda

---

* Estas "anotações" serão indicadas aqui por um pequeno recuo do texto, seguindo-se assim o procedimento adotado na edição da Academia. (N. do T.)

que seus resultados possam tornar-se bem evidentes para a sã razão (de um metafísico que não sabe que o é). Não dá para pensar aqui em popularidade (linguagem popular), mas é preciso insistir em *exatidão* escolástica (pois se trata de *linguagem escolástica*), mesmo que seja considerada meticulosidade; pois somente assim a razão precipitada pode ser levada a se entender primeiro a si mesma, antes de suas opiniões dogmáticas.

Se, no entanto, *pedantes* se atrevem a falar ao público (nos púlpitos e em escritos populares) com termos técnicos próprios da escola, não se pode culpar por isso o filósofo crítico mais do que se culpa o gramático pela falta de sentido do verbalista (*logodaedalus*). O ridículo só pode caber aqui ao homem, e não à ciência.

Soa arrogante, egoísta e, para os que ainda não renunciaram a seu velho sistema, depreciativo afirmar que antes do aparecimento da filosofia crítica ainda não existia nenhuma. – Mas, para poder se pronunciar sobre essa aparente presunção, trata-se de saber *se pode bem haver mais do que uma filosofia*. Não só houve diversos modos de filosofar e de remontar aos primeiros princípios da razão, para neles fundar com mais ou menos sucesso um sistema, mas tinha de haver uma série de tentativas dessa espécie, cada uma das quais também tem seu mérito para a presente tentativa; dado, contudo, que, considerada objetivamente, só pode haver uma razão humana, não pode haver também muitas filosofias, i. é, só é possível um único sistema verdadeiro dela a partir de princípios, por mais que se tenha filosofado de múltiplas maneiras e seguidamente em conflito sobre uma e mesma proposição. Assim o *moralista* diz com razão: há apenas uma virtude e uma doutrina desta, i. é, um único sistema que liga todos os deveres de virtude por um princípio; o químico diz: há apenas uma química (aquela de *Lavoisier*); o *médico* diz: há apenas um princípio para o sistema da divisão das doenças (segundo *Brown*), sem

[207]

que o fato de o *novo sistema* excluir a todos os outros diminua, contudo, o mérito dos mais antigos (moralistas, químicos e médicos), pois sem as descobertas desses, ou mesmo experimentos malsucedidos, não teríamos chegado àquela unidade do verdadeiro princípio de toda a filosofia num sistema. – Se alguém anuncia, portanto, um sistema da filosofia como seu próprio produto, é como se dissesse: antes desta filosofia ainda não havia nenhuma. Pois, se quisesse admitir ter existido uma outra (e verdadeira), teriam existido duas filosofias verdadeiras acerca dos mesmos objetos, o que se contradiz. – Se a filosofia crítica se anuncia, portanto, como aquela antes da qual não terá havido em parte alguma filosofia, ela nada mais faz do que fizeram, farão e mesmo têm de fazer todos os que projetam uma filosofia segundo seu próprio plano.

De *menor* importância, ainda que não sem qualquer relevância, seria a objeção de que um componente a distinguir essencialmente esta filosofia não é, no entanto, seu próprio produto, mas emprestado de uma outra filosofia (ou matemática), como é o achado que um resenhista de Tübingen pretende ter feito e que diz respeito à definição da filosofia em geral, apresentada pelo autor da *Crítica da razão pura* como produto seu e nada insignificante, e que, no entanto, teria sido fornecida já há muitos anos por um outro, quase com as mesmas expressões*. Deixo a cargo de cada qual julgar se as palavras "*intellectualis quaedam constructio*" poderiam ter produzido o pensamento da *exibição de um conceito dado em uma intuição a priori*, pelo qual a filosofia é de vez separada de forma bem determinada da matemática. Estou

---

* *Porro de actuali constructione hic non quaeritur, cum ne possint quidem sensibiles figurae ad rigorem definitionum effingit; sed requiritur cognitio eorum, quibus absolvitur formatio, quae intellectualis quaedam constructio est.* C. A. Hausen, Elem. Mathes. Pars I, p. 86. A. 1734.

certo de que o próprio *Hausen* ter-se-ia recusado a reconhecer esta interpretação de sua expressão; pois a possibilidade de uma intuição *a priori*, e que o espaço é uma intuição dessa espécie e não uma justaposição do múltiplo externo dada apenas à intuição empírica (percepção) (como é definido por *Wolff*), isso o teria intimidado já pelo fato de que assim se veria envolvido em investigações filosóficas bastante abrangentes. A exibição feita *como que pelo entendimento* nada mais significava para o perspicaz matemático do que o *traçado* (empírico) *de uma linha* correspondente a um conceito, no qual se presta atenção apenas à regra, abstraindo-se, pois, dos desvios inevitáveis na execução, como se pode perceber também na construção das equações na geometria.

De *ínfima* importância são, contudo, em vista do espírito desta filosofia, os disparates que alguns de seus imitadores fazem com os termos que na própria *Crítica da razão pura* não podem ser substituídos por outros mais corriqueiros, empregando-os também fora dela para a comunicação pública, o que certamente merece ser censurado, como faz o sr. Nicolai, ainda que prefira modestamente não ter um juízo sobre a ausência completa deles em seu domínio próprio, como se escondessem sempre apenas uma pobreza de pensamentos. – Entretanto, é possível rir do *pedante impopular* certamente com muito mais gosto do que do *ignorante sem crítica* (pois o metafísico que se apega rigidamente a seu sistema, sem se voltar para qualquer crítica, pode de fato ser posto na última classe, apesar de apenas *ignorar* arbitrariamente o que ele não quer deixar impor-se, por não pertencer à sua escola mais antiga). Se, no entanto, constitui, segundo a afirmação de *Shaftesbury*, um critério nada desprezível para a verdade de uma doutrina (sobretudo prática) se ela suporta o *ridículo*, teria de chegar com o tempo certamente a vez de o filósofo crítico rir *por último* e assim também *melhor*, ao ver ruir um após o outro os

[209]

sistemas de papel que se ostentaram por um longo tempo e dispersar-se todos os seus seguidores: um destino que espera inevitavelmente àqueles.

Mais para o fim do livro, redigi algumas seções com menos minuciosidade do que se poderia esperar em comparação com as precedentes: em parte, porque me pareceram poder ser inferidas facilmente dessas, em parte também porque as últimas (concernentes ao direito público) são submetidas atualmente a tantas discussões, sendo, contudo, tão importantes, que podem justificar certamente a protelação por algum tempo do juízo decisivo.

Espero poder fornecer em breve *os princípios metafísicos da doutrina da virtude*.

TÁBUA DA DIVISÃO DA DOUTRINA DO DIREITO

Primeira parte.
O *direito privado* em vista de objetos externos (conjunto daquelas leis que não necessitam de uma promulgação externa).

Primeiro capítulo.
Do modo de *ter* algo externo como o seu.

Segundo capítulo.
Do modo de *adquirir* algo externo.
Divisão da aquisição externa.

Primeira seção.
Do direito real.

Segunda seção.
Do direito pessoal.

Terceira seção.
Do direito pessoal de modo real.

Seção suplementar.
Da aquisição ideal.

Terceiro capítulo.
Da aquisição subjetivamente condicionada perante uma jurisdição.

Segunda parte.
O *direito público* (conjunto das leis que necessitam de uma promulgação pública).

Primeira seção.
O direito do Estado.

Segunda seção.
O direito das gentes.

Terceira seção.
O direito cosmopolita.

INTRODUÇÃO À METAFÍSICA DOS COSTUMES

I. Da relação das faculdades do ânimo humano
com as leis morais

Faculdade de desejar é a faculdade de ser, através de suas representações, causa dos objetos dessas representações. A faculdade de um ser de agir conforme suas representações chama-se a *vida*.

Em primeiro lugar, liga-se ao desejo e à aversão sempre *prazer* ou *desprazer*, cuja receptividade se chama *sentimento*; mas nem sempre o contrário. Pois pode haver um prazer que ainda não está ligado a nenhum desejo do objeto, mas à mera representação que se tem de um objeto (não importando se o objeto dela existe ou não). *Em segundo lugar*, nem sempre também o prazer ou desprazer com o objeto do desejo precede ao desejo, não devendo ser sempre visto como causa, mas também como efeito dele.

Mas a capacidade de ter prazer ou desprazer com uma representação é chamada de *sentimento* porque ambos contêm o *meramente subjetivo* na relação de nossa representação e nenhuma relação ao objeto para o conhecimento possível deste* (nem sequer

---

* Pode-se definir sensibilidade pelo subjetivo de nossas representações em geral, pois é o entendimento que reporta por primeiro as representações a um objeto, i. é, somente ele *pensa* algo através delas. Ora, o subjetivo de nossa representação pode ser ou de espécie tal que pode ser reportado também a um objeto, para o conheci-

[212] para o conhecimento de nosso estado); no mais, aliás, mesmo sensações são reportadas também a um objeto como partes do conhecimento, exceto a qualidade, que lhes advém da constituição do sujeito (p. ex., o vermelho, o doce etc.), enquanto o prazer ou desprazer (com o vermelho e o doce) não expressam simplesmente nada no objeto, mas tão somente a relação ao sujeito. Não é possível explicar mais o prazer e o desprazer por si, e na verdade justamente pela razão mencionada, mas é possível em caso de necessidade indicar apenas que consequências eles têm em certas relações, para torná-los conhecíveis no uso.

O prazer que está ligado necessariamente ao desejo (do objeto, cuja representação afeta assim o sentimento) pode ser chamado de *prazer prático*, seja ele causa ou efeito do desejo. Em contraposição, o prazer que não está ligado necessariamente ao desejo do objeto, o qual não é, portanto, fundamentalmente um prazer com a existência do objeto da representação, mas apenas se prende simplesmente à representação, poderia ser chamado de prazer meramente contemplativo ou *complacência inativa*. Ao sentimento da última espécie de prazer chamamos de *gosto*. Desse não se falará numa filosofia prática, portanto, como de um conceito *próprio*, mas quando muito apenas *ocasionalmente*. No concernente ao prazer prático, contudo, a determinação da faculdade de desejar que deve ser precedida necessariamente por este prazer chamar-se-á, em sentido estrito, *desejo sensível*, e o desejo sensí-

---

mento do mesmo (segundo a forma ou a matéria, chamando-se, no primeiro caso, intuição pura e, no segundo, sensação); nesse caso, a sensibilidade, como receptividade da representação pensada, é o *sentido*. Ou o subjetivo da representação não pode tornar-se de modo algum uma *parte do conhecimento*, porque contém *meramente* sua relação ao *sujeito* e nada útil para o conhecimento do objeto; e então a receptividade da representação se chama *sentimento*, o qual contém o efeito da representação (seja essa sensível ou intelectual) sobre o sujeito e pertence à sensibilidade, mesmo que a própria representação pertença ao entendimento ou à razão.

vel habitual, *inclinação*, e, porque a ligação do prazer com a faculdade de desejar, na medida em que essa conexão é julgada como válida pelo entendimento segundo uma regra universal (em todo caso, apenas para o sujeito), chama-se *interesse*, assim o prazer prático terá de ser chamado neste caso um interesse da inclinação, ao passo que, se o prazer somente pode seguir-se a uma determinação precedente da faculdade de desejar, ele terá de ser chamado um prazer intelectual, e o interesse no objeto, um interesse racional; pois, se o interesse fosse sensível e não fundamentado apenas em princípios puros da razão, então a sensação teria [213] de estar ligada com prazer e poder assim determinar a faculdade de desejar. Ainda que, onde se tem de admitir um mero interesse racional puro, não se lhe pode atribuir um interesse da inclinação, pode-se, contudo, para atender à linguagem usual, admitir, mesmo numa inclinação para aquilo que só pode ser objeto de um prazer intelectual, um desejo habitual por puro interesse racional, a qual não seria, no entanto, a causa, mas o efeito do último interesse, podendo ser chamada de *inclinação livre dos sentidos* (*propensio intellectualis**).

Há que distinguir ainda a *concupiscência* (o apetecer) do próprio desejo, como estímulo para a determinação deste. Ela é sempre uma determinação sensível do ânimo, mas que ainda não resultou num ato da faculdade de desejar.

A faculdade de desejar segundo conceitos na medida em que o fundamento de sua determinação para a ação se encontra nela mesma, e não no objeto, chama-se uma faculdade de *fazer ou dei-*

---

* Ao longo do texto, Kant indica seguidamente o equivalente latino das expressões que emprega, tal como encontrado nos manuais, sobretudo dos wolffianos. No concernente especificamente à doutrina do direito, a maioria dessas expressões latinas provêm do direito romano. Sendo de uso comum nos meios jurídicos e tendo o leitor do original a mesma dificuldade, não serão traduzidas aqui. (N. do T.)

xar de fazer a bel-prazer. Na medida em que a acompanha a consciência da faculdade de sua ação para a produção do objeto, ela se chama *arbítrio*; mas, se dela não vem acompanhada, seu ato se chama um *mero desejo*. A faculdade de desejar cujo fundamento de determinação interno, portanto até mesmo o bel-prazer, encontra-se na razão do sujeito chama-se *vontade*. A vontade é, portanto, a faculdade de desejar, não tanto em relação à ação (como o arbítrio), mas antes em relação ao fundamento de determinação do arbítrio para a ação, e não é precedida propriamente por nenhum fundamento de determinação, mas é a própria razão prática, na medida em que ela pode determinar o arbítrio.

A vontade pode conter o *arbítrio*, mas também o mero *desejo*, na medida em que a razão pode determinar em geral a faculdade de desejar. O arbítrio que pode ser determinado pela *razão pura* chama-se arbítrio livre. Aquele que é determinável só por *inclinação* (estímulo sensível, *stimulus*) seria arbítrio bruto (*arbitrium brutum*). O arbítrio humano, ao contrário, é um arbítrio tal que é decerto *afetado* por estímulos, mas não *determinado*, não sendo, portanto, puro em si mesmo (sem a habilidade adquirida da razão), mas podendo assim mesmo ser determinado a ações por vontade pura. A *liberdade* do arbítrio é essa independência de sua *determinação* por estímulos sensíveis, sendo esse seu conceito negativo. O positivo é: a faculdade da razão pura de ser prática por si mesma. Mas isso não é possível senão pela submissão das máximas de cada ação à condição de serem aptas a uma lei universal. Pois como razão pura, aplicada ao arbítrio sem considerar o objeto desse, ela, enquanto faculdade dos princípios (e, aqui, de princípios práticos, portanto como faculdade legisladora), não pode, uma vez que lhe escapa a matéria da lei, fazer mais do que transformar em lei suprema e fundamento de determinação do arbítrio a própria forma que torna a máxima do arbítrio apta a ser uma lei universal e, uma vez que as máximas do homem por razões subjetivas não concordam por si sós com aquelas objetivas, prescrever essa lei simplesmente como imperativo da proibição ou do mandamento.

Essas leis da liberdade chamam-se *morais*, à diferença de leis naturais. Na medida em que incidem apenas sobre ações meramente externas e sua legalidade, chamam-se *jurídicas*; mas, se exigem também que elas (as leis) sejam mesmo os fundamentos de determinação das ações, elas são *éticas*, dizendo-se então: a concordância com as primeiras é a *legalidade*, a concordância com as últimas, a *moralidade* das ações. A liberdade a que se reportam as primeiras leis só pode ser a liberdade no uso externo, mas aquela a que se reportam as últimas pode ser a liberdade tanto no uso externo quanto no uso interno do arbítrio, na medida em que ele é determinado por leis da razão. Assim, diz-se na filosofia teórica: no espaço estão apenas os objetos dos sentidos externos, mas no tempo todos, tanto os objetos dos sentidos externos quanto os do sentido interno, porque as representações de ambos são sempre representações e pertencem nesta medida ao sentido interno. Da mesma forma, seja a liberdade considerada no uso externo ou no uso interno do arbítrio, suas leis, como leis práticas puras da razão para o arbítrio livre em geral, têm de ser sempre ao mesmo tempo fundamentos internos de determinação dele, ainda que não devam ser sempre consideradas nessa relação.

II. Da ideia e da necessidade de uma metafísica dos costumes

Mostrou-se em outro lugar que são necessários princípios *a priori* para a ciência da natureza, a qual trata dos objetos dos sentidos externos, e que é possível, mesmo necessário, fazer preceder à ciência da natureza aplicada a experiências particulares, quer dizer, à física, um sistema desses princípios sob o nome de uma

[215]

ciência metafísica da natureza. Só que a primeira pode (pelo menos quando se trata de manter afastado o erro de suas proposições) admitir como universal mais de um princípio com base no testemunho da experiência, mesmo que o último, para valer universalmente em sentido estrito, devesse ser deduzido de princípios *a priori*; assim, Newton admitiu como baseado em experiência o princípio da igualdade da ação e da reação na influência dos corpos, e no entanto o estendeu para toda a natureza material. Os químicos vão ainda mais longe e baseiam inteiramente na experiência suas leis mais universais da união e separação das matérias por suas próprias forças, e mesmo assim confiam em sua universalidade e necessidade a ponto de não temerem a descoberta de um erro nas experimentações feitas com elas.

Já não sucede o mesmo com as leis morais. Elas valem como leis só na medida em que podem ser *compreendidas* como fundamentadas *a priori* e necessárias, sim, os conceitos e juízos sobre nós mesmos e nosso fazer e deixar de fazer não têm significado moral se contêm aquilo que se pode aprender meramente da experiência, e, se nos deixamos levar a transformar em princípio moral algo proveniente da última fonte, expomo-nos aos erros mais grosseiros e perniciosos.

Se a moral não fosse mais do que doutrina da felicidade, seria absurdo procurar princípios *a priori* para dela. Pois, por mais óbvio que seja dizer que a razão pode compreender ainda antes da experiência por quais meios se pode chegar ao gozo mais duradouro das verdadeiras alegrias da vida, ainda assim tudo o que se ensina sobre isso *a priori* é ou tautológico ou admitido sem nenhum fundamento. Somente a experiência pode nos ensinar o que nos traz alegria. Somente os impulsos naturais para a alimentação, para o sexo, para o descanso, para o movimento e (com o desenvolvimento de nossas disposições naturais) os impulsos para a honra, para a ampliação de nosso conhecimento etc. podem dar a conhecer a cada um, e tão somente em seu modo particular, no que ele há de *encontrar* aquelas alegrias, ensinando-lhe também a mesma experiência os meios pelos quais ele há de *procurá*-las. Todo aparente raciocínio *a priori* nada é aqui, no fundo, senão experiência generalizada por meio de indução, generalidade essa (*secundum principia generalia, non universalia*) que ainda por cima é tão pobre que se tem de permitir a cada qual uma infinidade de exceções para adaptar aquela escolha do seu modo de vida à sua inclinação particular e à sua receptividade aos prazeres, aprendendo finalmente apenas com os prejuízos seus ou dos outros. [216]

Já não sucede o mesmo com as doutrinas da moralidade. Elas ordenam a qualquer um, sem levar em consideração suas inclinações, apenas porque e na medida em que ele é livre e possui razão prática. O conhecimento de suas leis não é tirado da observação de si mesmo e da animalidade nele mesmo, nem da percepção do andamento do mundo, daquilo que acontece e de como se age (apesar de a palavra alemã *Sitten*, assim como a latina *mores*, significar apenas maneiras e modo de vida), mas a razão ordena como se deve agir, ainda que não fosse encontrado nenhum exemplo disso, não levando em consideração tampouco a vantagem que nos pode provir daí, e que certamente apenas a experiência poderia ensinar. Pois, apesar de a razão permitir que busquemos nossa vantagem de todas as formas possíveis, que ademais possamos esperar também com probabilidade, baseados em testemunhos da experiência, em média maiores vantagens do seguimento de seus mandamentos do que de sua transgressão, sobretudo se é acrescentada a isso prudência, não se apoia nisso, contudo, a autoridade de suas prescrições *como mandamento*, mas ela se vale destas (enquanto conselhos) como de um contrapeso às tentações para o contrário, para corrigir de antemão o erro de uma balança parcial no julgamento prático e apenas então garantir a esse o resultado de acordo com o peso dos fundamentos *a priori* de uma razão prática pura.

Se por isso um sistema do conhecimento *a priori* a partir de meros conceitos se chama *metafísica*, então uma filosofia prática, a qual tem por objeto, não a natureza, mas a liberdade do arbítrio, há de pressupor e necessitar de uma metafísica dos costumes, i. é, *possuir* uma tal metafísica é mesmo *dever*, e cada homem também a possui em si, mesmo que em geral apenas de maneira obscura; pois como poderia ele sem princípios *a priori* acreditar ter em si uma legislação universal? Assim como têm de existir, no entanto, numa metafísica da natureza também princípios da aplicação daqueles princípios universais supremos de uma natureza em geral a objetos da experiência, assim também uma metafísica dos costumes não poderá deixar faltar isso, e teremos de tomar seguidamente por objeto a *natureza* particular do homem, conhecida tão somente por experiência, para *mostrar* nela as conclusões a partir dos princípios morais universais, sem com isso tirar, no entanto, algo da pureza dos últimos, nem tornar duvidosa sua origem *a priori*. – Isso quer dizer apenas que uma metafísica dos costumes não pode ser fundada em antropologia, ainda que possa ser aplicada a ela.

A contrapartida de uma metafísica dos costumes, como o outro membro da divisão da filosofia prática em geral, seria a antropologia moral, a qual conteria, entretanto, apenas as condições subjetivas, tanto desfavoráveis quanto favoráveis, da *execução* das leis da primeira na natureza humana, a produção, difusão e fortalecimento de princípios morais (na educação, instrução escolar e popular) e outras doutrinas e prescrições semelhantes baseadas em experiência, e sem a qual não se pode passar, mas que não deve de forma alguma ser anteposta àquela ou com ela confundida, porque então se corre o risco de extrair leis morais falsas ou ao menos indulgentes, que apresentam como inatingível aquilo que só não é atingido justamente porque a lei não é compreendida e exposta em sua pureza (na qual consiste também sua força); ou até mesmo são usados móbeis inautênticos e impuros para aquilo que é em si conforme ao dever e bom, os quais não deixam subsistir nenhum princípio moral seguro, nem como fio condutor do julgamento nem como disciplina do ânimo no cumprimento do dever, cuja prescrição tem de ser feita *a priori* simplesmente apenas pela razão pura.

Mas no concernente à divisão superior, sob a qual se encontra a recém-mencionada, a saber, a da filosofia em teórica e prática, não podendo essa ser senão a filosofia moral, sobre isso já me expliquei em outro lugar (na *Crítica da faculdade do juízo*). Todo o prático que deve ser possível de acordo com leis naturais (a ocupação própria da arte) depende inteiramente da teoria da natureza em sua prescrição; tão somente o prático de acordo com leis da liberdade pode ter princípios que não são dependentes de nenhuma teoria, pois além das determinações da natureza não há teoria. Portanto, a filosofia não pode compreender na parte prática (ao lado de sua parte teórica) nenhuma doutrina *técnico-prática*, mas apenas a *moral-prática*, e, mesmo que a habilidade do arbítrio segundo leis da liberdade devesse aqui ser chamada também de *arte*, em oposição à natureza, teria de se entender por isso uma arte tal que tornasse possível um sistema da liberdade semelhante a um sistema da natureza; certamente uma arte divina, se fôssemos capazes de executar por seu intermédio completamente aquilo que a razão nos prescreve e de pôr em obra a ideia disso.

[218]

III. Da divisão de uma metafísica dos costumes*

Toda legislação (prescreva ações internas ou externas, e estas, ou *a priori*, através da simples razão, ou através do arbítrio de um outro) contém duas partes: *em primeiro lugar*, uma *lei*, que representa *objetivamente* como necessária a ação que deve acontecer, i. é, que faz da ação um dever; *em segundo lugar*, um móbil, que liga *subjetivamente* à representação da lei o fundamento de determinação do arbítrio para essa ação; a segunda parte é, pois, esta: que a lei faz do dever um móbil. Pela primeira, a ação é representada como dever, o que é um mero conhecimento teórico da determinação possível do arbítrio, i. é, de regras práticas; pela segunda, a obrigação de assim agir é ligada efetivamente no sujeito ao fundamento de determinação do arbítrio.

Toda legislação (ainda que concorde com outra em vista da ação que ela torna um dever, p. ex., as ações podem ser em todos os casos externas) pode, portanto, distinguir-se ainda em vista dos móbeis. Aquela que faz de uma ação um dever e deste dever ao mesmo tempo um móbil é *ética*. Mas aquela que não inclui o último na lei, admitindo assim também um outro móbil que não a ideia do próprio dever, é *jurídica*. Percebe-se facilmente, em vista da última, que esse móbil diferente da ideia do dever tem de ser tirado dos fundamentos *passionais* de determinação do arbítrio, das inclinações e aversões, e, dentre estas, dos da última

---

* A *dedução* da divisão de um sistema, i. é, a demonstração tanto de sua completude quanto também da *continuidade*, a saber, que a passagem do conceito dividido para o membro da divisão em toda a série das subdivisões não se dá por um salto (*divisio per saltum*), é uma das condições mais difíceis de ser satisfeita pelo construtor de um sistema. Igualmente difícil é saber qual é o *conceito supremo dividido* da divisão em *justo* ou *injusto* (*aut fas aut nefas*). É o *ato do arbítrio livre* em geral. Assim como os mestres da ontologia começam com *algo* e *nada* no ponto mais alto, sem se darem conta de que eles já são membros de uma divisão para a qual ainda falta o conceito dividido, que só pode ser o conceito de um *objeto* em geral.

espécie, porque deve ser uma legislação, que é coercitiva, e não um incentivo, que é convidativo. Chama-se à mera concordância ou não concordância de uma ação com a lei, sem considerar seu móbil, a *legalidade* (conformidade à lei); mas àquela concordância em que a ideia do dever pela lei é ao mesmo tempo o móbil da ação chama-se a *moralidade** da ação.

Os deveres pela legislação jurídica só podem ser deveres externos porque essa legislação não exige que a ideia desse dever, a qual é interna, seja por si mesma fundamento de determinação do arbítrio do agente, e, uma vez que precisa ainda assim de um móbil apropriado para as leis, ela somente pode ligar à lei móbeis externos. A legislação ética, ao contrário, embora também torne deveres ações internas, não o faz com exclusão das externas, incidindo, sim, sobre tudo em geral que é dever. No entanto, porque a legislação ética inclui em sua lei o móbil interno da ação (a ideia do dever), determinação essa que não tem de influir de maneira alguma na legislação externa, justamente por isso a legislação ética não pode ser externa (nem mesmo a de uma vontade divina), ainda que admita *como deveres*, em sua legislação sobre móbeis, os deveres que dependem de outra legislação, a saber, a externa.

Pode-se ver, assim, que todos os deveres, pelo simples fato de serem deveres, pertencem à ética; contudo, sua *legislação* não por isso se encontra sempre na ética, mas, para muitos deles, fora dela. Assim, a ética ordena que eu tenho de cumprir um compromisso assumido num contrato mesmo que a outra parte não pudesse me coagir a tanto, mas ela admite a lei (*pacta sunt servanda*) e o dever correspondente como dados pelo direito. A legislação [220]

---

* No original consta "*Moralität (Sittlichkeit)*", sendo os dois termos tomados como equivalentes por Kant. (N. do T.)

de que promessas feitas têm de ser cumpridas se encontra, portanto, não na ética, mas no direito (*jus*). A ética apenas ensina em seguida que, mesmo que o móbil ligado àquele dever pela legislação jurídica, a saber, a coação externa, seja deixado de lado, a ideia do dever é por si só já suficiente como móbil. Pois, se assim não fosse e a própria legislação não fosse jurídica, não sendo, por conseguinte, o dever dela oriundo um dever propriamente de direito (em distinção do dever de virtude), então o cumprimento da lealdade (conforme com sua promessa num contrato) seria posto na mesma classe com as ações da benevolência e da obrigação a elas, o que não pode acontecer de maneira alguma. Não é um dever de virtude manter sua promessa, mas um dever de direito, a cujo cumprimento se pode ser coagido. Mas ainda assim é uma ação virtuosa (demonstração da virtude) fazê-lo também quando não se precisa *temer* nenhuma coação. A doutrina do direito e a doutrina da virtude não se distinguem, pois, tanto por seus deveres diferentes, como bem mais pela diferença da legislação, a qual liga à lei um ou outro móbil.

A legislação ética (mesmo que os deveres possam ser também externos) é aquela que *não pode* ser externa; a jurídica é aquela que também pode ser externa. Assim, é um dever externo manter sua promessa contratual, mas a ordem de fazê-lo simplesmente por ser dever, sem levar em consideração um outro móbil, pertence tão somente à legislação *interna*. Portanto, a obrigação pertence à ética, não como espécie particular de dever (uma espécie particular de ações a que somos obrigados) – pois tanto na ética quanto no direito se trata de um dever externo –, mas porque a legislação no caso mencionado é uma legislação interna e não pode ter um legislador externo. Pela mesma razão, os deveres da benevolência pertencem à ética, apesar de serem deveres externos (obrigação de ações externas), porque sua legislação só pode ser interna. – A ética certamente possui seus próprios deveres (p. ex., os deveres para consigo mesmo), mas tem também deveres em comum com o direito, apenas não o modo de *obrigação*. Pois realizar ações simplesmente por serem deveres e fazer do princípio do próprio dever, de onde quer que venha, o móbil suficiente do arbítrio é o característico da legislação ética. Assim, portanto, há com certeza muitos deveres *diretamente éticos*, mas a legislação interna também torna todos os demais indiretamente éticos. [221]

IV. Conceitos preliminares da metafísica dos costumes
(*philosophia practica universalis*)

O conceito da *liberdade* é um conceito puro da razão, sendo justamente por isso transcendente para a filosofia teórica, i. é, um conceito tal que não lhe pode ser dado um exemplo adequado em nenhuma experiência possível, não constituindo, portanto, nenhum objeto de um conhecimento teórico possível para nós, e não podendo de maneira alguma valer como um princípio constitutivo da razão especulativa, mas apenas como um princípio regulador e na verdade meramente negativo, demonstrando, no entanto, sua realidade no uso prático, através de princípios práticos, os quais, como leis, demonstram em nós uma causalidade da razão pura na determinação do arbítrio, independentemente de todas as condições empíricas (do sensível em geral), e uma vontade pura, na qual têm sua origem os conceitos e as leis morais.

Sobre esse conceito positivo (em sentido prático) da liberdade fundam-se leis práticas incondicionais, chamadas *morais*, as quais são, para nós, cujo arbítrio é afetado sensivelmente e assim não é por si mesmo adequado à vontade pura, mas muitas vezes com ela conflitante, *imperativos* (mandamentos e proibições), e mesmo imperativos categóricos (incondicionais), pelo que se diferenciam dos imperativos técnicos (as prescrições da arte), que ordenam sempre apenas de forma condicionada. De acordo com essas leis, certas ações são *lícitas* ou *ilícitas*, i. é, moralmente possíveis ou impossíveis, mas algumas delas, ou seu contrário, são moralmente necessárias, i. é, obrigatórias, do que se origina então para aquelas o conceito de um dever, cujo cumprimento ou descumprimento certamente está ligado também a um prazer ou desprazer de espécie particular (o de um *sentimento* moral), o qual, no entanto, não é levado em consideração de forma alguma em leis práticas da razão (porque ele não diz respeito ao *fundamento* das leis práticas, mas apenas ao *efeito* subjetivo no ânimo com a determinação de nosso arbítrio por elas, podendo ser diferente de acordo com a diferença dos sujeitos, sem acrescentar ou retirar objetivamente, i. é, no juízo da razão, algo da validade ou influência daquelas leis).

[222] Os conceitos seguintes são comuns a ambas as partes da metafísica dos costumes.

Obrigatoriedade é a necessidade de uma ação livre sob um imperativo categórico da razão.

> O imperativo é uma regra prática pela qual a ação em si contingente é *tornada* necessária. Ele se diferencia de uma lei prática, a qual certamente também representa a necessidade de uma ação, mas sem levar em consideração se essa ação em si já se encontra *interiormente* de forma necessária no sujeito agente (por exemplo, num ser santo), ou se ela é contingente (como no homem), pois onde ocorre o primeiro não há imperativo. Portanto, o imperativo é uma regra cuja representação *torna* necessária a ação subjetivamente contingente, representando assim o sujeito como o que tem de ser *coagido* (necessitado) à concordância com essa regra. – O imperativo categórico (incondicional) é aquele que pensa e torna necessária a ação através da mera representação

dessa mesma ação (de sua forma), portanto imediatamente como objetivamente necessária, e não porventura mediatamente, através da representação de um *fim* que possa ser alcançado pela ação; imperativos dessa espécie só podem ser apresentados como exemplo pela doutrina prática que prescreve obrigação (a dos costumes). Todos os outros imperativos são *técnicos* e condicionados. O fundamento da possibilidade de imperativos categóricos se encontra, contudo, no fato de que eles não se referem a nenhuma determinação do arbítrio (pela qual lhe pode ser atribuída uma intenção) a não ser simplesmente à *liberdade* dessa determinação.

Lícita é uma ação (*licitum*) que não é contrária à obrigação; e essa liberdade não restringida por nenhum imperativo contraposto se chama autorização (*facultas moralis*). A partir disso, entende-se facilmente o que seja *ilícito* (*illicitum*).

Dever é aquela ação a que alguém é obrigado. Ele é, portanto, a matéria da obrigação, e pode ser o mesmo dever (segundo a ação) ainda que possamos ser obrigados a isso de diferentes maneiras.

O imperativo categórico é uma *lei* moral-prática, por enunciar uma obrigação em vista de certas ações. Como, no entanto, a obrigação não contém só necessidade prática (expressa por uma lei em geral), mas também *coação*, assim o mencionado imperativo é ou uma lei preceptiva ou uma lei proibitiva, conforme seja representada como dever a ação ou a omissão. Uma ação que não é nem ordenada nem proibida é meramente *lícita* porque em relação a ela não há nenhuma lei restritiva da liberdade (autorização) e, portanto, também nenhum dever. Uma tal ação se chama moralmente indiferente (*indifferens, adiaphoron, res merae facultatis*). Pode-se perguntar se há ações dessa espécie e, em as havendo, se é requerida, a fim de que alguém fique livre para fazer ou deixar de fazer algo a seu bel-prazer, além da lei preceptiva (*lex praeceptiva, lex mandati*) e da lei proibitiva (*lex prohibitiva, lex*

[223]

vetiti), ainda uma lei permissiva (*lex permissiva*). Se é assim, a autorização nem sempre diz respeito a uma ação indiferente (*adiaphoron*), pois para uma tal ação, se considerada de acordo com leis morais, não seria requerida nenhuma lei particular.

Ato denomina-se uma ação enquanto se encontra sob leis da obrigação, por conseguinte também enquanto o sujeito é considerado, neste ato, segundo a liberdade de seu arbítrio. O agente é considerado, através de um tal ato, como *autor* do efeito, e este, junto com a própria ação, pode ser-lhe *imputado* se conhecemos previamente a lei em virtude da qual incide sobre ele uma obrigação.

Pessoa é aquele sujeito cujas ações são passíveis de uma *imputação*. A personalidade *moral* nada mais é, portanto, do que a liberdade de um ser racional sob leis morais (enquanto a psicológica é meramente a faculdade de se tornar consciente da identidade de si mesmo nos diversos estados de sua existência), do que se segue então que uma pessoa não está submetida a outras leis senão àquelas que ela mesma se dá (ou só ela ou ao menos simultaneamente com outros).

Coisa é algo que não é passível de imputação. Todo objeto do arbítrio livre que carece de liberdade por si chama-se por isso coisa (*res corporalis*).

Justo ou *injusto* (*rectum aut minus rectum*) em geral é um ato enquanto é conforme ou contrário ao dever (*factum licitum aut illi citum*), seja de que espécie for o próprio dever, segundo seu conteúdo ou sua origem. Um ato contrário ao dever se chama *transgressão* (*reatus*).

Uma transgressão *desintencional*, mas imputável, chama-se mera *falta* (*culpa*). Uma transgressão intencional (i. é, aquela acompanhada da consciência de que se trata de transgressão) se chama *delito* (*dolus*). O que é direito segundo leis externas se chama *justo* (*justum*), o que não o é, injusto (*injustum*).

Uma *colisão dos deveres* (*collisio officiorum s. obligationum*) seria a relação entre eles pela qual um suprimiria o outro (de todo ou em parte). – Como, no entanto, dever e obrigação são em geral conceitos que expressam a *necessidade* prática objetiva de certas ações, e como duas regras opostas uma à outra não podem ser ao mesmo tempo necessárias, mas, se é dever agir de acordo com uma delas, então não só não é dever agir de acordo com a oposta, como é até contrário ao dever, assim não é pensável uma *colisão de deveres* e de obrigações (*obligationes non colliduntur*). Mas podem muito bem estar ligados, num sujeito e na regra que ele se prescreve, dois *fundamentos* da obrigação (*rationes obligandi*), sendo um ou o outro, no entanto, insuficiente para a obrigação (*rationes obligandi non obligantes*), quando então um dos dois não é dever. – Se dois de tais fundamentos colidem entre si, a filosofia prática não diz que a obrigação mais forte predomina (*fortior obligatio vincit*), mas que o *fundamento de obrigação* mais forte domina (*fortior obligandi ratio vincit*).

As leis obrigatórias para as quais é possível uma legislação externa se chamam em geral leis *externas* (*leges externae*). Dentre estas, aquelas cuja obrigação pode ser conhecida *a priori* pela razão, mesmo sem legislação externa, são leis *naturais*, ainda que externas; aquelas, ao contrário, que nem sequer obrigam sem uma legislação externa efetiva (portanto sem a última não seriam leis) chamam-se leis *positivas*. Pode-se, portanto, pensar uma legislação externa que contivesse somente leis positivas, mas então teria de preceder uma lei natural que fundamentasse a autoridade do legislador (i. é, a autorização de obrigar outros através de seu mero arbítrio).

O princípio que faz de certas ações um dever é uma lei prática. A regra que o agente adota como princípio para si mesmo por razões subjetivas se chama sua *máxima*; por isso, com a mesma lei, as máximas dos agentes podem ser de fato bem diferentes.

[225]

O imperativo categórico, que em geral apenas expressa o que é obrigação, diz: age de acordo com uma máxima que pode valer ao mesmo tempo como uma lei universal. – Primeiro tu tens de considerar, portanto, tuas ações segundo seu princípio subjetivo; se este princípio é também objetivamente válido, no entanto, tu somente podes conhecer no fato de ele se qualificar para uma legislação universal tal qual à exigida pela razão, ao exigir que te penses através dele como universalmente legislador.

A simplicidade dessa lei, em comparação com as enormes e numerosas consequências que podem ser tiradas daí, bem como a autoridade imperativa, sem que, no entanto, venha visivelmente acompanhada de um móbil, certamente têm de causar estranheza a princípio. Entretanto, se, nesse espanto diante de uma faculdade de nossa razão de determinar o arbítrio através da mera ideia da qualificação de uma máxima para a *universalidade* de uma lei prática, somos instruídos de que justamente essas leis práticas (as morais) dão a conhecer por primeiro uma propriedade do arbítrio a que nenhuma razão especulativa teria chegado, nem por razões *a priori* nem por uma experiência qualquer, e, mesmo que chegasse a ela, não poderia estabelecer teoricamente sua possibilidade por coisa alguma, enquanto aquelas leis práticas estabelecem incontestavelmente essa propriedade, a saber, a liberdade, então causará menos estranheza achar *indemonstráveis* e ainda assim *apodíticas* essas leis, tal qual postulados matemáticos, e ao mesmo tempo ver aberto diante de si todo um campo de conhecimentos práticos, quando na teoria a razão tem de encontrar fechado para ela simplesmente tudo o que diz respeito à mesma ideia da liberdade, sim, a cada uma de suas ideias do suprassensível. A concordância de uma ação com a lei do dever é a *legalidade* (*legalitas*) – a da máxima da ação com a lei, a *moralidade* (*moralitas*) dela. *Máxima*, no entanto, é o princípio *subjetivo* da ação que o próprio sujeito adota como regra sua (a saber, como ele quer agir). Ao contrário, o princípio do dever é aquilo que a razão lhe ordena pura e simplesmente, portanto objetivamente (como ele *deve* agir).

O princípio supremo da moral é, portanto: age de acordo com uma máxima que pode valer ao mesmo tempo como lei universal. – Toda máxima que não se qualifica para tanto é contrária à moral. [226]

Da vontade provêm as leis; do arbítrio, as máximas. O último é, no homem, um arbítrio livre; a vontade que não incide sobre nada a não ser meramente a lei não pode ser chamada nem livre nem não livre, porque ela não incide sobre ações, mas imediatamente sobre a legislação para a máxima das ações (portanto sobre a própria razão prática), sendo por isso também simplesmente necessária e ela mesma não passível de coação. Somente o *arbítrio* pode, portanto, ser chamado *livre*.

Mas a liberdade do arbítrio não pode ser definida pela faculdade da escolha entre agir conforme ou contrário à lei (*libertas indifferentiae*) – como decerto tentaram alguns –, apesar de o arbítrio como *fenômeno* oferecer seguidamente exemplos disso na experiência. Pois só conhecemos em nós a liberdade (tal qual nos é dada a conhecer primeiro pela lei moral) como propriedade *negativa*, a saber, de não ser *obrigado* a agir por nenhum fundamento determinante sensível. Mas não nos é possível de modo algum apresentá-la teoricamente enquanto *númeno*, i. é, segundo a faculdade do homem considerado simplesmente como inteligência, tal como ela é *obrigante* em vista do arbítrio sensível, portanto de acordo com sua constituição positiva. Mas certamente podemos compreender que, apesar de o homem como *ser sensível* mostrar na experiência uma faculdade de escolher não somente *conforme*, mas também *contrário* à lei, não se pode *definir* por meio disso sua liberdade como *ser inteligível*, porque fenômenos não podem tornar inteligível um objeto suprassensível (como decerto é o arbítrio livre), e que a liberdade jamais pode consistir em o sujeito racional poder fazer também uma escolha contrária à sua razão (legisladora); mesmo que a experiência mostre suficientes vezes que isso ocorre (do que certamente não podemos compreender a possibilidade). – Pois uma coisa é admitir uma proposição (da experiência); outra, fazer dela o *princípio de explicação* (do conceito de arbítrio livre) e a nota distintiva universal (em relação ao *arbitrio bruto s. servo*), porque a primeira não afirma que a nota pertence *necessariamente* ao conceito, o que com certeza é exigido pela segunda. – Somente a liberdade em relação à legislação interna da razão é propriamente uma faculdade; a possibilidade de divergir dela é uma incapacidade. Como pode, pois, aquela ser explicada por essa? Trata-se de uma definição que acrescenta ao conceito prático ainda a *execução* dele como mostrada pela experiência, uma *definição bastarda* (*definitio hybrida*) que coloca o conceito em falsa perspectiva.

Uma *lei* (moralmente prática) é uma proposição que contém um imperativo (mandamento) categórico. O que manda (*imperans*) por uma lei é o *legislador* (*legislator*). Ele é o autor (*autor*) da obrigação segundo a lei, mas nem sempre autor da lei. No último caso, a lei seria positiva (contingente) e arbitrária. A lei que nos obriga *a priori* e incondicionalmente por nossa própria razão pode ser expressa também como procedente da vontade de um legislador supremo, i. é, de uma vontade que só possui direitos e nenhum dever (portanto da vontade divina), o que significa, porém, apenas a ideia de um ser moral cuja vontade é lei para todos, sem pensá-lo, entretanto, como seu autor.

Imputação (*imputatio*) em sentido moral é o *juízo* pelo qual alguém é considerado autor (*causa libera*) de uma ação, a qual então se chama *ato* (*factum*) e se encontra sob leis; o que seria uma imputação judicial (*imputatio judiciaria s. valida*) se acarretasse ao mesmo tempo as consequências jurídicas desse ato, em caso contrário, contudo, apenas uma imputação *judicatória* (*imputatio dijudicatoria*). – Aquela pessoa (física ou moral) que tem a autorização de imputar judicialmente se chama *juiz* ou também tribunal (*judex s. forum*).

É *meritório* (*meritum*) o que alguém faz em conformidade com o dever *a mais* do que lhe pode ser exigido segundo a lei; aquilo que ele faz apenas justamente *adequado* à lei é *devido* (*debitum*); por fim, o que ele faz *a menos* do que exige a lei é *culpa* moral (*demeritum*). O efeito *jurídico* de uma culpa é a *pena* (*poena*), o de um ato meritório, a *recompensa* (*praemium*) (supondo-se que ela, prometida na lei, tenha sido o motivo); a adequação da conduta ao devido não tem nenhum efeito jurídico. – A *retribuição* espontânea (*remuneratio s. repensio benefica*) não se encontra em nenhuma *relação jurídica* com o ato. [228]

> As boas ou más consequências de uma ação devida – bem como as consequências da omissão de uma ação meritória – não podem ser imputadas ao sujeito (*modus imputationis tollens*).
>
> As boas consequências de uma ação meritória – bem como as más consequências de uma ação injusta – podem ser imputadas ao sujeito (*modus imputationis ponens*).
>
> O grau da *imputabilidade* (*imputabilitas*) das ações deve ser considerado *subjetivamente* segundo o tamanho dos obstáculos que tiveram de ser suplantados. – Quanto maiores os obstáculos naturais (da sensibilidade) e quanto menor o obstáculo moral (dever), tanto mais o *bom ato* é creditado como mérito; p. ex., se eu salvo de um grande perigo um homem que me é estranho e com um grande sacrifício de minha parte.
>
> Ao contrário: quanto menor o obstáculo natural e quanto maior o obstáculo por fundamentos do dever, tanto mais a transgressão é imputada (como culpa). – Por isso, na imputação o estado de ânimo com que o sujeito cometeu o ato, se com paixão ou com frio cálculo, faz uma diferença que tem consequências.

INTRODUÇÃO À DOUTRINA DO DIREITO

§ A. O que é a doutrina do direito?

O conjunto das leis para as quais é possível uma legislação externa se chama d*outrina do direito* (*jus*). Se tal legislação é efetiva, então ela é doutrina do *direito positivo*, e seu conhecedor, ou jurisconsulto (*jurisconsultus*), chama-se *jurisperito* (*jurisperitus*) se conhece as leis externas também externamente, i. é, em sua aplicação a casos dados na experiência, podendo mesmo chegar a *jurisprudência* (*jurisprudentia*), mas sem a reunião de ambas permanece mera *ciência do direito* (*jurisscientia*). A última denominação se aplica ao conhecimento *sistemático* da doutrina do direito natural (*jus naturae*), ainda que o conhecedor desta última tenha de fornecer os princípios imutáveis de toda a legislação positiva.

§ B. O que é o direito?

Essa pergunta certamente deixará embaraçado o jurisconsulto, caso não queira incorrer numa tautologia ou apontar para o que as leis querem num tempo qualquer e num país qualquer, em vez de dar uma solução universal, tanto quanto o lógico fica embaraçado com a famosa provocação: *o que é a verdade?* O que é de direito (*quid sit juris*), i. é, o que dizem ou disseram as leis em certo lugar e em certo tempo, sem dúvida ele consegue ainda indicar; mas, se aquilo que elas queriam também é justo, e o critério universal com que se podem conhecer em geral tanto o justo quanto o injusto (*justum et injustum*), isso certamente lhe fica oculto se não abandona por algum tempo aqueles princípios empíricos e procura as fontes daqueles juízos na simples razão (ainda que, para tanto, aquelas leis possam muito bem lhe servir de fio condutor), a fim de estabelecer o fundamento para uma legislação positiva possível. Uma doutrina do direito meramente empírica é (como a cabeça de madeira na fábula de Fedro) uma cabeça que pode ser bela, mas infelizmente não tem cérebro.

O conceito do direito, enquanto relacionado a uma obrigação correspondente (i. é, seu conceito moral), diz respeito, *em primeiro lugar*, apenas à relação externa e prática de uma pessoa com outra, na medida em que suas ações, como fatos, podem ter (imediata ou mediatamente) influência umas sobre as outras. Mas, *em segundo lugar*, ele não significa a relação do arbítrio ao *desejo* (portanto à mera necessidade) do outro, como por exemplo nas ações da caridade ou da indiferença, mas apenas ao *arbítrio* do outro. *Em terceiro lugar*, nessa relação recíproca do arbítrio tampouco é levada em consideração a *matéria* do arbítrio, i. é, o fim que cada um se propõe com o objeto que quer, p. ex., não se pergunta se alguém terá vantagem ou não com a mercadoria que compra de mim para o seu próprio comércio, mas se pergunta apenas pela *forma* na relação do arbítrio recíproco, na medida em que ele é considerado simplesmente como *livre*, e se assim a ação de um dos dois se deixa pôr de acordo com o arbítrio do outro segundo uma lei universal da liberdade.

O direito é, pois, o conjunto das condições sob as quais o arbítrio de um pode ser reunido com o arbítrio do outro segundo uma lei universal da liberdade.

§ C. Princípio universal do direito

"É *justa* toda ação segundo a qual ou segundo cuja máxima a liberdade do arbítrio de cada um pode coexistir com a liberdade de qualquer um segundo uma lei universal etc."

Se minha ação, portanto, ou em geral meu estado, pode coexistir com a liberdade de qualquer um segundo uma lei universal, então aquele que me impede nisso é injusto para comigo, pois esse impedimento (essa resistência) não pode coexistir com a liberdade segundo leis universais. [231]

Segue-se disso também que não se pode exigir que esse princípio de todas as máximas seja por sua vez também ele minha máxima, i. é, que eu *faça* dele *a máxima* de minha ação, pois cada um pode ser livre mesmo que sua liberdade me fosse inteiramente indiferente ou eu preferisse lá no fundo impedi-la, desde que eu não a prejudique por minha *ação externa*. A exigência de adotar como máxima o agir direito me é feita pela ética.

Portanto, a lei universal do direito, "age exteriormente de tal maneira que o livre uso de teu arbítrio possa coexistir com a liberdade de qualquer um segundo uma lei universal", é certamente uma lei que me impõe uma obrigação, mas não espera de modo algum, menos ainda exige, que, devido exclusivamente a essa obrigação, *eu mesmo devesse* restringir minha liberdade àquelas condições, mas a razão apenas diz que, em sua ideia, minha liberdade *está* restrita a elas e pode ser restrita por outros também ativamente; e isso ela diz como um postulado, o qual não pode ser demonstrado ulteriormente. – Se a intenção não é ensinar virtude, mas apenas expor o que é *justo*, então não se deve representar aquela lei do direito como móbil da ação.

§ D. O direito está ligado à autorização de coagir

A resistência que se opõe ao impedimento de um efeito é uma promoção desse efeito e concorda com ele. Ora, tudo o que é injusto é um impedimento da liberdade segundo leis universais; a coação, no entanto, é um impedimento ou resistência sofrida pela liberdade. Por conseguinte, se certo uso da liberdade é ele mesmo um impedimento da liberdade segundo leis universais (i. é, injusto), então a coação que lhe é oposta é, enquanto *impedimento* de um *impedimento da liberdade*, concordante com a liberdade segundo leis universais, i. é, justa; portanto está ligado ao direito ao mesmo tempo uma autorização de coagir aquele que lhe causa prejuízo, segundo o princípio de contradição.

§ E. O direito estrito pode ser representado também como a possibilidade de uma coação recíproca geral concordante com a liberdade de qualquer um segundo leis universais

Essa proposição quer dizer que o direito não deve ser pensado como composto de duas partes, a saber, a obrigação segundo uma lei e a autorização daquele que obriga o outro através de seu arbítrio de coagi-lo ao cumprimento da obrigação, mas se pode fazer o conceito do direito consistir imediatamente na possibilidade da conexão da coação recíproca universal com a liberdade de qualquer um. Pois, assim como o direito em geral tem por objeto apenas o que é externo nas ações, assim o direito estrito, a saber, aquele em que não se mescla nada de ético, é aquele que não exige outros fundamentos de determinação do arbítrio a não ser os meramente externos, pois então ele é puro e sem mescla com qualquer prescrição de virtude. Portanto, só se pode chamar um direito *estrito* (estreito) o inteiramente externo. Este se fundamenta certamente na consciência da obrigação de cada qual segundo a lei, mas ele, se tiver de ser puro, não deve e não pode recorrer a essa consciência como móbil para determinar o arbítrio segundo a lei, mas se fundamenta, por causa disso, no princípio da possibilidade de uma coação externa que pode coexistir com a liberdade de qualquer um segundo leis universais. – Se, portanto, é dito: "Um credor tem um direito de exigir do devedor o pagamento de sua dívida", não significa isso que ele pode lembrar-lhe que sua própria razão o obriga a esse cumprimento, mas significa que uma coação que obriga qualquer um a fazê-lo pode muito bem coexistir com a liberdade de qualquer um, portanto também com sua própria, segundo uma lei externa universal. Direito e autorização de coagir significam, portanto, a mesma coisa.

> A lei de uma coação recíproca necessariamente concordante com a liberdade de qualquer um sob o princípio da liberdade universal é como que a *construção* daquele conceito, i. é, a exibição dele numa intuição pura *a priori*, segundo a analogia da possibilidade de movimentos livres dos corpos sob a lei da *igualdade da ação* e da *reação*. Da mesma maneira, portanto, como na matemática [233] pura não podemos derivar as propriedades de seu objeto imediatamente do conceito, mas apenas descobri-las por meio da construção do conceito, assim não é tanto o *conceito* do direito, mas a coação geralmente igual e recíproca, concordante com ele e universalmente submetida a leis, que torna possível a exibição daquele conceito. Dado, no entanto, que na matemática pura (p. ex., na geometria) subjaz a esse conceito dinâmico ainda um conceito meramente formal, assim a razão tratou de prover o entendimento o quanto possível também com intuições *a priori*, para a construção do conceito do direito. – O direito (*rectum*), como o *reto*, é contraposto em parte ao *curvo*, em parte ao *oblíquo*. O primeiro é a *constituição interna* de uma linha de tal maneira que entre dois *pontos* dados só pode haver uma *única linha*; o segundo, contudo, é a *posição* de duas *linhas*, que se cruzam ou se encontram uma com a outra, entre as quais também só pode haver

uma *única* (a vertical) que não se inclina mais para um lado do que para o outro e divide igualmente o espaço por ambos os lados, analogia pela qual também a doutrina do direito quer ver determinado o *seu* de cada um (com precisão matemática), o que não se pode esperar na *doutrina da virtude*, a qual não pode recusar certo espaço para exceções (*latitudinem*). – Mas, sem querer entrar no domínio da ética, há dois casos que exigem uma decisão jurídica, para os quais, no entanto, não se pode encontrar ninguém que os decida, e pertencem como que ao intermúndio de *Epicuro*. – Precisamos antes de tudo separar esses casos da doutrina do direito propriamente dita, à qual logo passaremos, a fim de que seus princípios vacilantes não influenciem os firmes princípios desta.

Apêndice à introdução à doutrina do direito

Do direito equívoco (*Jus aequivocum*)

[234] Ao direito em sentido *estrito* (*jus strictum*) está ligada a autorização de coagir. Mas pensa-se ainda um direito em sentido *lato* (*jus latum*), em que a autorização de coagir não pode ser determinada por uma lei. – Ora, há dois desses direitos, verdadeiros ou presumidos: a *equidade* e o *direito de necessidade*; dos quais, a primeira admite um direito sem coação, o segundo, uma coação sem direito, e percebe-se facilmente que essa equivocidade se baseia propriamente em que há casos de um direito duvidoso, para cuja decisão não pode ser encontrado um juiz.

i. A equidade (*Aequitas*)

A *equidade* (considerada objetivamente) não é de nenhum modo um fundamento para a apelação meramente ao dever ético de outros (sua benevolência e bondade), mas aquele que exige algo por esse fundamento se baseia em seu *direito*, apenas lhe faltando as condições requeridas pelo juiz, pelas quais esse poderia determinar quanto e de que maneira poderia ser satisfeita sua exigência. Aquele que numa sociedade por partes iguais *contribui* mais, no entanto, *perdendo* por isso em acidentes mais do que os demais membros, pode exigir da sociedade, *de acordo com a equidade*, mais do que dividir com eles meramente em partes iguais. Mas de acordo com o direito (estrito) propriamente dito ele deveria ter recusada sua exigência porque, se pensamos no seu caso um juiz, este não possui elementos (*data*) determinados para estabelecer quanto lhe pertence de acordo com o contrato. O criado cujo salário, com vencimento no fim do ano, é pago numa moeda inflacionada entrementes, com o que já não pode adquirir com ele o que podia no fechamento do contrato, não pode, com igual valor nominal, mas valor real desigual, apelar para o seu direito de não ser prejudicado por causa disso, mas apenas apelar, como fundamento, para a equidade (uma divindade muda que não pode ser ouvida); porque sobre isso nada estava determinado no contrato, e um juiz não pode sentenciar de acordo com condições indeterminadas.

Disso se segue também que um *tribunal da equidade* (em uma disputa de outros sobre seus direitos) contém em si uma contradição. Somente quando diz respeito aos direitos do próprio juiz, e naquilo de que ele pode dispor por si mesmo, pode e [235] deve ele dar ouvidos à equidade; p. ex., quando a Coroa assume o prejuízo que outros tiveram a seu serviço, ao ser solicitada a repará-lo, mesmo que, de acordo com o direito estrito, ela pudesse recusar essa exigência, sob a alegação de que eles o assumiram por seu próprio risco.

O *ditado* (*dictum*) da equidade é, pois, certamente: "O mais estrito direito é a maior injustiça" (*summum jus summa injuria*), mas não é possível remediar esse mal pela via judicial, mesmo que diga respeito a uma exigência de direito, porque esta pertence tão somente ao *tribunal da consciência* (*forum poli*), enquanto aquela questão tem de ser levada legalmente para o *direito* civil (*forum soli*).

II. O direito de necessidade (*Jus necessitatis*)

Esse suposto direito seria uma autorização para, no caso do perigo da perda de minha própria vida, tirar a vida de um outro que não me fez mal. É evidente que deve haver nisso uma contradição da doutrina do direito consigo mesma – pois não se trata aqui de um ataque *injusto* à minha vida a que me antecipo tirando-lhe a sua (*jus inculpatae tutelae*), caso em que a recomendação da moderação (*moderamen*) não pertence sequer ao direito, e sim apenas à ética, mas se trata de uma violência lícita contra aquele que não exerceu nenhuma contra mim.

É claro que essa afirmação não deve ser entendida objetivamente, de acordo com aquilo que uma lei haveria de prescrever, mas apenas subjetivamente, como seria proferida a sentença perante o tribunal. Pois não pode haver uma *lei penal* que infligisse a morte àquele que, no naufrágio, encontrando-se com um outro em igual perigo de vida, empurrasse-o da tábua em que se tinha socorrido a fim de se salvar a si mesmo. Pois a pena prevista pela lei não poderia certamente ser maior do que a da perda da vida do primeiro. Ora, tal lei penal não pode de maneira alguma ter o efeito intencionado, pois a ameaça com um mal que ainda é *incerto* (a morte pela sentença do juiz) não pode suplantar o medo diante do mal que é *certo* (a saber, o afogamento). Portanto, o ato da autopreservação pela violência não deve ser julgado *inculpável* (*inculpabile*), mas apenas *impunível* (*impunibile*), e essa impunidade *subjetiva* é tomada pelos juristas, numa confusão espantosa, por uma *objetiva* (legalidade).

O ditado do direito de necessidade é: "A necessidade não tem lei (*necessitas non habet legem*)"; e mesmo assim não pode haver necessidade que tornasse legal o que é injusto.

Vê-se que em ambos os julgamentos de direito (de acordo com o direito de equidade e o direito de necessidade) a *equivocidade* (*aequivocatio*) nasce da confusão entre os fundamentos objetivos e subjetivos do exercício do direito (perante a razão e perante um tribunal), pois então aquilo que alguém reconhece com razão como justo para si mesmo não pode ser confirmado perante um tribunal, e aquilo que ele mesmo tem de julgar injusto em si pode conseguir indulgência no mesmo tribunal, porque o conceito do direito não foi tomado num só sentido nesses dois casos.

Divisão da doutrina do direito

A. Divisão geral dos deveres de direito

Pode-se fazer essa divisão muito bem segundo *Ulpiano*, atribuindo a suas fórmulas um sentido que ele decerto não lhes terá dado claramente, mas que elas assim mesmo permitem desenvolver ou atribuir. São as seguintes:

1. *Sê um homem honesto* (*honeste vive*). A *honestidade jurídica* consiste em manter, na relação com outros, seu valor como o de um homem, dever que é expresso pela proposição: "Não faças de ti um mero meio para os outros, mas sê ao mesmo tempo fim para eles." Esse dever será declarado, no que se segue, como uma obrigação procedente do direito da humanidade em nossa própria pessoa (*Lex justi*).

2. *Não faças mal a ninguém* (*neminem laede*), ainda que tenhas de abandonar com isso toda ligação com outros e evitar qualquer sociedade (*Lex juridica*).

3. *Entra* (se não podes evitar o último) em uma sociedade com outros na qual cada um possa conservar o seu (*suum cuique tribue*). – A última fórmula, caso fosse traduzida por "*Dá a cada qual o seu*", expressaria um absurdo, pois não se pode dar a ninguém o que ele já tem. Se ela deve, pois, ter algum

[237]

sentido, deveria dizer o seguinte: "*Entra* em um estado em que pode ser assegurado a qualquer um o seu contra qualquer outro" (*Lex justitiae*).

As três fórmulas clássicas acima são, portanto, ao mesmo tempo princípios da divisão do sistema dos deveres de direito em *internos*, *externos* e aqueles que contêm a derivação dos últimos do princípio dos primeiros por subsunção.

B. Divisão geral dos direitos

1. Dos direitos como *doutrinas* sistemáticas, em *direito natural*, baseado apenas em princípios *a priori*, e direito *positivo* (estatutário), procedente da vontade de um legislador.
2. Dos direitos como *faculdades* (morais) de obrigar outros, i. é, como um fundamento legal para os últimos (*titulum*), que têm por divisão superior aquela entre direito *inato* e *adquirido*, sendo o primeiro, por sua vez, aquele direito que pertence a qualquer um por natureza, independentemente de todo ato jurídico; o segundo, aquele para o qual é exigido tal ato.

O meu e teu* inato pode ser chamado também o *interno* (*meum vel tuum internum*), pois o externo tem de ser sempre adquirido.

O direito inato é apenas um único.

Liberdade (independência do arbítrio coercitivo de um outro), na medida em que pode subsistir com a liberdade de qualquer outro de acordo com uma lei universal, é este direito único,

---

* Kant usa a expressão "*Mein und Dein*" (correspondente à expressão latina "*meum vel tuum*") exclusivamente como um substantivo singular neutro (*das Mein und Dein*); desmembrá-la na tradução levaria a uma alteração sistemática do modo de se expressar que caracteriza o original. A estranheza inicial que o leitor brasileiro pode sentir com este "o meu e teu" desaparece se o comparar com expressões correntes como "o aqui e agora", "aqui e ali", "para cima e para baixo" etc. (N. do T.)

originário, pertencente a cada homem por força de sua humanidade. – A *igualdade* inata, i. é, a independência que consiste em não ser obrigado por outros a mais do que podem também ser obrigados reciprocamente; portanto a qualidade do homem de ser seu *próprio senhor* (*sui juris*), assim como a de um homem *irrepreensível* (*justi*), porque não foi injusto com ninguém antes de qualquer ato jurídico; finalmente também a autorização para fazer contra outros aquilo que em si não lhes reduz o seu, caso não o queiram aceitar; como é lhes comunicar meramente seus pensamentos, contar-lhes ou prometer-lhes algo, quer seja verdadeiro e honesto, quer seja falso e desonesto (*veriloquium aut falsiloquium*), porque depende apenas deles dar-lhe crédito ou não* – todas essas autorizações se encontram já no princípio da liberdade inata e dela não se distinguem efetivamente (como membros de uma divisão sob um conceito superior do direito). [238]

O propósito com que se introduziu tal divisão no sistema do direito natural (enquanto diz respeito ao direito inato) é que, se surge uma disputa sobre um direito adquirido e é levantada a questão a quem cabe o ônus da prova (*onus probandi*), ou de um ato duvidoso ou, se este foi confirmado, de um direito duvidoso, aquele que recusa essa obrigação possa apelar metodicamente e como que de acordo com diversos títulos a seu direito inato da liberdade (o qual é agora especificado segundo suas várias relações).

---

* Dizer falsidade intencionalmente, mesmo que apenas levianamente, costuma ser chamado de *mentira* (*mendacium*), porque ela pode causar danos pelo menos enquanto aquele que a repete ingenuamente pode tornar-se objeto de troça dos outros como um crédulo. Mas, em sentido jurídico, pretende-se que seja chamada mentira apenas aquela falsidade que prejudica a outro imediatamente em seu direito, p. ex., a falsa indicação de um contrato fechado com alguém para tirar-lhe o seu (*falsiloquium dolosum*), e essa distinção de conceitos muito próximos tem fundamento, porque, na mera declaração de seus pensamentos, sempre resta a liberdade do outro de tomá-la pelo que quiser, ainda que a difamação fundamentada de que esse é um homem cujas palavras não se podem acreditar está tão perto da acusação de chamá-lo um mentiroso, que a linha limítrofe que separa aqui o que pertence ao direito daquilo que pertence à ética mal se deixa distinguir.

Dado então que, em vista do meu e teu inato, portanto interno, não há *direitos*, mas apenas *um* direito, essa divisão superior poderá ser deixada nos prolegômenos, como consistindo em dois membros extremamente desiguais segundo o conteúdo, referindo-se a divisão da doutrina do direito apenas ao meu e teu externo.

[239] **Divisão da metafísica dos costumes em geral**

I.

Todos os deveres são ou *deveres de direito* (*officia juris*), i. é, tais que é possível para eles uma legislação externa, ou *deveres de virtude* (*officia virtutis s. ethica*), para os quais não é possível uma legislação externa – mas os últimos não podem ser submetidos a uma legislação externa, porque incidem sobre um fim que é ao mesmo tempo dever; mas nenhuma legislação externa pode fazer propor-se um fim (porque é um ato interno do ânimo), ainda que possam ser ordenadas ações externas que conduzem a isso, sem que, no entanto, o sujeito faça delas seu fim.

> Mas por que a doutrina dos costumes (moral) é ordinariamente (particularmente por *Cícero*) intitulada a doutrina dos *deveres* e não também dos *direitos*, dado que uns se referem aos outros? – O fundamento é este: Nós só conhecemos nossa própria liberdade (de que procedem todas as leis morais, portanto também todos os direitos tanto quanto os deveres) através do *imperativo moral*, que é uma proposição que ordena um dever a partir do qual pode ser desenvolvida posteriormente a autorização de obrigar os outros, i. é, o conceito do direito.

II.

Uma vez que na doutrina dos deveres o homem pode e deve ser representado segundo a propriedade de sua faculdade de ser livre, a qual é inteiramente suprassensível, portanto também simplesmente segundo sua *humanidade*, como personalidade independente de determinações físicas (*homo noumenon*), à diferença dele mesmo como sujeito acometido dessas determinações, dele como *homem* (*homo phaenomenon*), assim direito e fim, por sua vez reportados, nessa dupla propriedade, ao dever, dão a seguinte divisão:

Divisão segundo a relação objetiva da lei com o dever [240]

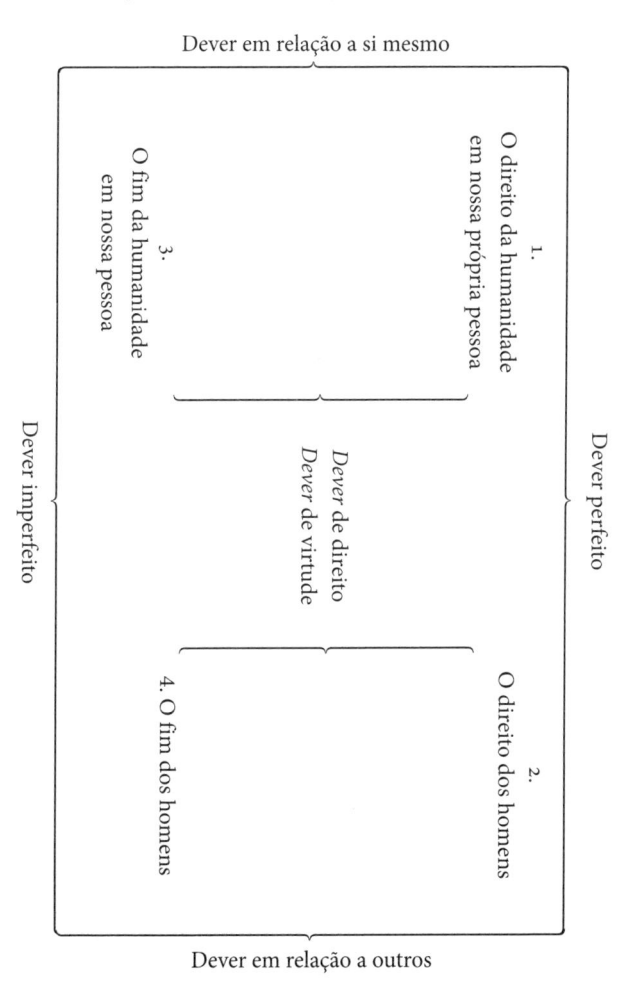

	Dever em relação a si mesmo	
3. O fim da humanidade em nossa pessoa	1. O direito da humanidade em nossa própria pessoa	Dever perfeito
	Dever de direito *Dever de virtude*	
Dever imperfeito	4. O fim dos homens	2. O direito dos homens
	Dever em relação a outros	

III.

Uma vez que os sujeitos em vista dos quais é pensada uma relação do direito com o dever (seja admissível ou inadmissível) permitem diversas relações, poderá ser feita também nessa perspectiva uma divisão.

Divisão segundo a relação subjetiva dos obrigantes e obrigados.

1.
A relação jurídica do homem com seres que não possuem nem direito nem dever.
Vacat.
Pois são seres irracionais, os quais não nos obrigam nem podem por nós ser obrigados*.

2.
A relação jurídica do homem com seres que possuem tanto direito quanto dever.
Adest.
Pois é uma relação de homens com homens.

3.
A relação jurídica do homem com seres que só possuem deveres e nenhum direito.
Vacat.
Pois seriam homens sem personalidade (servos, escravos).

4.
A relação jurídica do homem com um ser que só possui direitos e nenhum dever (Deus).
Vacat.
A saber, na mera filosofia, porque não é objeto de experiência possível.

Portanto, só se encontra no n. 2 uma relação *real* entre direito e dever. A razão por que não se a encontra também no n. 4 é esta: porque seria um dever *transcendente*, quer dizer, um dever tal

---

* Tomado literalmente, o texto original repete duas vezes a primeira alternativa ("não nos obrigam"); traduziu-se segundo o que é aqui obviamente o sentido. (N. do T.)

que não lhe pode *ser dado* um correspondente sujeito obrigante externo, sendo, pois, aqui a relação, em perspectiva teórica, apenas *ideal*, i. é, com uma coisa de pensamento, a qual nós mesmos *fazemos*, porém não através de seu conceito, inteiramente *vazio*, mas em relação a nós mesmos e às máximas da moralidade interna, portanto fecundo na perspectiva interna prática, no que consiste então também todo nosso dever *imanente* (exequível) nessa relação meramente pensada. [242]

Da divisão da moral como um sistema dos deveres em geral.

	Doutrina elementar		Doutrina do método	
Deveres de direito		Deveres de virtude	Didática	Ascética
Direito privado	Direito público			

E assim por diante, tudo o que contém, não só os materiais, mas a forma arquitetônica de uma doutrina dos costumes científica, se para tanto os princípios metafísicos descobriram completamente os princípios universais.

* * *

A divisão suprema do direito natural não pode ser (como acontece às vezes) aquela entre o direito *no estado de natureza** e o direito *social*, mas tem de ser aquela entre o direito no estado de natureza e o direito *civil*, dos quais o primeiro é chamado *direito*

---

* No original, "*das natürliche Recht*", que literalmente daria também "o direito natural", com que se vem traduzindo, entretanto, "*das Naturrecht*". A opção aqui adotada se apoia na explicitação da relação dessa subdivisão com o estado de natureza ("*der Naturzustand*") na frase seguinte; e é evitada uma confusão de consequências significativas para a compreensão do estatuto do direito público no âmbito do direito natural. (N. do T.)

privado, o segundo, *direito público*. Pois ao *estado de natureza* se contrapõe, não o estado social, mas o estado civil, porque naquele bem pode existir sociedade, mas apenas não uma sociedade *civil* (assegurando o meu e teu através de leis públicas), chamando-se o direito, por isso, no primeiro, o direito privado.

PRIMEIRA PARTE DA
DOUTRINA DO DIREITO

O DIREITO PRIVADO

PRIMEIRA PARTE DA DOUTRINA UNIVERSAL DO DIREITO. O DIREITO PRIVADO – DO MEU E TEU EXTERNO EM GERAL

Primeiro capítulo. Do modo de ter como o seu algo externo

§ 1.

O *meu de direito* (*meum juris*) é aquilo a que estou ligado de tal maneira que o uso que um outro quisesse dele fazer sem meu consentimento haveria de me lesar. A condição subjetiva da possibilidade do uso em geral é a *posse*.

Mas algo *externo* só seria o meu se posso admitir que é possível que eu seja lesado pelo uso que um outro faz de uma coisa mesmo quando *não a tenho em minha posse*. – Portanto, é contraditório ter algo externo como o seu se o conceito da posse não comporta sentidos diversos, a saber, a posse *sensível* e a posse *inteligível*, podendo-se entender pela primeira uma posse *física* e pela outra uma posse *simplesmente jurídica* do mesmo objeto.

A expressão "um objeto está *fora de mim*" pode significar, entretanto, ou que ele apenas é um objeto *distinto* de mim (do sujeito) ou também que ele é um objeto que se encontra em *outra posição* (*positus*) no espaço ou no tempo. A posse pode ser pensada como posse racional apenas no primeiro sentido, enquanto no segundo ela teria de ser chamada uma posse empírica. – Uma posse *inteligível* (se é possível) é uma posse *sem detenção* (*detentio*).

§ 2. Postulado jurídico da razão prática

É possível ter como o meu qualquer objeto externo de meu arbítrio, i. é, uma máxima de acordo com a qual, caso se tornasse lei, um objeto do arbítrio teria de se tornar *em si* (objetivamente) *sem dono* (*res nullius*) é contrária ao direito.

Pois um objeto de meu arbítrio é algo cujo uso está *fisicamente* em meu poder. Mas, se porventura fazer uso do mesmo simplesmente não estiver *juridicamente* em meu poder, i. é, não puder coexistir com a liberdade de qualquer um segundo uma lei universal (for injusto), então a liberdade se privaria a si mesma do uso de seu arbítrio em vista de um objeto dele, por colocar fora de toda possibilidade de *uso* os objetos *úteis*, i. é, por aniquilá-los de um ponto de vista prático e torná-los sem dono (*res nullius*), mesmo que o arbítrio no uso das coisas concordasse formalmente (*formaliter*) com a liberdade externa de qualquer um segundo leis universais. – Uma vez que a razão prática pura parte tão somente de leis formais do uso do arbítrio, abstraindo, portanto, da matéria do arbítrio, i. é, das demais qualidades do objeto, *desde que se trate de um objeto do arbítrio*, ela não pode conter em vista de tal objeto uma proibição absoluta de seu uso, porque isso seria uma contradição da liberdade externa consigo mesma. – Mas um objeto de meu *arbítrio* é aquilo em relação a que tenho a faculdade física de fazer um uso a bel-prazer, cujo uso se encontra em meu poder (*potentia*); do que se deve ainda distinguir ter o domínio sobre o mesmo objeto (*in potestatem meam redactum*), o que não pressupõe apenas uma *faculdade*, mas ainda um *ato* do arbítrio. Mas para simplesmente *pensar* algo como objeto de meu arbítrio basta que eu tenha consciência de o ter em meu poder. – Portanto, é uma pressuposição *a priori* da razão prática considerar e tratar como meu e teu objetivamente possível todo objeto de meu arbítrio.

Pode-se denominar esse postulado uma lei permissiva (*lex* [247] *permissiva*) da razão prática, que nos confere uma autorização que não poderíamos derivar de meros conceitos do direito em geral; a saber, a autorização de impor a todos os outros uma obrigação, que eles não teriam sem isso, de se absterem do uso de certos objetos de nosso arbítrio, porque nos apossamos deles primeiro. A razão quer que isso valha como princípio, e isso, na verdade, como razão *prática*, a qual se amplia *a priori* por meio desse seu postulado.

§ 3.

Aquele que pretende ter uma coisa como o seu deve ter a posse de um objeto, pois, se não tivesse, não poderia ser lesado pelo uso que um outro faz dele sem seu consentimento, porque, se esse objeto é afetado por algo fora dele, sem que esteja ligado juridicamente com ele de maneira alguma, esse algo não poderia afetar a ele (o sujeito) e fazer-lhe injustiça.

§ 4. Exposição do conceito do meu e teu externo

Os objetos externos de meu arbítrio só podem ser de *três* espécies: 1) uma *coisa* (corpórea) fora de mim; 2) o *arbítrio* de um outro em relação a um ato determinado (*praestatio*); 3) o *estado* de um outro em relação a mim; de acordo com as categorias da *substância*, *causalidade* e *comunidade* entre mim e objetos externos segundo leis da liberdade.

> a) Não posso chamar de meu um objeto no espaço (uma coisa corpórea) a não ser que, *mesmo não tendo sua posse física*, eu possa ainda assim pretender ter uma outra posse efetiva dele (portanto não física). – Assim, não chamarei de minha uma maçã só por tê-la em minha mão (por possuí-la fisicamente), mas apenas se posso dizer "eu a possuo" mesmo que a tenha

[248] tirado de minha mão e posto num lugar qualquer; igualmente, não poderei dizer da terra em que me fixei que ela é minha por causa disso, mas apenas se posso pretender que ela ainda está em minha posse mesmo que eu tenha abandonado esse lugar. Pois aquele que quisesse, no primeiro caso (da posse empírica), tirar-me da mão a maçã, ou me arrancar do lugar de meu assentamento, certamente me lesaria em vista do meu *interno* (da liberdade), mas não em vista do meu externo, se eu não pudesse pretender ter a posse do objeto também sem detenção; eu não poderia, portanto, também chamar esses objetos (a maçã e o assentamento) de meus.

b) Não posso chamar de minha a *prestação* de algo pelo arbítrio do outro se posso dizer apenas que ela se tornou posse minha *simultaneamente* (*pactum re initum*) com sua promessa, mas tão somente se posso pretender ter a posse do arbítrio do outro (em determiná-lo para a prestação) mesmo que o tempo da prestação ainda esteja por vir; a promessa do último pertence assim aos haveres (*obligatio activa*) e posso contá-la como o meu, contudo não apenas quando já tenho em minha posse o *prometido* (como no primeiro caso), mas também quando ainda não o possuo. Portanto, devo poder me representar na posse desse objeto como independente da posse restrita à condição temporal, portanto independente da posse empírica.

c) Não posso chamar de meus uma *mulher*, uma *criança*, um *criado* e em geral outra pessoa só porque os comando agora como pertencentes à minha casa ou os tenho cativos e sob meu domínio e posse, mas apenas posso dizer, mesmo que se tenham furtado à coação e eu então não os possua (empiricamente), que eu os possuo através de minha simples vontade, enquanto eles existirem num lugar e num tempo quaisquer, portanto que eu os possuo *de forma simplesmente jurídica*; eles só pertencem, portanto, aos meus bens se e enquanto eu puder pretender o último.

§ 5. Definição do conceito do meu e teu externo

A *definição nominal*, i. é, aquela que basta meramente para a *distinção* do objeto em relação a todos os outros e resulta de uma *exposição* completa e determinada do conceito, seria: o meu externo é aquilo fora de mim cujo uso arbitrário somente me pode [249] ser obstado com lesão (prejuízo de minha liberdade que pode coexistir com a liberdade de qualquer um segundo uma lei universal). – Mas a *definição real* desse conceito, i. é, aquela que é suficiente também para a sua *dedução* (o conhecimento da possibilidade do objeto), é a seguinte: o meu externo é aquilo cujo uso somente me pode ser obstado com lesão, *mesmo que eu não tenha a posse dele* (não seja detentor do objeto). – Para que o objeto possa ser dito *meu*, devo ter a posse do objeto externo de alguma maneira, pois, do contrário, aquele que afetasse esse objeto contra a minha vontade não afetaria ao mesmo tempo a mim, portanto também não me lesaria. Logo, de acordo com o § 4, tem de ser pressuposta como possível uma *posse inteligível* (*possessio noumenon*), caso deva haver um meu e teu externo; a posse empírica (detenção) é então apenas posse no *fenômeno* (*possessio phaenomenon*), ainda que o próprio *objeto* que eu possuo não seja aqui considerado como fenômeno, qual acontece na analítica transcendental, mas como coisa em si mesma; pois lá se tratava para a razão do conhecimento teórico da natureza das coisas e até onde ele pode ir, enquanto aqui se trata para ela da determinação prática do arbítrio segundo leis da *liberdade*, não importando se o objeto é conhecível pelos sentidos ou também simplesmente pelo entendimento puro, e o *direito* é um tal *conceito racional* prático puro do arbítrio sob leis da liberdade.

Bem por isso também não se deveria simplesmente dizer "ter um direito sobre este ou aquele objeto", mas antes "possuí-lo *de forma simplesmente jurídica*"; pois o direito já é uma posse inteligível de um objeto, e possuir uma posse seria uma expressão sem sentido.

§ 6. Dedução do conceito da posse simplesmente jurídica de um objeto externo (*possessio noumenon*)

A questão "Como é possível um *meu e teu externo*?" reduz-se então a esta: "Como é possível uma *posse simplesmente jurídica* (inteligível)?"; e essa, por seu turno, à terceira: "Como é possível uma proposição jurídica *sintética a priori*?"

Todas as proposições jurídicas são proposições *a priori*, pois são leis da razão (*dictamina rationis*). A proposição jurídica *a priori* em vista da *posse empírica* é *analítica*, pois não diz mais do que se segue da última segundo o princípio de contradição, a saber, que, se eu sou detentor de uma coisa (portanto ligado a ela fisicamente), aquele que a afeta contra o meu consentimento (p. ex., arranca a maçã de minha mão) afeta e reduz o meu interno (minha liberdade), estando, pois, com sua máxima em contradição direta com o axioma do direito. A proposição de uma posse empírica conforme ao direito não vai, portanto, além do direito de uma pessoa em relação a si mesma.

Ao contrário, a proposição da possibilidade da posse de uma coisa *fora de mim*, após a abstração de todas as condições da posse empírica no espaço e no tempo (portanto com a pressuposição da possibilidade de uma *possessio noumenon*), vai além daquelas condições restritivas e é *sintética*, por estabelecer como necessária para o conceito do meu e teu externo uma posse também sem detenção, e agora pode servir de tarefa para a razão mostrar como é possível tal proposição *a priori* que se estende além do conceito da posse empírica.

Assim, p. ex., a ocupação de uma terra devoluta é um ato do arbítrio privado, sem ser, contudo, *discricionário*. O possuidor se funda na originária *posse comum* da terra e na vontade universal, que lhe corresponde *a priori*, de uma *posse privada* lícita dela (porque senão coisas abandonadas tornar-se-iam em si e segundo uma lei coisas sem dono), e adquire originariamente pela primeira ocupação determinada terra, opondo-se com direito (*jure*) a todo aquele que o impediria no uso privado dela, ainda que, estando no estado de natureza, não de direito (*de jure*), porque nesse estado ainda não existe uma lei pública.

Mesmo que uma terra fosse considerada ou declarada *vaga*, i. é, disponível para o uso de qualquer um, ainda assim não se pode dizer que ela seja vaga por natureza e *originariamente*, antes de todo ato jurídico, pois também isso constituiria uma relação a coisas, no caso, à terra, que recusaria sua posse a qualquer um; mas porque essa vacância da terra constituiria uma proibição para qualquer um de se servir dela, isso exigiria uma posse comum dela, a qual não se pode ocorrer sem um contrato. Mas uma terra que só pode estar vaga por um contrato tem de efetivamente estar em posse de todos aqueles (reunidos) que se interdizem reciprocamente o seu uso ou o suspendem.

> Essa comunidade *originária* da terra (*communio fundi origina-* [251] *ria*), e com isso também das coisas sobre ela, é uma ideia que possui realidade objetiva (juridicamente prática), sendo bem diferente da comunidade *primitiva* (*communio primaeva*), que é uma ficção, porque essa deveria ter sido uma comunidade *instituída* e resultante de um contrato pelo qual todos teriam renunciado à posse privada e a transformado numa posse comum através da união de sua posse com a de todos os demais, do que a história deveria nos dar uma demonstração. Mas é uma contradição considerar tal procedimento como tomada de posse *originária* e que a posse particular de cada homem pudesse e devesse ter sido fundada nele.

Distinguem-se ainda, da posse (*possessio*), o *assento* (*sedes*) e, da tomada de posse da terra com a intenção de adquiri-la no futuro, o *estabelecimento*, a colonização (*incolatus*), que é a posse privada duradoura de um lugar, dependente da presença nele do sujeito. Não se fala aqui de um estabelecimento como segundo ato jurídico que pode seguir-se à tomada de posse ou também faltar de todo, porque não seria uma posse originária, mas derivada da concordância de outros.

A posse meramente física (a detenção) da terra já é um direito sobre uma coisa, apesar de ainda não suficiente para considerá-la o meu. Em relação com outros, concorda ela, como primeira posse (quanto se saiba), com a lei da liberdade externa, estando ao mesmo tempo contida na posse comum originária, a qual contém *a priori* o fundamento da possibilidade de uma posse privada; portanto, constitui lesão atrapalhar o primeiro detentor de uma terra em seu uso. A primeira tomada de posse tem, pois, a seu favor um fundamento jurídico (*titulus possessionis*), que é a posse originariamente comum, e a proposição "feliz aquele que tem a posse!" (*beati possidentes*), porque ninguém é obrigado a justificar sua posse, é um princípio do direito natural que estabelece a primeira tomada de posse como um fundamento jurídico para a aquisição, no qual pode basear-se todo primeiro possuidor.

[252] Pois num princípio *a priori teórico* teria de ser (segundo a *Crítica da razão pura*) conferida ao conceito dado uma intuição *a priori*, portanto *acrescentado* algo ao conceito da posse do objeto; só que nesse princípio prático se procede de maneira inversa, e todas as condições da intuição que fundamentam a posse empírica têm de ser *afastadas* (abstraindo-se delas), para *estender* o conceito da posse para além da posse empírica e poder dizer: pode ser considerado como o meu jurídico qualquer objeto externo do arbítrio que eu tenho (e também só enquanto tenho) sob meu domínio sem ter a posse dele.

A possibilidade de tal posse, portanto a dedução do conceito de uma posse não empírica, fundamenta-se no postulado jurídico da razão prática: "É dever de direito agir em relação a outros de tal maneira que o externo (útil) também possa vir a ser o seu de um qualquer", ligando-se ao mesmo tempo à exposição desse conceito, que fundamenta o seu externo apenas numa posse *não física*. A possibilidade da última não pode, contudo, de maneira alguma ser demonstrada ou compreendida por si mesma (justamente por ser um conceito da razão, para o qual não pode ser dada nenhuma intuição correspondente), mas é uma consequência imediata do mencionado postulado. Pois, se é necessário agir segundo aquele princípio jurídico, tem de ser possível também a condição inteligível (de uma posse simplesmente jurídica). – Ninguém deveria estranhar que os princípios *teóricos* do meu e teu externo se perdem no inteligível e não apresentam nenhuma ampliação do conhecimento, porque o conceito da liberdade, sobre o qual se baseiam, não é passível de uma dedução teórica de sua possibilidade e só pode ser inferido da lei prática da razão (do imperativo categórico), como um fato dela.

§ 7. Aplicação do princípio da possibilidade do meu e teu externo a objetos da experiência

O conceito de uma posse simplesmente jurídica não é um conceito empírico (dependente de condições do espaço e do tempo), e mesmo assim possui realidade prática, i. é, deve ser aplicável a objetos da experiência, cujo conhecimento é dependente daquelas condições. – O procedimento com o conceito do direito em vista das últimas, como condições de possibilidade do meu e teu externo, é o seguinte: o conceito do direito, que se encontra meramente na razão, não pode ser aplicado de *imediato* a objetos da experiência e ao conceito de uma *posse* empírica, mas tem de ser aplicado primeiro ao conceito racional puro de uma *posse* em geral, de maneira que, no lugar da *detenção* (*detentio*), como uma representação empírica da posse, seja pensado o conceito do *ter*, que abstrai de todas as condições do espaço e do tempo, e o objeto seja pensado apenas como estando sob *meu domínio* (*in potestate mea positum esse*); caso em que a expressão "o *externo*" não significa a existência num *outro lugar*, diferente daquele em que estou, ou a decisão de minha vontade e a aceitação num outro tempo, diferente daquele da oferta, mas apenas um objeto *distinto* de mim. Ora, a razão prática quer com sua lei jurídica que na aplicação a objetos eu não pense o meu e teu segundo condições sensíveis, mas pense também sua posse abstraindo delas, porque a lei diz respeito a uma determinação do arbítrio segundo leis da liberdade, e somente um *conceito intelectual* pode ser subsumido a conceitos do direito. Portanto, direi "eu possuo um campo" mesmo que ele esteja num lugar bem diferente daquele em que eu me encontro efetivamente. Pois fala-se aqui apenas de uma relação intelectual com o objeto na medida em que o tenho *sob meu domínio* (um conceito intelectual da posse, independente de determinações espaciais), e ele é *meu* porque minha vontade, determinando-se a um uso qualquer dele, não contradiz a lei da liberdade externa. Justamente nisso de a razão prática querer que se pense a posse segundo conceitos intelectuais, *abstraindo-se* da posse no fenômeno (da detenção) desse objeto de meu arbítrio, portanto não segundo conceitos empíricos, mas segundo conceitos tais que possam conter *a priori* as condições dessa posse, reside o fundamento da validade de tal conceito da posse (*possessio noumenon*) como uma *legislação universalmente válida*; pois esta está contida na expressão "este objeto externo é *meu*", porque com isso é imposta a todos os outros uma obrigação de se abster do uso dele, a qual eles não teriam de outra forma.

O modo, portanto, de ter algo fora de mim como o meu é a simples ligação jurídica da vontade do sujeito com aquele objeto [254] segundo o conceito de uma posse inteligível, independentemente da relação com ele no espaço e no tempo. – Um lugar sobre a terra não é um meu externo apenas porque o ocupo com meu corpo (pois se refere aqui apenas à minha *liberdade* externa, portanto apenas à posse de mim mesmo, de nenhuma coisa fora de mim, e é, por conseguinte, apenas um direito interno); mas, se ainda o possuo mesmo quando me afasto dele e passo para outro lugar, somente então diz respeito ao meu direito externo, e aquele que quisesse fazer da ocupação contínua desse lugar por minha pessoa a condição para tê-lo como o meu, ou tem de afirmar que não é possível de maneira alguma ter algo externo como o seu (o que contradiz o postulado do § 2), ou exige que, para poder isso, eu esteja em dois lugares ao mesmo tempo, o que quer dizer então que devo estar e também não estar num lugar, com o que ele se contradiz a si mesmo.

Pode-se aplicar isso também ao caso em que aceitei uma promessa, pois aí não é suprimido meu direito sobre o prometido por ter o promissor dito num tempo: "Esta coisa será tua", enquanto diz, algum tempo depois, com relação à mesma coisa: "Quero agora que a coisa não seja tua." Pois com tais relações intelectuais tudo se dá como se aquele tivesse dito sem um tempo entre ambas as declarações de sua vontade: "Ela será tua" e também: "Ela não será tua", o que então se contradiz.

O mesmo vale também para o conceito da posse jurídica de uma pessoa, como pertencente aos haveres do sujeito (sua mulher, filho, criado), a saber, que essa comunidade doméstica e a posse recíproca do estado de todos os seus membros não são suprimidas pela autorização para se separarem uns dos outros, porque é uma relação *jurídica* que os une, baseando-se o meu e teu externo, aqui tanto quanto nos casos precedentes, inteiramente na pressuposição da possibilidade de uma posse racional pura sem detenção.

A razão é forçada a uma crítica da razão jurídico-prática no conceito do meu e teu externo propriamente por uma antinomia das proposições sobre a possibilidade de uma tal posse, i. é, apenas por uma dialética inevitável, na qual tese e antítese levantam ambas igual pretensão à validade de duas condições que se antagonizam, a razão é forçada também no seu uso prático (pertinente ao direito) a fazer uma diferença entre a posse como fenômeno e a posse pensável meramente pelo entendimento.

A *tese* diz: *É possível* ter algo externo como o meu ainda que eu não tenha a posse dele.

A *antítese*: *Não é possível* ter algo externo como o meu se não tenho a posse dele.

Solução: Ambas as proposições são verdadeiras; a primeira, se entendo por posse a posse empírica (*possessio phaenomenon*), a segunda, se entendo a posse inteligível pura (*possessio noumenon*). – Mas a possibilidade de uma posse inteligível, portanto também a do meu e teu externo, não pode ser compreendida, mas tem de ser inferida a partir do postulado da razão prática, no que é ainda particularmente notável que essa se *estende*, sem intuição e mesmo sem precisar de uma intuição *a priori*, pelo simples *afastamento* de condições empíricas autorizado pela lei da liberdade, podendo, assim, estabelecer proposições jurídicas *sintéticas a priori*, cuja demonstração pode posteriormente (como logo se há de mostrar) ser conduzida de maneira analítica numa perspectiva prática.

§ 8. Ter algo externo como o seu somente é possível num estado jurídico, sob um Poder Legislativo público, i. é, no estado civil

Se declaro (verbalmente ou por um ato) "quero que algo externo seja o meu", então declaro qualquer outro obrigado a se abster do objeto de meu arbítrio, uma obrigação que ninguém teria sem esse meu ato jurídico. Mas nessa pretensão está implícita ao mesmo tempo a admissão de estar reciprocamente obrigado a uma abstenção proporcional em relação a todos os outros em vista do seu externo, pois a obrigação procede aqui de uma regra universal da relação jurídica externa. Não sou, portanto, obrigado a deixar intocado o seu externo do outro se em contrapartida cada um dos outros não me assegura que se portará em vista do meu de acordo com o mesmo princípio, cuja garantia nem precisa de um ato jurídico particular, mas já está contida no conceito de uma obrigação jurídica externa, devido à universalidade e, portanto, também da reciprocidade da obrigação a partir de uma regra universal. – Ora, a vontade unilateral não pode servir de lei coercitiva para todos em vista de uma posse externa, portanto contingente, porque isso prejudicaria a liberdade segundo leis universais. Por conseguinte, somente uma vontade que obriga a cada um dos outros, portanto uma vontade universal (comum) coletiva e detentora do poder, é uma vontade que pode dar aquela garantia a cada um. – Mas o estado sob uma legislação universal externa (i. é, pública) acompanhada de poder é o estado civil. Logo, somente pode haver um meu e teu externo no estado civil. [256]

Corolário: Se deve ser juridicamente possível ter um objeto externo como o seu, então tem de ser também permitido ao sujeito *obrigar* cada um dos outros, com quem se chega a uma disputa do meu e teu a respeito de um tal objeto, a entrar juntamente com ele numa constituição civil.

§ 9. No estado de natureza pode haver, entretanto, um meu e teu externo efetivo, mas apenas provisório

O *direito natural* no estado de uma constituição civil (i. é, aquilo que, em função da última, pode ser deduzido de princípios *a priori*) não pode ser prejudicado pelas leis estatutárias da última, permanecendo em vigor o princípio jurídico: "Aquele que procede segundo uma máxima de acordo com a qual se torna impossível ter como o meu um objeto de meu arbítrio, lesa-me"; pois somente é constituição civil o estado jurídico pelo qual apenas é assegurado a cada um o seu, sem, contudo, defini-lo e determiná-lo. – Toda garantia já pressupõe, portanto, o seu de alguém (ao qual ele é assegurado). Logo, antes da constituição civil (ou *abstraindo* dela), deve ser admitido como possível um meu e teu externo e ao mesmo tempo um direito de obrigar qualquer um, com quem pudéssemos chegar a ter contato de uma forma qualquer, a se juntar conosco numa constituição em que pode ser assegurado aquele meu e teu externo. – Uma posse na espera e preparação de um estado tal que somente pode ser fundado sobre uma lei da vontade comum, concordando, portanto, com a *possibilidade* da última, é uma posse *provisoriamente jurídica*, enquanto aquela que se encontra *efetivamente* num tal estado é uma posse *peremptória*. – Antes da entrada nesse estado, à qual o sujeito está disposto, ele se opõe com direito àqueles que não querem se acomodar a isso e querem impedi-lo em sua posse futura, porque a vontade de todos os outros, com exceção dele mesmo que pensa lhes impor uma obrigação de se abster de certa posse, é meramente *unilateral*, tendo, portanto, tão pouca força jurídica para a contestação quanto aquele tem para a afirmação, enquanto o último pelo menos tem como vantagem concordar com a introdução e instituição de um estado civil. – Numa palavra: o modo de ter algo externo como o seu *no estado de natureza* é uma posse física que tem a seu favor a *presunção* jurídica de fazer dela uma posse jurídica pela reunião com a vontade de todos numa legislação pública, e na espera vale *comparativamente* como uma posse jurídica.

Essa prerrogativa do direito com base na situação de posse empírica, segundo a fórmula "*feliz aquele que tem a posse*" (*beati possidentes*), não consiste em que, tendo a presunção de um *homem honesto*, ele não precisa demonstrar que possui algo juridicamente (pois isso só vale no direito questionado), mas, sim, porque segundo o postulado da razão prática assiste a qualquer um a faculdade de ter um objeto externo de seu arbítrio como o seu, sendo, portanto, toda detenção um estado cuja legitimidade se funda naquele postulado por um ato da vontade precedente, o qual, não se lhe contrapondo uma posse mais antiga de um outro em relação ao mesmo objeto, portanto provisoriamente e de acordo com a lei da liberdade externa, confere o direito de manter afastado qualquer um que não queira entrar comigo no estado de uma liberdade legal pública de toda pretensão ao uso de tal objeto para, em conformidade com o postulado da razão, submeter a seu uso uma coisa que do contrário seria aniquilada em perspectiva prática.

Segundo capítulo. Do modo de adquirir algo externo [258]

§ 10. Princípio universal da aquisição externa

Eu adquiro algo se faço (*efficio*) com que algo se torne *meu*. – Originariamente meu é aquele externo que é meu também sem um ato jurídico. Mas uma aquisição originária é aquela que não é derivada do seu de um outro.

Nada de externo é originariamente meu, mas com certeza pode ser adquirido originariamente, i. é, sem derivá-lo do seu de um outro qualquer. – O estado da comunidade do meu e teu (*communio*) jamais pode ser pensado como originário, mas tem de ser adquirido (através de um ato jurídico externo), ainda que a posse de um objeto externo só possa originariamente ser comum. Mesmo quando se pensa (problematicamente) uma comunidade *ori-*

ginária (*communio mei et tui originaria*), deve ela ser distinguida, contudo, da comunidade *primitiva* (*communio primaeva*), a qual é tomada como fundada nos primeiros *tempos* das relações jurídicas entre homens, não podendo ser fundamentada, como a primeira, em princípios, mas apenas na história, no que a última sempre teria de ser pensada como adquirida e derivada (*communio derivativa*).

O princípio da aquisição externa é o seguinte: aquilo que submeto a meu *poder* (segundo a lei da *liberdade* externa) e em relação a que tenho a faculdade de fazer uso como objeto de meu arbítrio (conforme o postulado da razão prática), enfim, aquilo que *quero* que seja meu (segundo a ideia de uma possível *vontade* unificada), isso é meu.

Os momentos (*attendenda*) da aquisição *originária* são, portanto: 1. A *apreensão* de um objeto, não pertencente a ninguém, pois do contrário contradiria a liberdade de outros segundo leis universais. Essa *apreensão* é a tomada de posse do objeto do arbítrio no espaço e no tempo; logo, a posse que tomo é *possessio phaenomenon*. 2. A *declaração* (*declaratio*) da posse desse objeto e do ato de meu arbítrio de manter afastado dele qualquer outro. 3. A *apropriação* (*appropriatio*) como ato de uma vontade universal e externamente legisladora (na ideia), pelo qual qualquer um é obrigado à concordância com meu arbítrio. – A validade do último momento, em que se baseia a conclusão "o objeto externo é *meu*", i. é, que a posse seja válida como uma posse *simplesmente jurídica* (*possessio noumenon*), fundamenta-se no fato de que a conclusão "o objeto externo é meu" é levada corretamente da posse sensível para a posse inteligível, uma vez que todos esses atos são *jurídicos* e, assim, procedentes da razão prática, podendo-se, pois, abstrair das condições empíricas da posse na questão sobre o que é de direito.

A aquisição originária de um objeto externo do arbítrio é chamada de *ocupação* (*occupatio*) e só pode ocorrer com coisas (substâncias) corpóreas. Mas, onde ocorre, precisa, como condição da posse empírica, da prioridade do tempo em relação a qualquer outro que queira se apoderar de uma coisa (*qui prior tempore potior jure*). Como originária, essa aquisição também é apenas a consequência de arbítrio *unilateral*; pois, se fosse exigido para tanto um arbítrio bilateral, seria ela derivada do contrato de duas (ou mais) pessoas, portanto do seu de outros. – É difícil compreender como tal ato do arbítrio possa fundamentar o seu de alguém. – Entretanto, a *primeira* aquisição não é por isso já a *originária*. Pois a aquisição de um estado jurídico público, pela unificação da vontade de todos para uma legislação universal, seria tal que nenhuma outra pode lhe preceder, e mesmo assim ela seria derivada da vontade particular de cada um e *onilateral*, uma vez que uma aquisição originária somente pode proceder de uma vontade unilateral.

Divisão da aquisição do meu e teu externo

1. Segundo a *matéria* (o objeto), adquiro ou uma *coisa* (substância) corpórea ou a *prestação* (causalidade) de um outro ou essa outra *pessoa* mesma, i. é, o seu estado, na medida em que ganho um direito de dispor dele (o comércio com a pessoa).

2. Segundo a *forma* (modo de aquisição), trata-se ou de um *direito real* (*jus reale*) ou de um *direito pessoal* (*jus personale*) ou de um direito *pessoal de modo real* (*jus realiter personale*), da posse (mesmo que não do uso) de uma outra pessoa como uma coisa.

[260]

3. Segundo o *fundamento jurídico* (*titulus*) da aquisição (o que não constitui propriamente um membro particular da divisão dos direitos, mas é certamente um momento do modo de sua execução), pelo ato de um arbítrio *unilateral* ou *bilateral* ou *onilateral* com que algo externo é adquirido (*facto, pacto, lege*).

Primeira seção. Do direito real

§ 11. O que é um direito real?

A definição corriqueira do *direito sobre uma coisa* (*jus reale, jus in re*), segundo a qual ele é o direito *em relação a cada possuidor dela*, é uma definição nominal correta. – Mas o que faz com que eu possa, em função de um objeto externo, dirigir-me a todo detentor dele e obrigá-lo (*per vindicationem*) a reintegrar-me em sua posse? Porventura é essa relação jurídica externa de meu arbítrio uma relação *imediata* a uma coisa corpórea? Assim com certeza teria de representá-la (ainda que só de maneira obscura) aquele que pensa seu direito relacionado, não imediatamente a pessoas, mas a coisas; a saber, que a coisa externa, mesmo que tenha sido perdida pelo primeiro possuidor, por corresponder a todo direito um dever, sempre ainda permanece *devida* a ele, i. é, recusa-se a qualquer outro pretenso possuidor porque já está comprometida com o primeiro, e que assim meu direito, feito um *gênio* que acompanhasse a coisa e a preservasse de todo ataque alheio, remete o possuidor alheio sempre a mim. Portanto, é absurdo pensar uma obrigação de uma pessoa para com coisas e vice-versa, mesmo que possa porventura ser permitido tornar sensível a relação jurídica por tal imagem e expressar-se assim.

[261] A definição real teria de ser, por isso, a seguinte: *O direito sobre uma coisa* é um direito do uso privado de uma coisa em cuja posse comum (originária ou instituída) eu me encontro com todos os outros. Pois o último é a única condição sob a qual somente é possível que eu exclua qualquer outro possuidor do uso privado da coisa (*jus contra quemlibet huius rei possessorem*), porque sem pressupor tal posse comum não é possível pensar como eu, que não tenho a posse da coisa, possa ser lesado por outros, que têm a posse da coisa e a usam. – Não posso por meio de um arbítrio

unilateral obrigar um outro a se abster do uso de uma coisa, para o que ele não teria, aliás, nenhuma obrigação; portanto, somente o posso por meio do arbítrio unificado de todos numa posse comum. Caso contrário, eu teria de pensar o direito sobre uma coisa como se a coisa tivesse uma obrigação para comigo e somente daí derivar o direito em relação a todo possuidor dela, o que é uma maneira de representar absurda.

Ademais, entende-se pela expressão "direito real" (*jus reale*) não apenas o direito sobre uma coisa (*jus in re*), mas também o *conjunto* de todas as leis que dizem respeito ao meu e teu real. – Mas é claro que um homem que estivesse inteiramente sozinho sobre a Terra não poderia adquirir ou ter como o seu nenhuma coisa externa, porque entre ele, como pessoa, e todas as outras coisas externas, como coisas, não existe de forma alguma uma relação de obrigação. Logo, não existe também um direito (direto) sobre uma coisa, entendido em sentido próprio e literalmente, mas apenas é chamado assim aquilo que compete a alguém em relação a uma pessoa que se encontra na posse comum com todos os outros (no estado civil).

§ 12. A primeira aquisição de uma coisa
não pode ser senão a da terra

A terra (pela qual se entende todo território habitável) deve ser considerada, em vista de todo o móvel sobre ela, como *substância*, mas a existência do móvel apenas como *inerência*, e assim como, no sentido teórico, os acidentes não podem existir fora da substância, assim, no sentido prático, não pode o móvel sobre a terra ser o seu de alguém se não se presume que ela está sob posse jurídica dele (como o seu que lhe compete).

Pois admitimos que a terra não pertence a ninguém: neste [262] caso, posso tirar de seu lugar cada coisa móvel que se encontra sobre ela, para eu mesmo ocupar esse lugar, até que ela se perde de todo, sem que com isso a liberdade de qualquer outro, que agora precisamente não é seu detentor, seja prejudicada; mas tudo o que pode ser destruído, uma árvore, casa etc., é móvel (ao menos segundo a matéria), e quando se chama de *imóvel* uma coisa que não pode ser movida sem a destruição de sua forma entende-se o meu e teu em relação a essa coisa, não como da substância, mas como daquilo que lhe adere e não é a própria coisa.

§ 13. Toda terra pode ser adquirida originariamente, e o fundamento da possibilidade dessa aquisição é a comunidade originária da terra em geral

No que diz respeito à primeira proposição, fundamenta-se ela no postulado da razão prática (§ 2); no que diz respeito à segunda, fundamenta-se na seguinte demonstração.

Todos os homens se encontram originariamente (i. é, antes de todo ato jurídico do arbítrio) de posse jurídica da terra, i. é, têm um direito de estar lá onde a natureza ou o acaso os colocou (sem sua vontade). Essa posse (*possessio*), distinta do assento (*sedes*) como uma posse *duradoura* arbitrária, portanto adquirida, é uma posse *comum*, devido à unidade de todos os lugares sobre a face da Terra como uma superfície esférica; pois, se ela fosse um plano infinito, os homens poderiam se espalhar sobre ela de tal maneira que não chegariam de forma alguma a uma comunidade entre si, não sendo essa, portanto, uma consequência necessária de sua existência sobre a Terra. – A posse de todos os homens sobre a Terra, precedente a todo ato jurídico destes (constituída pela própria natureza), é uma *posse comum originária* (*communio possessionis originaria*), cujo conceito não é empírico e dependente de condições temporais, como porventura o conceito fictício, mas jamais demonstrável, de uma *posse comum primitiva* (*communio primaeva*), mas, sim, um conceito da razão prática, contendo *a priori* o princípio de acordo com o qual tão somente os homens podem usar o seu lugar sobre a Terra segundo leis jurídicas.

§ 14. O ato jurídico dessa aquisição é a ocupação (*occupatio*) [263]

A *tomada de posse* (*apprehensio*), como o começo da detenção de uma coisa corpórea no espaço (*possessionis physicae*), concorda com a lei da liberdade externa de qualquer um (portanto *a priori*) tão somente sob a condição da *prioridade* no tempo, i. é, tão somente como *primeira* tomada de posse (*prior apprehensio*), a qual é um ato do arbítrio. Mas a vontade de que a coisa (portanto também determinado lugar circunscrito sobre a Terra) seja minha, i. é, a apropriação (*appropriatio*), não pode ser, numa aquisição originária, senão *unilateral* (*voluntas unilateralis s. propria*). A aquisição de um objeto externo do arbítrio pela vontade unilateral é a *ocupação*. Logo, a aquisição originária dele, e assim também de determinada porção de terra, somente pode acontecer por ocupação (*occupatio*).

A possibilidade de adquirir dessa maneira não pode ser de forma alguma compreendida nem demonstrada por princípios, mas é a consequência imediata do postulado da razão prática. A mesma vontade não pode, entretanto, legitimar uma aquisição externa a não ser na medida em que está contida numa vontade unificada *a priori* (i. é, pela unificação do arbítrio de todos aqueles que podem chegar a uma relação prática uns com os outros), que comanda de forma absoluta; pois a vontade unilateral (a que pertence também a vontade bilateral, mas ainda assim *particular*) não pode impor a todos uma obrigação que é em si mesma contingente, mas para tanto se requer uma vontade *onilateral*, unificada, não de forma contingente, mas *a priori*, portanto de forma necessária, e somente por isso vontade legisladora; pois somente segundo esse princípio da vontade é possível a concordância do arbítrio livre de cada um com a liberdade de qualquer um, portanto um direito em geral, e assim também um meu e teu externo.

[264] §15. Tão somente numa constituição civil pode algo ser adquirido peremptoriamente, enquanto no estado de natureza apenas provisoriamente

A constituição civil, mesmo sendo sua efetividade subjetivamente contingente, é ainda assim necessária objetivamente, i. é, como dever. Portanto, há em função dela e de sua existência uma lei efetiva do direito natural, a que está submetida toda aquisição externa.

O *título empírico* da aquisição foi a tomada de posse física (*apprehensio physica*), fundada na comunidade originária da terra, ao qual tem de corresponder, uma vez que se pode atribuir à posse segundo conceitos racionais do direito apenas uma posse no *fenômeno*, o título de uma tomada de posse intelectual (com afastamento de todas as condições empíricas do espaço e do tempo), a qual fundamenta o princípio: "O que, de acordo com leis da liberdade externa, submeto a meu poder e quero que seja meu, isso se torna meu."

O *título racional* da aquisição somente pode ser encontrado, no entanto, na ideia de uma vontade de todos unificada *a priori* (a ser unificada necessariamente), a qual é aqui sem mais pressuposta, como condição indispensável (*conditio sine qua non*); pois não se pode por vontade unilateral impor a outros uma obrigação que eles não teriam por si de outra forma. – Mas o estado de uma vontade efetivamente unificada de maneira universal no intuito da legislação é o estado civil. Portanto, algo externo pode ser adquirido *originariamente* tão somente em conformidade com a ideia de um estado civil, i. é, em vista dele e de sua efetivação, mas antes de sua efetividade (pois, do contrário, a aquisição seria derivada), portanto apenas *provisoriamente*. – A aquisição *peremptória* ocorre apenas no estado civil.

Mesmo assim, aquela aquisição provisória é uma aquisição verdadeira; pois, segundo o postulado da razão jurídico-prática, a possibilidade dessa aquisição, encontrem-se os homens no estado em que se encontrarem (portanto também no estado de natureza), é um princípio do direito privado de acordo com o qual cada um tem o direito àquela coação pela qual tão somente se torna possível sair daquele estado de natureza e entrar no estado civil, único capaz de tornar peremptória toda aquisição.

> Pergunta-se: até onde se estende a autorização para a tomada de posse de uma terra? Até onde se estende a autorização de tê-la em seu poder, i. é, até onde aquele que quer dela se apropriar pode defendê-la; como se a terra dissesse: se não podeis me proteger, também não podeis me dominar. Nestes termos teria de ser decidida também a disputa sobre o mar *livre* ou *territorial*; p. ex., dentro do perímetro de alcance dos canhões ninguém pode pescar, extrair âmbar do fundo do mar etc. na costa de uma terra que já pertence a determinado Estado. – Pergunta-se ademais: é necessário o trabalho da terra (construção, lavoura, drenagem etc.) para a sua aquisição? Não! Pois, uma vez que estas formas (da especificação) são apenas acidentes, elas não constituem um objeto de uma posse imediata e só podem pertencer ao sujeito na medida em que a substância foi previamente reconhecida como o seu que lhe compete. Em se tratando da questão da primeira aquisição, o trabalho não é mais do que um signo externo da tomada de posse, o qual pode ser substituído por muitos outros que custam menos esforço. – Ademais: pode-se impedir alguém no ato de sua tomada de posse, de maneira que nenhum dos dois ganhe o direito da prioridade, permanecendo a terra

[265]

ainda livre, não pertencente a ninguém? Esse impedimento não pode ocorrer *de forma absoluta*, porque o outro, para poder fazê-lo, tem de se encontrar certamente numa terra vizinha qualquer, onde ele mesmo pode, portanto, ser impedido de ficar, sendo assim um impedimento *absoluto* uma contradição; *em relação* a certa terra (intercalada), contudo, estaria de acordo com o direito da ocupação deixar de usar essa terra, como *neutra* e para a separação de dois vizinhos; só que então essa terra pertence efetivamente a ambos em comum, e não é *sem dono* (*res nullius*) justamente porque é *usada* por ambos para separar um do outro. – Ademais: pode-se ter uma coisa como a sua sobre uma terra da qual nenhuma parte é o seu de alguém? Sim, como na Mongólia, onde cada um pode deixar largados seus apetrechos ou retomar a posse de seu cavalo que lhe tinha fugido, porque toda a terra pertence ao povo e seu uso, portanto, a cada um em particular; que alguém possa ter, contudo, como o seu uma coisa móvel sobre a terra de um outro é com certeza possível, mas tão somente por *contrato*. – Finalmente, pergunta-se: podem dois povos (ou famílias) vizinhos se opor mutuamente a adotar certa maneira de usar uma terra, p. ex., os caçadores aos pastores ou aos criadores, ou estes aos plantadores, etc.? Certamente, pois a maneira como querem se *estabelecer* em geral sobre a terra é coisa do mero arbítrio (*res merae facultatis*), desde que se mantenham dentro de seus limites.

Por fim, pode-se ainda perguntar se, no caso de nem a natureza nem o acaso, mas apenas nossa própria vontade nos levar à vizinhança com um povo que não deixa nenhuma expectativa de uma união civil com ele, não estaríamos autorizados, no intuito de instituir uma união civil e de colocar esses homens (selvagens) num estado jurídico (como, por exemplo, os selvagens da América, os hotentotes, os habitantes da Nova Holanda), a criar colônias, mesmo com violência ou (o que não é muito melhor) por meio de compra enganadora, e nos tornar assim proprietários de sua terra e fazer uso de nossa superioridade, sem respeitar sua primeira posse. Tanto mais que a própria natureza (que tem horror ao vazio) parece exigi-lo, e grandes extensões de terra em outras partes do mundo, que agora estão esplendidamente habitadas, teriam do contrário permanecido ou mesmo permaneceriam para sempre sem habitantes civilizados, frustrando-se assim o fim do criador. Mas facilmente se vê através desse véu da injustiça (jesuitismo), que consiste em permitir todos os meios para os bons fins; essa espécie de aquisição da terra é, portanto, reprovável.

A indeterminidade em vista tanto da quantidade quanto da qualidade do objeto externo adquirível faz com que essa tarefa (da única aquisição externa originária) seja entre todas a mais difícil de resolver. Mas sem dúvida tem de haver uma aquisição originária qualquer do externo, pois nem toda aquisição pode ser derivada. Por isso, também não se pode desistir dessa tarefa como insolúvel e como em si impossível. Mas, mesmo sendo resolvida pelo contrato originário, a aquisição será sempre apenas provisória se esse contrato não se estende a todo o gênero humano.

§ 16. Exposição do conceito de uma aquisição [267]
originária da terra

Todos os homens têm originariamente uma *posse comum* do solo de toda a Terra (*communio fundi originaria*), com a *vontade natural* (de cada qual) de fazer uso dela (*lex justi*), vontade essa que suprimiria todo uso dela, devido à oposição natural inevitável do arbítrio de um ao arbítrio do outro, se não contivesse ao mesmo tempo a lei para esse arbítrio segundo a qual pode ser atribuída a cada um uma *posse particular* sobre a terra comum (*lex juridica*). Mas a lei distributiva do meu e teu de cada qual com relação à terra pode proceder, segundo o axioma da liberdade externa, tão somente de uma vontade unificada *originaria-*

mente e *a priori* (a qual não pressupõe nenhum ato jurídico para essa unificação), portanto pode proceder apenas do estado civil (*lex justitiae distributivae*), somente o qual determina o que é *justo*, o que é *jurídico* e o que é *de direito*. – É *dever*, entretanto, proceder segundo a lei da aquisição externa nesse estado mesmo antes de sua instituição e apenas na perspectiva dele, i. é, *provisoriamente*, sendo, por conseguinte, também uma *faculdade* jurídica da vontade obrigar qualquer um a reconhecer como válido o ato da tomada de posse e da apropriação, ainda que seja apenas unilateral; portanto, é possível uma aquisição provisória da terra com todas as suas consequências jurídicas.

Tal aquisição necessita certamente e tem também a seu favor a *permissão* da lei (*lex permissiva*) em vista da determinação dos limites da posse juridicamente possível, porque precede ao estado jurídico e ainda não é peremptória, enquanto apenas introduz nesse estado; essa permissão, contudo, não vai mais longe do que à concordância de *outros* (participantes) para a instituição deste último estado, acarretando, entretanto, todos os efeitos de uma aquisição jurídica enquanto persistir a resistência a entrar nesse estado (o civil), porque esse desfecho é fundado em dever.

[268] § 17. Dedução do conceito da aquisição originária

Encontramos o *título* da aquisição numa comunidade originária da terra, portanto sob condições espaciais de uma posse externa, mas o *modo da aquisição* nas condições empíricas da tomada de posse (*apprehensio*), junto com a vontade de ter o objeto externo como o seu. Agora é necessário ainda desenvolver, a partir dos princípios da razão jurídico-prática, a própria *aquisição*, i. é, o meu e teu externo que se segue das duas partes dadas, a saber, a posse inteligível (*possessio noumenon*) do objeto segundo o contido em seu conceito.

O *conceito jurídico* do meu e teu *externo* na medida em que é *substância* não pode significar, no concernente à expressão "*fora de mim*", um *lugar* diferente daquele em que estou, pois se trata de um conceito da razão; mas, uma vez que só se pode subsumir a esse um conceito puro do entendimento, significa meramente algo *diferente* de mim e o conceito de uma posse não empírica (a apreensão como que duradoura), quer dizer, apenas o *de ter em meu poder* o objeto externo (a sua conexão comigo como condição subjetiva da possibilidade do uso), o qual é um conceito puro do entendimento. A omissão ou o abstrair (abstração) dessas condições sensíveis da posse como uma relação da pessoa a *objetos*, os quais não têm obrigações, não é, contudo, senão a relação de uma pessoa a *pessoas*, no intuito de *obrigá-las* em vista do uso das coisas pela *vontade* da primeira pessoa, na medida em que está conforme com o axioma da liberdade externa, com o *postulado* da faculdade e com a *legislação* universal da vontade pensada *a priori* como unificada, o que constitui, portanto, a *posse inteligível* do objeto, i. é, a posse pelo simples direito, ainda que o objeto (a coisa que possuo) seja um objeto dos sentidos.

> Que o primeiro trabalho, demarcação ou em geral *transformação* de uma terra não podem conferir um título da sua aquisição, i. é, que a posse do acidente não pode servir de fundamento da posse jurídica da substância, mas que, ao contrário, o meu e teu tem de ser deduzido da propriedade da substância, segundo a regra "o acessório segue-se a seu principal" (*accessorium sequitur suum principale*), e que aquele que investe esforços numa terra que já não era sua antes perdeu seu esforço e trabalho para o primeiro possuidor, isso é por si mesmo tão claro que dificilmente se pode atribuir aquela opinião, tão antiga e ainda largamente difundida, a outra causa a não ser à ilusão secretamente predominante que consiste em personificar coisas e em

[269]

pensar um direito *imediatamente* em relação a elas, como se alguém pudesse, pelo trabalho a elas aplicado, obrigá-las a não servir a ninguém mais senão a ele; pois de outra maneira provavelmente não se teria passado tão facilmente ao largo da questão natural (já mencionada acima): "Como é possível um direito sobre uma coisa?" Pois o direito em relação a cada possuidor de uma coisa significa apenas a autorização do arbítrio particular para o uso de um objeto, na medida em que ela pode ser pensada como contida na vontade universal sintética e em concordância com a sua lei.

No concernente aos corpos sobre a terra que já é minha, pertencem *a mim*, desde que já não sejam de um outro, sem que eu precise para esse fim de um ato jurídico particular (não *facto*, mas *lege*); isso porque eles podem ser considerados como acidentes inerentes à substância (*juri rei meae*), ao que pertence também tudo aquilo que está ligado com minha coisa de tal maneira que um outro não pode separá-lo do meu sem alterar a esse (p. ex., douramento, mistura de um material que me pertence com outras matérias, assoreamento ou ainda alteração do leito do rio e, com isso, extensão da minha terra etc.). De acordo com os mesmos princípios, deve-se julgar se a terra adquirível pode ser estendida ainda além da costa, a saber, ainda a uma extensão do fundo do mar (o direito de pescar em minha costa ou o de extrair âmbar etc.). Até onde tenho, a partir de meu *assento*, a faculdade mecânica de assegurar minha terra contra a intervenção de outros (p. ex., até onde atingem os canhões a partir da costa), até ali ela pertence à minha *posse*, e até ali o mar é fechado (*mare clausum*). Como, no entanto, não é possível um *assento* no próprio alto-mar, também não se pode estender a posse até lá, e o mar aberto é livre (*mare liberum*). Mas o *naufrágio*, seja dos homens, seja das suas coisas, enquanto involuntário, não pode ser contado como parte do direito de aquisição por parte dos proprietários da praia, por não ser lesão (aliás, não é em geral um ato), e a coisa que acabou na terra pertencente a alguém não pode ser tratada como *sem dono* (*res nullius*). Ao contrário, um rio pode, com as restrições acima mencionadas, ser adquirido originariamente por aquele que tem a posse de ambas as margens, até onde se estende a posse de sua margem, tanto quanto qualquer outra extensão de terra.

* * *

O objeto externo que é o seu de alguém segundo sua substância é sua *propriedade* (*dominium*), a que aderem todos os direitos sobre essa coisa (como acidentes à substância), podendo, pois, o proprietário dela dispor a bel-prazer (*jus disponendi de re sua*). Mas segue-se disso diretamente que um tal objeto só pode ser uma coisa corpórea (em relação à qual não se tem nenhuma obrigação), enquanto um homem pode ser seu próprio senhor (*sui juris*), mas não proprietário *de si mesmo* (*sui dominus*, poder dispor de si mesmo a bel-prazer), e muito menos de outros homens, porque é responsável pela humanidade em sua própria pessoa; se bem que esse ponto, que pertence ao direito da humanidade e não ao direito dos homens, não tem aqui seu lugar apropriado, sendo mencionado apenas de passagem para o melhor entendimento do que foi dito um pouco atrás. – Além disso, pode haver dois proprietários integrais de uma e mesma coisa sem um meu e teu comum, mas meramente como possuidores comuns daquilo que pertence apenas *a um* como o *seu*, quando aos assim chamados coproprietários (*condomini*) compete a um apenas toda a posse sem uso, ao outro, contudo, todo uso da coisa junto com a posse, sendo este (*dominus utilis*), portanto, restringido por aquele (*dominus directus*) apenas à condição de uma prestação permanente, sem ser limitado, no entanto, em seu uso.

Segunda seção. Do direito pessoal

§ 18.

A posse do arbítrio de um outro, como faculdade de determiná-lo por meu arbítrio e de acordo com leis da liberdade a certa ação (o meu e teu externo em vista da causalidade de um outro), é *um* direito (podendo eu ter mais de um em relação à mesma pessoa ou em relação a outros); mas o conjunto (o sistema) das leis de acordo com as quais posso ter essa posse é *o* direito pessoal, o qual é um único.

A aquisição de um direito pessoal nunca pode ser originária e discricionária (pois tal aquisição não seria conforme com o princípio da concordância da liberdade de meu arbítrio com a liberdade de qualquer um, sendo, portanto, injusta). Tampouco posso adquirir através de um ato *injusto* de um outro (*facto injusto alterius*), pois, mesmo que essa lesão tenha ocorrido comigo, podendo eu com razão exigir do outro satisfação, ainda assim apenas é mantido inalterado o meu, não sendo adquirido nada além daquilo que eu já tinha antes.

A aquisição através do ato de um outro, ao qual o determino segundo leis jurídicas, sempre é derivada, portanto, do seu do outro, e essa derivação, como ato jurídico, não pode ser feita por este outro como um ato *negativo*, a saber, do *abandono* ou de uma *renúncia* feita em relação ao seu (*per derelictionem aut renunciationem*), pois assim apenas se suprime o seu de um ou de outro e nada se adquire, mas tão somente pela *transferência* (*translatio*), a qual é possível apenas por uma vontade comum, por intermédio da qual o objeto sempre acaba em poder de um ou de outro, quando então alguém renuncia à sua participação nessa comunidade, tornando-se o objeto o seu pela aceitação dele (portanto por um ato positivo do arbítrio). – A transferência de sua *proprie-*

dade para um outro é a *alienação*. O ato do arbítrio unificado de duas pessoas pelo qual em geral o seu de um passa para o outro é o *contrato*.

§ 19.

Em todo contrato se encontram dois atos jurídicos do arbítrio *preliminares* e dois *constitutivos*; os primeiros (os da *tratativa*) são a *oferta* (*oblatio*) e sua *aprovação* (*approbatio*); os dois outros (a saber, da *conclusão*) são a *promessa* (*promissum*) e a *aceitação* (*acceptatio*). – Pois uma proposta não pode ser chamada de promessa a não ser que eu julgue antes que o oferecido (*oblatum*) é algo que pode ser *agradável* ao promissário, o que é indicado pelas duas primeiras declarações, sem que com elas apenas já seja adquirido algo.

Mas nem pela vontade *particular* do promitente nem pela do promissário (como aceitante) o seu do primeiro passa a ser o seu do último, mas tão somente pela *vontade unificada* de ambos, portanto na medida em que a vontade de ambos é declarada *simultaneamente*. Só que isso é impossível por meio de atos empíricos da declaração, que necessariamente têm de *suceder-se* no tempo e nunca podem ser simultâneos. Pois, se prometi e o outro quer então aceitar, posso no intervalo (por mais curto que possa ser) me arrepender, porque antes da aceitação ainda sou livre; assim como, por outro lado, o aceitante não precisa sentir-se obrigado à resposta consecutiva à promessa, e isso pela mesma razão. – As formalidades externas (*solemnia*) na conclusão do contrato (o aperto de mãos ou a ruptura de uma palha (*stipula*) segurada por ambas as pessoas) e todas as confirmações recorrentes de sua declaração anterior demonstram bem mais o embaraço dos contratantes em querer representar como existindo *simultaneamente* as declarações sempre consecutivas umas às outras, algo de que nunca serão capazes, porque sempre são atos que se sucedem um ao outro no tempo, de maneira que, quando se dá um ato, o outro ou *ainda não é* ou *já não é*.

Mas somente a dedução transcendental do conceito da aquisição por contrato pode resolver todas essas dificuldades. Numa relação externa *jurídica*, minha tomada de posse do arbítrio de um outro (e vice-versa), como fundamento de determinação dele para um ato, é concebida primeiro decerto empiricamente pela declaração do arbítrio de ambos no tempo, como condição sensível da apreensão, quando então ambos os atos jurídicos sempre [273] apenas sucedem um ao outro; mas, porque aquela relação (como uma relação jurídica) é puramente intelectual, aquela posse, como o meu e teu, é representada como uma posse inteligível (*possessio noumenon*) pela vontade enquanto faculdade racional legisladora, segundo conceitos da liberdade, abstração feita daquelas condições empíricas; quando então ambos os atos, o da promessa e o da aceitação, são representados, não como consecutivos, mas (como se fosse *pactum re initum*) como procedentes de uma única vontade *comum* (o que é expresso pela palavra "*simultaneamente*"), e o objeto (*promissum*) é representado como adquirido de acordo com a lei da razão prática pura, abstração feita das condições empíricas.

> Que essa seja a dedução verdadeira e a única possível do conceito da aquisição por contrato é confirmado suficientemente pelo esforço penoso e sempre inútil dos pesquisadores do direito (p. ex., Moses Mendelssohn em seu livro *Jerusalém*) para a demonstração daquela possibilidade. – A questão era: *por que devo* cumprir minha promessa? Pois *que eu o devo*, isso cada um compreende sem mais. Mas é simplesmente impossível apresentar ainda uma demonstração desse imperativo categórico; assim como é impossível para o geômetra demonstrar por silogismos que, para

fazer um triângulo, devo tomar três linhas (uma proposição analítica), devendo a soma de duas delas, contudo, ser maior do que a terceira (uma proposição sintética; mas ambas *a priori*). Trata-se de um postulado da razão pura (que, no concernente ao conceito jurídico, abstrai de todas as condições sensíveis do espaço e do tempo), e a doutrina da possibilidade da abstração dessas condições, sem que seja suprimida com isso a sua posse, é ela mesma a dedução do conceito da aquisição por contrato; assim como foi no título anterior a doutrina da aquisição por ocupação da coisa externa.

§ 20.

Mas o que é o externo que adquiro pelo contrato? Uma vez que é apenas a causalidade do arbítrio do outro em vista de uma prestação que me é prometida, adquiro pelo contrato imediatamente, não uma coisa externa, mas um ato do arbítrio, pelo qual essa coisa é colocada em meu poder, a fim de que eu a torne minha. – Adquiro, portanto, pelo contrato a promessa de um outro (não o prometido), e mesmo assim é acrescentado algo a meu haver externo: tornei-me *mais rico* (*locupletior*) por aquisição de uma obrigação ativa incidente sobre a liberdade e a riqueza do outro. – Esse meu *direito*, contudo, é apenas um direito *pessoal*, a saber, em relação a uma pessoa física *determinada*, e na verdade direito de agir sobre sua causalidade (seu arbítrio) para me *prestar* algo, e não um *direito real* com relação àquela *pessoa moral* que nada é senão a ideia do *arbítrio de todos unificado a priori*, somente pelo qual posso adquirir um *direito em relação a todo possuidor da coisa*, no que consiste todo direito sobre *uma coisa*. [274]

A transferência do meu por contrato acontece segundo a lei da continuidade (*lex continui*), i. é, a posse do objeto não é interrompida nenhum instante durante esse ato, pois do contrário eu adquiriria nesse estado um objeto como algo que não tem possuidor (*res vacua*), portanto originariamente, o que contradiz o conceito do contrato. – Essa continuidade acarreta, no entanto, que não é a vontade particular de um dos dois (*promittentis et acceptantis*), mas sua vontade unificada que transfere o meu para o outro; portanto não da seguinte maneira: que o promitente abandona (*derelinquit*) primeiro sua posse a favor do outro ou renuncia (*renunciat*) a seu direito, e o outro imediatamente toma posse, ou vice-versa. A transferência é, portanto, um ato em que o objeto pertence por um instante a ambos, tal como, na trajetória parabólica de uma pedra arremessada, essa pode ser considerada, no ponto mais alto da trajetória, como estando por um instante simultaneamente em ascensão e queda, e somente assim passando do movimento ascendente para a queda.

§ 21.

Em um contrato não se adquire uma coisa pela *aceitação* (*acceptatio*) da promessa, mas tão somente pela *entrega* (*traditio*) do prometido. Pois toda promessa se refere a uma *prestação*, e, se o prometido é uma coisa, aquela não pode ser cumprida a não ser por um ato pelo qual o promissário recebe da parte do promitente a posse do prometido, i. é, pela entrega. Antes dessa, portanto, e antes da recepção, não se deu ainda a prestação; a coisa não passou ainda de um para o outro, não tendo sido, portanto, adquirida por este; assim sendo, o direito proveniente de um contrato é apenas um direito pessoal e se torna um direito *real* tão somente pela entrega.

O contrato seguido imediatamente da entrega (*pactum re initum*) exclui todo intervalo entre a conclusão e a execução, não carecendo de nenhum ato particular ulterior pelo qual o seu de um é transferido para o outro. Sendo, no entanto, admitido entre ambas ainda um tempo (determinado ou indeterminado) para a entrega, pergunta-se se a coisa já se tornou antes da entrega o seu do aceitante, sendo o direito do último um direito sobre a coisa, ou se é preciso juntar-se ainda um contrato particular concernente apenas à entrega, sendo, assim, o direito pela mera aceitação apenas um direito pessoal que se torna um direito sobre a coisa tão somente pela entrega. – Que efetivamente se dá o último caso, fica claro no seguinte:

Se concluo um contrato sobre uma coisa, p. ex., sobre um cavalo que quero adquirir, e o levo imediatamente para a minha cavalariça ou o tomo em geral em minha posse física, então ele é meu (*vi pacti re initi*), e meu direito é um direito sobre a coisa; mas, se o deixo nas mãos do vendedor, sem combinar com ele particularmente quem deve ter a posse física (detenção) dessa coisa antes de minha tomada de posse (*apprehensio*), portanto antes da mudança da posse, então esse cavalo ainda não é meu, e o direito que adquiro é apenas um direito em relação a certa pessoa, a saber, o vendedor, um direito de *receber* dele *a posse* (*poscendi traditionem*), como condição subjetiva da possibilidade de todo uso arbitrário dele, i. é, meu direito é apenas um direito pessoal de exigir daquele o *cumprimento* (*praestatio*) da promessa de me passar a posse da coisa. Se o contrato não contém *ao mesmo tempo* a entrega (como *pactum re initum*), transcorrendo, pois, um tempo entre a sua conclusão e a tomada de posse do adquirido, não posso nesse tempo chegar à posse a não ser pelo exercício de um ato jurídico particular, a saber, de um *ato possessório* (*actum possessorium*), que constitui um contrato particular como este: que eu digo que mandarei buscar a coisa (o cavalo), com o que o vendedor concorda. Pois não é óbvio que o vendedor guardará por seu próprio risco uma coisa para o uso de um outro, mas para tanto se requer um contrato particular, segundo o qual o vendedor permanece ainda proprietário de sua coisa pelo *tempo determinado* (tendo de arcar com todo risco que possa correr a coisa), podendo considerá-la como lhe tendo

[276]

sido transferida apenas quando o adquirente hesita além desse tempo. Antes desse ato possessório, portanto, tudo o que foi adquirido pelo contrato é apenas um direito pessoal, e o promissário somente pode adquirir uma coisa externa pela entrega.

Terceira seção. Do direito pessoal de modo real

§ 22.

Esse direito é o da posse de um objeto externo *como uma coisa* e de seu uso *como uma pessoa*. – O meu e teu segundo esse direito é o *doméstico*, e a relação nesse estado é a da comunidade de seres livres que constituem uma sociedade de membros de um todo (de pessoas que se encontram em *comunidade*) pela influência recíproca (da pessoa de um sobre o outro) segundo o princípio da liberdade externa (*causalidade*), o que se chama *a casa*. – O modo de aquisição deste e nesse estado não ocorre nem por um ato discricionário (*facto*) nem por um mero contrato (*pacto*), mas pela lei (*lege*), a qual, não sendo um direito sobre uma coisa nem um mero direito em relação a uma pessoa, mas ao mesmo tempo também uma posse dela, tem de ser um direito além de todo direito real e pessoal, a saber, o direito da humanidade em nossa própria pessoa, o qual tem por consequência uma lei permissiva natural, graças à qual nos é possível tal aquisição.

[277] § 23.

A aquisição segundo essa lei é, conforme o objeto, de três espécies: o *homem* adquire uma *mulher*, o *casal* adquire *crianças* e a *família*, *criados*. – Todos esses adquiríveis são, entretanto, inalienáveis, e o direito do possuidor desses objetos é o direito *personalíssimo*.

Do direito da sociedade doméstica
Primeiro título. O direito conjugal

§ 24.

Comunidade sexual (*commercium sexuale*) é o uso recíproco que um homem faz dos órgãos e faculdades sexuais de um outro (*usus membrorum et facultatum sexualium alterius*), podendo ser um uso *natural* (pelo qual pode ser gerado um semelhante) ou *antinatural*, e este, com uma pessoa do mesmo sexo ou um animal de outra espécie; essas transgressões das leis, vícios antinaturais (*crimina carnis contra naturam*) também chamados inomináveis, não podem ser salvas da total condenação por nenhuma restrição ou exceção, por serem uma lesão da humanidade em nossa própria pessoa.

A comunidade sexual natural é, entretanto, ou aquela segundo a *natureza* meramente animal (*vaga libido, venus vulgivaga, fornicatio*) ou aquela segundo a *lei*. – A última é o *matrimônio* (*matrimonium*), i. é, a ligação de duas pessoas de sexo diferente para a posse recíproca de suas propriedades sexuais ao longo de uma vida. – O fim de gerar e educar filhos pode sempre ser um fim da natureza, para o qual ela implantou a inclinação dos sexos um para o outro, mas não se exige que o homem que se casa *tenha* de se propor esse fim, para a legitimidade desta sua ligação, pois do contrário o matrimônio se dissolveria imediatamente ao parar a geração de filhos.

Pois, mesmo pressupondo-se o prazer com o uso recíproco de suas propriedades sexuais, o contrato matrimonial não é um contrato qualquer, mas um contrato necessário pela lei da humanidade, i. é, se homem e mulher querem gozar um do outro em suas propriedades sexuais, eles *têm de* necessariamente se casar, e isso é necessário de acordo com leis jurídicas da razão pura.

[278]

§ 25.

Pois o uso natural que um sexo faz dos órgãos sexuais do outro é um *gozo* para o qual um se entrega ao outro. Nesse ato, um homem faz de si mesmo uma coisa, o que contradiz o direito da humanidade em sua própria pessoa. Isso só é possível sob a única condição de que, ao ser uma pessoa adquirida pela outra *feito uma coisa*, ela em contrapartida adquira esta última, pois assim ela readquire a si mesma e restabelece sua personalidade. Mas a aquisição de um membro no homem é ao mesmo tempo aquisição de toda a pessoa, porque essa é uma unidade absoluta; por conseguinte, a entrega e a aceitação de um sexo para o gozo do outro não só são admissíveis apenas sob a condição do matrimônio, mas também possíveis *unicamente* sob ela. Mas que esse *direito pessoal* seja ainda assim ao mesmo tempo *de modo real*, isso tem seu fundamento no fato de que, se um dos cônjuges fugiu ou se entregou à posse de um outro, o outro cônjuge tem o direito de retomá-lo em seu poder, a qualquer tempo e irrecusavelmente, feito uma coisa.

§ 26.

Pelas mesmas razões, a relação dos cônjuges é uma relação da *igualdade* da posse, tanto das pessoas que se possuem reciprocamente (portanto apenas em *monogamia*, pois numa poligamia a pessoa que se entrega ganha apenas uma parte daquele a quem ela passa a pertencer inteiramente, tornando-se, assim, mera coisa) quanto também dos bens, no que têm, contudo, a autorização de renunciar ao uso de uma parte deles, ainda que tão somente mediante um contrato particular.

> Da razão acima segue-se ainda que o concubinato não pode ser um contrato subsistente de direito, tampouco a ligação de uma pessoa para o gozo momentâneo (*pactum fornicationis*). Pois,

no concernente ao último contrato, cada um concederá que a [279] pessoa que nele entrou não poderia ser solicitada judicialmente a cumprir sua promessa, caso voltasse atrás; e assim fica suprimido também o primeiro, a saber, o do concubinato (como *pactum turpe*), porque esse seria um contrato de locação (*locatio-conductio*), e na verdade de um membro para o uso de uma outra pessoa, entregando-se assim a pessoa mesma como coisa do arbítrio do outro, devido à unidade inseparável dos membros numa pessoa; por isso, cada parte pode suspender o contrato assumido com a outra assim que quiser, sem que o outro possa com fundamento reclamar de lesão de seu direito. – O mesmo vale também do casamento morganático, no intuito de usar a desigualdade do estado de ambas as partes para o maior domínio de uma das partes sobre a outra, pois na verdade não se distingue, segundo o mero direito natural, do concubinato, não sendo um verdadeiro matrimônio. – Quanto à questão de saber se a lei não entra em conflito com a igualdade dos cônjuges como tais ao dizer do homem em relação à mulher: "Ele deve ser teu senhor" (ele, a parte que dá ordens; ela, a que obedece), não se pode considerá-la em conflito com a igualdade natural de um par humano se esse domínio se baseia apenas na superioridade natural da faculdade do homem sobre a da mulher na realização do interesse comum da família e no direito do comando fundado nessa superioridade, o que se pode, por isto, derivar mesmo do dever da unidade e da igualdade em vista do *fim*.

§ 27.

O contrato matrimonial *se completa tão somente com a coabitação sexual* (*copula carnalis*). Um contrato de duas pessoas de ambos os sexos com o acordo secreto, ou de se absterem da comunhão carnal, ou na consciência de uma ou ambas as partes de ser incapaz para tanto, é um *contrato simulado* e não funda nenhum matrimônio, podendo também ser dissolvido por qualquer um dos dois a bel-prazer. Mas, se a incapacidade começa apenas mais tarde, aquele direito não pode perder nada com esse acaso sem culpa.

[280] A *aquisição* de uma esposa ou de um esposo não ocorre, portanto, *facto* (pela coabitação), sem contrato precedente, tampouco *pacto* (pelo mero contrato conjugal, sem coabitação posterior), mas tão somente *lege*, i. é, como consequência jurídica da obrigação de não entrar numa ligação sexual a não ser pela *posse* recíproca das pessoas, que ganha sua efetividade apenas pelo uso igualmente recíproco de suas propriedades sexuais.

Segundo título. O direito dos pais

§ 28.

Assim como resultou do dever do homem em relação a si mesmo, i. é, em relação à humanidade em sua própria pessoa, um direito (*jus personale*) de ambos os sexos de se adquirirem mutuamente como pessoas *à maneira de coisa*, pelo matrimônio, assim segue-se da *geração* nessa comunidade um dever da preservação e do provimento em vista do *gerado*, i. é, os filhos como pessoas possuem assim imediatamente um direito inato (não herdado) ao seu provimento pelos pais até que sejam capazes de se manterem a si mesmos, e isso imediatamente pela lei (*lege*), i. é, sem que se exija para tanto um ato jurídico particular.

Pois, dado que o gerado é uma *pessoa*, e sendo impossível formar-se um conceito da geração por uma operação física de um ser dotado de liberdade*, é uma ideia bem correta e mesmo ne-

---

* Nem mesmo como é possível que *Deus crie* seres livres, pois então todas as ações futuras deles seriam, ao que parece, predeterminadas por aquele primeiro ato, contidas na cadeia da necessidade natural e, assim, não livres. Mas *que* eles (nós homens) ainda assim são livres, isso demonstra o imperativo categórico em perspectiva moral-prática, como que por um decreto da razão, sem que essa possa,

cessária em *perspectiva prática* considerar o ato da geração como [281] um ato pelo qual nós pusemos no mundo uma pessoa sem seu consentimento, trazendo-a para cá de maneira discricionária; ato pelo qual recai sobre os pais também uma obrigação de torná-los satisfeitos com esse seu estado, tanto quanto estiver ao alcance de suas forças. – Eles não podem destruir seu filho como se fosse seu *artefato* (pois esse não pode ser um ser dotado de liberdade) e sua propriedade ou mesmo abandoná-lo a seu destino, porque com ele não foi trazido meramente um ser deste mundo, mas também um cidadão do mundo, para um estado que agora não lhes pode ser indiferente mesmo segundo conceitos jurídicos.

§ 29.

Desse dever nasce também necessariamente o direito dos pais do *controle* e da educação do filho, enquanto ele ainda não for capaz de fazer uso próprio de seus membros e de seu entendimento, além do direito de ensiná-lo a se alimentar e a cuidar de si e de formá-lo tanto *pragmaticamente*, para que possa no futuro se sustentar a si mesmo e seguir seu caminho, quanto também *moral-*

---

contudo, tornar compreensível em perspectiva teórica a possibilidade dessa relação de uma causa ao efeito, porque ambos são suprassensíveis. – O que se pode esperar dela neste sentido é apenas que demonstre não haver contradição no conceito de uma *criação de seres livres*, e isso pode muito bem ser feito mostrando-se que a contradição somente se dá quando junto com a categoria da causalidade se projeta na relação recíproca do suprassensível ao mesmo tempo a *condição temporal* (o que teria de acontecer se aquele conceito causal tivesse de adquirir realidade objetiva em sentido teórico), a qual não pode ser evitada na relação com objetos sensíveis (a saber, que o fundamento de um efeito precede a ele), desaparecendo, no entanto, essa contradição se é usada no conceito da criação a categoria pura (sem lhe atribuir um esquema), em perspectiva moral-prática, portanto não sensível.

O jurisconsulto filosófico não considerará essa investigação até os primeiros elementos da filosofia transcendental numa metafísica dos costumes uma sutileza desnecessária que se perde em obscuridade despropositada, se refletir sobre a dificuldade do problema a ser resolvido e também a necessidade de atender nisso aos princípios jurídicos.

mente, porque do contrário a culpa de seu abandono recairia sobre os pais; tudo isso até o tempo da emancipação (*emancipatio*), quando então os pais renunciam tanto a seu direito paternal de dar ordens quanto também a toda cobrança de reembolso dos custos com o cuidado e esforço empreendidos, pelo que eles podem, após a educação ter sido completada, apenas contar com a obrigação dos filhos (em relação aos pais) como simples dever de virtude, a saber, como gratidão.

Dessa personalidade dos filhos segue-se ainda que o direito dos pais nunca é um mero direito real, portanto nunca alienável (*jus personalissimum*), mas também não é um direito meramente pessoal, e sim um direito pessoal de *modo real*, pois os filhos nunca podem ser considerados propriedade dos pais, ainda que pertençam ao meu e teu deles (porque os pais têm a *posse* deles, como as coisas, e eles podem ser devolvidos, caso acabem com qualquer outro, mesmo contra sua vontade).

Está claro, assim, que na doutrina do direito o título de um *direito pessoal de modo real* tem de ser acrescentado necessariamente aos títulos do direito real e pessoal, não sendo, portanto, completa essa divisão usual, porque, em se tratando do direito dos pais sobre os filhos como uma parte de sua casa, aqueles não precisam se limitar a apelar para o dever dos filhos de voltar, quando fugiram, mas têm o direito de se apoderar deles como coisas (animais domésticos que fugiram) e de apanhá-los.

Terceiro título. O direito do senhor

§ 30.

Os filhos da casa, que junto com os pais constituíam uma *família*, tornam-se *maiores* (*maiorennes*), i. é, senhores de si mesmos (*sui juris*), mesmo sem nenhum contrato de dissolução de sua dependência anterior, simplesmente por alcançarem a capacidade de se conservarem a si mesmos (como acontece em parte segundo o curso geral da natureza como maioridade natural, em parte segundo sua constituição particular), e adquirem esse direito sem nenhum ato jurídico particular, portanto simplesmente pela lei (*lege*). Eles não ficam devendo nada a seus pais pela educação, assim como estes, por seu lado, veem-se livres da mesma maneira de sua obrigação para com os filhos, recuperando ambos com isso sua liberdade natural e ficando doravante dissolvida a sociedade doméstica, que era necessária segundo a lei.

Ambas as partes podem de fato ainda manter a mesma casa, mas em uma outra forma de obrigação, a saber, como ligação do senhor da casa com a criadagem (os criados ou as criadas da casa), portanto podem manter a mesma sociedade doméstica, mas agora como sociedade *heril* (*societas herilis*), através de um contrato pelo qual o senhor fundaria uma sociedade doméstica com os filhos maiores ou, não tendo a família filhos, com outras pessoas livres (das relações domésticas), a qual seria uma sociedade desigual (do *chefe* ou do senhorio e dos *subordinados*, i. é, dos serviçais, *imperantis et subjecti domestici*). [283]

Mas a criadagem pertence ao seu do senhor da casa e de fato, no concernente à forma (*o estado de posse*), como se fosse segundo o direito real, pois o senhor pode, em caso de fuga, reconduzi-la a seu poder através de arbítrio unilateral; mas, no concernente à matéria, i. é, quanto ao *uso* que pode fazer destes seus domésticos, nunca pode comportar-se como seu proprietário (*dominus servi*), porque estão em seu poder tão somente por um contrato; ora, um contrato pelo qual uma parte abdica de toda a sua liberdade a favor da outra, deixando assim de ser uma pessoa e não tendo, por conseguinte, nenhum dever de manter um contrato, mas reconhecendo apenas a força, é em si mesmo contraditório, i. é, nulo e pífio. (Não se fala aqui do direito de propriedade em relação àquele que perdeu sua personalidade por causa de um crime.)

Esse contrato do senhorio com a criadagem não pode, portanto, ser de natureza tal que o *uso* dela seja um *abuso*, sobre o que cabe julgar, contudo, não só ao senhor, mas também à criadagem (a qual não pode, pois, jamais ser reduzida à servidão); esse contrato não pode, portanto, durar uma vida inteira, mas se necessário por tempo indeterminado, durante o qual uma parte pode romper a relação com a outra. Os filhos, no entanto, sempre são livres (mesmo os de alguém que se tornou escravo por um crime seu). Pois todo homem nasce livre, porque ainda não cometeu nenhum crime, e nem os custos da educação até sua maioridade lhe podem ser debitados, como algo que tivesse de pagar. Pois o escravo teria de educar seus filhos, caso pudesse, sem lhes debitar por isso custos; o possuidor do escravo assume, portanto, o lugar de sua obrigação, dada essa incapacidade dele.

[284]

* * *

Vê-se, pois, também aqui, tal como nos dois títulos anteriores, que há um direito pessoal de modo real (do senhorio sobre os criados): porque se pode recuperá-los e exigi-los como o seu externo em relação a qualquer possuidor, antes mesmo de investigar as razões que podem tê-los levado a isso e o seu direito.

Divisão dogmática de todos os direitos adquiríveis por contratos

§ 31.

Pode-se exigir de uma doutrina metafísica do direito que liste *a priori* de forma completa e determinada os membros da divisão (*divisio logica*) e assim apresente um verdadeiro *sistema* dela; ao contrário, toda *divisão empírica* é meramente *fragmentária* (*par-*

titio), deixando incerto se ainda há mais membros que seriam exigidos para completar a esfera total do conceito dividido. – Uma divisão segundo um princípio *a priori* (em oposição à empírica) pode-se então chamar de *dogmática*.

Todo contrato constitui-se em si, i. é, considerado *objetivamente*, de dois atos jurídicos: a promessa e a aceitação da promessa; a aquisição pela última (se não é um *pactum re initum*, que exige a entrega) não é uma *parte*, mas a *consequência* juridicamente necessária da promessa. – Mas, considerado *subjetivamente*, i. é, como resposta à questão se aquela consequência necessária segundo a razão (que *deveria* ser a *aquisição*) também *se seguirá* efetivamente (será uma consequência *física*), para isso não tenho ainda nenhuma *garantia* pela aceitação da promessa. Essa garantia é, portanto, como pertencente à modalidade do contrato, a saber, à *certeza* da aquisição por seu intermédio, um complemento aos meios para se alcançar o objetivo do contrato, a saber, a aquisição. – Para esse fim, intervêm três pessoas: o *promitente*, o *aceitante* e o *caucionante*; através do último e de seu contrato particular com o promitente, o aceitante certamente não ganha nada a mais em vista do objeto, mas sim em vista dos meios coercitivos para chegar ao seu.

De acordo com esses princípios da divisão lógica (racional), [285] há então propriamente apenas três espécies simples e *puras* de contrato, enquanto há um sem-número das mistas e empíricas, as quais acrescentam ao princípio do meu e teu segundo simples leis racionais ainda princípios estatutários e convencionais, mas elas se encontram fora da esfera da doutrina metafísica do direito, única a ser delineada aqui.

Pois todos os contratos têm por objetivo ou A. aquisição *unilateral* (contrato gratuito), ou B. aquisição *recíproca* (contrato oneroso), ou nenhuma aquisição, mas apenas C. *garantia do seu* (contrato que pode ser tanto gratuito quanto também oneroso).

A. O contrato *gratuito* (*pactum gratuitum*) é:
    a) A *guarda* do bem confiado (*depositum*),
    b) O *comodato* de uma coisa (*commodatum*),
    c) A *doação* (*donatio*).
B. O contrato *oneroso*:
    I. O *contrato de alienação* (*permutatio late sic dicta*):
        a) A *troca* (*permutatio stricte sic dicta*). Mercadoria contra mercadoria.
        b) A *compra* e *venda* (*emtio venditio*). Mercadoria contra dinheiro.
        c) A *mutuação* (*mutuum*): alienação de uma coisa sob a condição de tê-la de volta apenas segundo a espécie (p. ex., cereal contra cereal ou dinheiro contra dinheiro).
    II. O *contrato de locação* (*locatio conductio*):
        a) A *locação de coisa minha* a um outro para seu uso (*locatio rei*), a qual pode vir acompanhada como contrato oneroso também de *juros* (*pactum usurarium*), caso a coisa possa ser devolvida apenas *in specie*.
        b) O *contrato salarial* (*locatio operae*), i. é, a concessão a um outro do uso de minhas forças por um certo preço (*merces*). O trabalhador segundo esse contrato é o assalariado (*mercenarius*).
        c) O *contrato de procuração* (*mandatum*): a gestão no lugar e *em nome* de um outro, a qual se chama *gestão sem especificação* (*gestio negotii*) caso seja feita meramente no lugar do outro e não ao mesmo tempo em seu nome (do representado), mas *mandato* caso seja executada em nome do outro, constituindo este mandato aqui um contrato oneroso (*mandatum onerosum*), enquanto contrato de locação.
C. O *contrato de caução* (*cautio*):
    a) A *penhora* e a *aceitação em penhora* reunidas (*pignus*).

b) A *fiança* pela promessa de um outro (*fideiussio*).
c) A *garantia pessoal* (*praestatio obsidis*).

Nessa tabela de todas as espécies da transferência (*translatio*) do seu para um outro, encontram-se conceitos de objetos ou instrumentos dessa transferência que parecem ser inteiramente empíricos e não ter nem sequer segundo sua possibilidade propriamente lugar numa doutrina *metafísica* do direito, na qual as divisões têm de ser feitas de acordo com princípios *a priori*, devendo-se abstrair da matéria da relação (que poderia ser convencional) e considerando-se meramente a forma; como é o caso, no título da *compra e venda*, com o conceito do *dinheiro*, em comparação com todas as outras coisas alienáveis, a saber, as *mercadorias*, ou com o conceito de um *livro*. – Mas se mostrará que aquele conceito do maior e mais útil meio do *comércio* dos homens com coisas, chamado *compra* e *venda* (comércio), bem como o de um livro, como o meio da maior comunicação dos pensamentos, pode ser reduzido certamente a puras relações intelectuais, não tendo de tornar impura assim a tabela dos contratos puros com mesclas empíricas.

I. O que é dinheiro?

Dinheiro é uma coisa cujo *uso* só é possível mediante sua *alienação*. Essa é uma boa *definição nominal* dele (segundo Achenwall), quer dizer, suficiente para distinguir entre esta espécie de objetos do arbítrio e todos as outras; mas ela não diz nada sobre a possibilidade de tal coisa. No entanto, vê-se pelo menos isto: *primeiro*, que essa alienação na troca não é intencionada como doação, mas para a aquisição *recíproca* (por um *pactum onerosum*); *segundo*, que ele *representa* todas as mercadorias, uma vez que é pensado como mero *meio* do comércio universalmente aceito (em um povo), sem nenhum valor em si mesmo, contrapondo-se a uma coisa enquanto *mercadoria* (i. é, daquilo que tem um

[287]

tal valor e se relaciona com a necessidade particular de um ou outro no povo).

Um alqueire de cereal tem o maior valor direto como meio para necessidades humanas. Pode-se com ele alimentar animais, que nos são úteis como alimento, para o deslocamento e para o trabalho em nosso lugar, e então também multiplicar e sustentar com ele os homens, que não produzem apenas sempre de novo aqueles produtos naturais, mas podem atender também a todas as nossas necessidades com produtos artificiais: para o acabamento de nossa habitação, vestuário, prazer refinado e toda comodidade em geral, que constituem os bens da indústria. O valor do dinheiro é, ao contrário, tão somente indireto. Não se pode gozar dele mesmo ou usá-lo como tal para o que quer que seja; mas ainda assim é um meio, o de maior utilidade entre todas as coisas.

Pode-se basear nisso provisoriamente uma *definição real* do dinheiro: o dinheiro é o *meio* universal *para trocar mutuamente o trabalho dos homens*, de maneira que a riqueza nacional, enquanto adquirida por meio do dinheiro, é propriamente apenas a soma do trabalho com que os homens se pagam uns aos outros e que é representado pelo dinheiro que circula no povo.

Mas a coisa que se chamará dinheiro precisa ter custado ela mesma tanto *trabalho* para ser produzida, ou também para fornecê-la a outros homens, quanto necessário para igualá-lo àquele *trabalho* pelo qual a mercadoria (em produtos naturais ou artificiais) teve de ser adquirida e contra o qual aquele é trocado. Pois, se fosse mais fácil obter o material que se chama dinheiro do que a mercadoria, então viria mais dinheiro para o mercado do que há mercadorias, e, uma vez que o vendedor teria de gastar mais trabalho em sua mercadoria do que o comprador, que ganha mais rapidamente o dinheiro, assim desapareceria e diminuiria ao mesmo tempo o trabalho na produção das mercadorias, e assim cessaria a indústria em geral junto com o trabalho industrioso, do qual resulta a riqueza pública. – Por isso, não se podem considerar cédulas bancárias e promissórias como dinheiro, mesmo que tomem seu lugar por algum tempo, porque quase não custa trabalho fazê-las, baseando-se seu valor meramente na opinião de que continuará no futuro possível sua conversão em *dinheiro*, bem-sucedida até agora, opinião que desaparece repentinamente numa eventual descoberta de que este último não está disponível numa quantidade suficiente para uma troca fácil e segura, tornando-se inevitável a interrupção do pagamento. – Assim, o trabalho industrioso daqueles que exploram as minas de ouro e prata no Peru ou no Novo México, particularmente com as tentativas seguidamente malsucedidas de um trabalho empregado inutilmente na procura de filões de minério, é provavelmente ainda maior do que aquele empregado na produção das mercadorias na Europa e logo deixaria aqueles países na miséria, como trabalho sem paga e, portanto, tendente a cessar por si, se, em contrapartida e estimulado justamente por esses materiais, o trabalho da Europa não se expandisse proporcionalmente para manter continuamente viva naqueles a vontade de minerar, através de artigos de luxo que lhes são oferecidos, de maneira que sempre concorrem trabalho com trabalho.

[288]

Mas como é possível que aquilo que a princípio foi mercadoria tenha se tornado finalmente dinheiro? Se um grande e poderoso consumidor de uma matéria, que ele no início usava meramente para o enfeite e brilho de seus servidores (da corte), (p. ex., ouro, prata, cobre ou uma espécie de belas conchas, chamadas *cauris*, ou também, como no Congo, uma espécie de esteira, chamada *macuta*, ou, como no Senegal, barras de ferro e, na costa da Guiné, mesmo escravos negros), i. é, se um *soberano* cobra de seus súditos os tributos nessa matéria (como mercadoria), pagando com a mesma matéria aqueles cujo trabalho deve ser suscitado tendo em vista sua aquisição, de acordo com regulamentos do comércio entre eles e com eles em geral (num mercado ou numa bolsa). – Somente assim (acredito) pôde uma mercadoria tornar-se um meio legal da troca do trabalho dos súditos entre si e, com isso também, da riqueza do Estado, i. é, tornar-se *dinheiro*.

O conceito intelectual, a que se submete o conceito empírico do dinheiro, é, pois, o conceito de uma coisa que, encontrando-se na circulação da posse (*permutatio publica*), determina o *preço* de todas as outras coisas (mercadorias), entre as quais se encontram até mesmo ciências, na medida em que não são ensinadas aos outros de graça; sua quantidade num povo constitui, portanto, a riqueza (*opulência*) desse povo. Pois o preço (*pretium*) é o juízo público sobre o *valor* de uma coisa em relação à quantidade proporcional daquilo que é o meio representante universal da troca recíproca do *trabalho* (da circulação). – Por isso, onde o comércio é grande, nem o *ouro* nem o cobre são considerados propriamente dinheiro, mas apenas mercadorias, porque do primeiro existe muito pouco e do segundo demais para colocá-lo facilmente em circulação e, ainda assim, tê-lo em partes tão pequenas quanto necessário no pequeno comércio para a troca com mercadorias ou com uma quantidade delas. A *prata* (mais ou menos misturada com cobre) é por isso tomada no grande comércio do mundo como o material próprio do dinheiro e a medida do cálculo de todos os preços; os demais metais (muito mais, portanto, os materiais não metálicos) podem manter-se apenas num povo de pouco comércio. – Os dois primeiros, quando não apenas pesados, mas ainda cunhados, i. é, marcados com um sinal que diz quanto devem valer, constituem dinheiro legal, i. é, *moeda*.

"Dinheiro é, portanto (segundo *Adam Smith*), aquele corpo cuja alienação é ao mesmo tempo o meio e a medida do trabalho, com o qual homens e povos comerciam entre si." – Essa definição reporta o conceito empírico do dinheiro ao conceito intelectual, ao considerar apenas a *forma* das prestações recíprocas no contrato oneroso (abstraindo da matéria delas), e leva assim ao conceito jurídico na troca do meu e teu (*commutatio late sic dicta*) em geral, para apresentar a tabela acima de forma apropriada a uma divisão dogmática *a priori*, portanto a uma metafísica do direito como um sistema.

II. O que é um livro?

Um livro é um escrito (sendo indiferente aqui se foi lavrado com a pena ou por tipos, em poucas ou muitas páginas) que representa um discurso que alguém dirige ao público por meio de signos linguísticos visíveis. – Aquele que *fala* ao público em seu próprio nome se chama *autor* (*autor*). Aquele que se dirige ao público através de um escrito em nome de um outro (do autor) é o editor. Se esse o faz com a permissão do autor, então é o editor legítimo, mas, se o faz sem ela, o editor ilegítimo, i. é, o *contrafator*. A soma de todas as cópias do original (exemplares) é a *edição*.

A contrafação de livros é proibida por lei.

Um *escrito* não é imediatamente a designação de um *conceito* (como, por exemplo, numa gravura que representa uma pessoa determinada como *retrato* ou um molde de gesso que a representa como *busto*), mas um *discurso* dirigido ao público, i. é, o autor *fala* publicamente através do editor. – Mas esse, quer dizer, o *editor*, fala (através de seu operário, *operarius*, o impressor), não em seu próprio nome (pois do contrário se passaria pelo autor), mas em nome do autor, para o que está autorizado, portanto, apenas por um *mandato* (*mandatum*) conferido pelo

[290]

último. – Embora o contrafator também fale por sua edição ilícita em nome do autor, ele o faz sem ter dele um mandato (*gerit se mandatarium absque mandato*); por conseguinte, comete contra o editor designado pelo autor (portanto o único legítimo) um crime de subtração da vantagem que o editor podia e queria ter com o uso de seu direito (*furtum usus*); logo, *a contrafação de livros é proibida por lei*.

A causa da aparência jurídica de uma injustiça tão patente à primeira vista como é a contrafação de livros reside em que o livro, *por um lado*, é um *produto artificial* (*opus mechanicum*) corpóreo que pode ser reproduzido (por aquele que tem a posse legítima de um exemplar dele), tendo-se, portanto, em relação ao livro um *direito real*; *por outro lado*, contudo, o livro, como mero *discurso* do editor ao público que este não pode repetir publicamente (*praestatio operae*) sem ter para tanto um mandato do autor, é também um *direito pessoal*, consistindo então o erro em confundir os dois.

* * *

A confusão do direito pessoal com o direito real constitui uma matéria de disputas ainda em outro caso, pertencente ao contrato de locação (B, II, a), a saber, no caso do *aluguel* (*jus incolatus*). – Pois se pergunta: caso o proprietário venda a um outro antes do término do prazo de locação uma casa (ou terra) alugada a alguém, é ele obrigado a acrescentar ao contrato de compra a condição da permanência do aluguel, ou pode ser dito: a compra interrompe o aluguel (mas com um prazo para a desocupação, estipulado pelo uso)? – No primeiro caso, a casa teria sobre si efetivamente um *encargo* (*onus*), um direito sobre essa coisa, adquirido pelo locatário em relação a ela (a casa); o que pode muito bem acontecer (pelo acréscimo do contrato de locação sobre a casa), não se tratando mais, entretanto, de um mero contrato de locação, sendo necessário ainda que se juntasse um outro contrato (com o qual poucos locadores haveriam de concordar). Portanto, o princípio "a compra rompe o aluguel" é válido, i. é, o direito pleno sobre uma coisa (a propriedade) suplanta todo direito pessoal que não possa coexistir com ele; no que, entretanto, resta ao locatário a via do recurso, com base no direito pessoal, para ser indenizado pelo prejuízo oriundo da quebra do contrato.

Seção suplementar. Da aquisição ideal de um objeto externo do arbítrio.

§ 32.

Chamo de *ideal* aquela aquisição que não contém nenhuma causalidade no tempo, tendo por fundamento, portanto, uma simples ideia da razão pura. Mesmo assim, ela é uma aquisição *verdadeira*, não imaginária, e só não se chama real porque o ato de aquisição não é empírico, adquirindo o sujeito de um outro que ou *ainda não* existe (admitindo-se meramente a possibilidade de que exista) ou *cessa de existir* ou *já não existe*, com o que a obtenção da posse é mera ideia prática da razão. – Trata-se dos três modos de aquisição seguintes: 1) por *usucapião*; 2) por *herança*; 3) por *mérito imortal* (*meritum immortale*), i. é, pretensão a um bom nome após a morte. Embora todos os três possam ter seu efeito tão somente no estado jurídico público, eles não se *fundamentam*, entretanto, apenas na constituição desse estado e em estatutos arbitrários, mas podem ser pensados também *a priori* no estado de natureza, e na verdade necessariamente de antemão, para posteriormente instituir segundo eles as leis na constituição civil (*sunt juris naturae*).

I. O modo de aquisição por usucapião

§ 33.

Adquiro a propriedade de um outro simplesmente pela *posse prolongada* (*usucapio*); não por poder *pressupor* legitimamente seu consentimento nesse sentido (*per consensum praesumtum*), nem por poder presumir, uma vez que não se opõe, que ele tenha *abandonado* sua coisa (*rem derelictum*), mas porque, mesmo existindo um proprietário verdadeiro que reivindique a coisa (pretendente), posso *excluí-lo* simplesmente por minha posse prolongada, ignorar sua existência anterior e mesmo proceder como se ele tivesse existido ao tempo de minha posse tão somente como ente de razão, ainda que eu possa ter tido posteriormente notícia tanto de sua existência quanto de sua pretensão. – Chama-se a esse modo de aquisição, de maneira pouco correta, aquisição por *prescrição* (*per praescriptionem*), pois a exclusão deve ser vista apenas como a consequência da prescrição, enquanto a aquisição deve ter precedido. – Deve-se demonstrar agora a possibilidade de adquirir desse modo.

Quem não exerce continuamente um *ato possessório* (*actus possessorius*) de uma coisa externa como a sua é considerado com razão como alguém que nem sequer existe (enquanto possuidor), pois não pode queixar-se de lesão enquanto não se autorizar ao título de um possuidor, e, se vier a se declarar como possuidor posteriormente, quando um outro já tomou posse da coisa, então apenas diz que ele foi outrora proprietário, mas não que ainda o é, tendo a posse ficado interrompida sem um ato jurídico continuado. – Tão somente por um ato possessório jurídico, e na verdade mantido e documentado de forma continuada, pode ser assegurado o seu no caso de um prolongado não uso.

Pois suponha-se que a falta desse ato possessório não tivesse a consequência de que um outro funde sobre sua posse legítima e honesta (*possessio bonae fidei*) uma posse que subsiste com direito (*possessio irrefragabilis*) e considere a coisa que está em sua posse como tendo sido adquirida por ele, então nenhuma aquisição seria peremptória (segura), mas toda aquisição seria apenas provisória (temporária), porque a história não é capaz de fazer recuar sua investigação até o primeiro possuidor e seu ato de aquisição. – A presunção sobre que se funda a usucapião (*usucapio*) não é, portanto, apenas *legítima* (lícita, *justa*) como *conjectura*, mas também jurídica (*praesumtio juris et de jure*) como pressuposição de acordo com leis da coação (*suppositio legalis*): quem negligenciou a documentação de seu ato possessório perdeu seu direito em relação ao atual possuidor, citando-se a duração do tempo da negligência (que não pode nem deve ser determinada) apenas no intuito de estabelecer a certeza dessa omissão. Mas contradiz o acima exposto postulado da razão jurídico-prática que um possuidor até agora desconhecido possa sempre reaver (reivindicar) a coisa (*dominia rerum incerta facere*), no caso de aquele ato possessório ter sido interrompido (mesmo sem sua culpa).

[293]

Mas, se ele é um membro da república, i. é, se está no estado civil, o Estado certamente pode preservar sua posse (em seu lugar) mesmo que esta tenha sido interrompida como posse privada, e o atual possuidor não deve provar seu título de aquisição até a primeira aquisição, nem se basear no título da usucapião. No estado de natureza, entretanto, este último é legítimo, não propriamente para adquirir com ele uma coisa, mas para manter a posse dela sem um ato jurídico, cuja liberação de pretensões costuma então ser chamada também de aquisição. – A prescrição do possuidor mais antigo pertence, portanto, ao direito natural (*est juris naturae*).

II. A herança (*acquisitio haereditatis*)

§ 34.

A *herança* é a transferência (*translatio*) dos bens de um moribundo para o sobrevivente pela concordância da vontade de ambos. – A aquisição do herdeiro (*heredis instituti*) e o abandono do testador (*testatoris*), i. é, essa troca do meu e teu, ocorre num instante (*articulo mortis*), precisamente no instante em que o último deixa de existir, e não é assim propriamente uma transferência (*translatio*) no sentido empírico, que pressupõe dois atos sucessivos, a saber, em que um abandona primeiro sua posse e o outro entra nela em seguida, mas uma aquisição ideal. – Como no estado de natureza não se pode pensar a herança sem um *testamento* (*dispositio ultimae voluntatis*) e, na questão se e como é possível uma passagem do meu e teu precisamente no mesmo instante em que o sujeito deixa de existir, não se trata de saber se é um *contrato hereditário* (*pactum successorium*) ou uma *instituição testamentária unilateral* (*testamentum*), assim a questão "como é possível o modo de aquisição por herança?" tem de ser investigada independentemente das muitas formas possíveis de sua execução (que ocorrem tão somente numa república).

"É possível adquirir por instituição testamentária." – Pois o testador *Caius* promete e declara em sua última vontade a *Titus*, insciente daquela promessa, que seus bens devem, em caso de morte, passar para esse, e permanece, portanto, enquanto viver, o único proprietário deles. Ora, certamente não pode passar para o outro nada pela mera vontade unilateral, mas requerem-se para tanto além da promessa ainda aceitação (*acceptatio*) da outra parte e uma vontade simultânea (*voluntas simultanea*), a qual, entretanto, falta aqui; pois, enquanto Caius viver, Titus não pode aceitar expressamente, para assim adquirir, uma vez que aquele somente prometeu no caso de morte (pois senão a propriedade seria comum por um instante, o que não é a vontade do testador). – Mas Titus adquire mesmo assim tacitamente um direito próprio sobre a herança como um direito real, a saber, o direito exclusivo de aceitá-la (*jus in re jacente*), chamando-se ela por isso, no momento da morte, de *hereditas jacens*. Entretanto, uma vez que todo homem aceita (por poder apenas ganhar e jamais perder com isso) tal direito necessariamente, portanto também tacitamente, e Titus se encontra nessa situação após a morte de Caius, assim ele pode adquirir a herança pela aceitação da promessa, e ela não esteve entrementes inteiramente sem dono (*res nullius*), mas apenas vacante (*res vacua*); pois ele tinha exclusivamente o direito da escolha se queria tornar seus os bens legados ou não.

> Portanto, os testamentos também são válidos segundo o mero direito natural (*sunt juris naturae*), afirmação que deve ser entendida, no entanto, no sentido de que são capazes e merecedores de ser introduzidos e sancionados no estado civil (quando este for estabelecido algum dia). Pois tão somente esse (a vontade universal nele) preserva a posse da herança enquanto ela se encontra suspensa entre a aceitação e a recusa, não pertencendo propriamente a ninguém.

III. O legado de um bom nome após a morte (*Bona fama defuncti*) [295]

§ 35.

Seria um absurdo pensar que o morto pode possuir algo mesmo depois de sua morte (quando já não existe, portanto) se o legado fosse uma coisa. Mas o *bom nome* é um meu ou teu externo inato, apesar de meramente ideal, ligado ao sujeito como uma pessoa, com respeito à qual posso e devo abstrair da questão se ela cessa inteiramente com a morte ou sempre ainda permanece como tal, porque, na relação jurídica com outros, considero efetivamente toda pessoa simplesmente segundo sua humanidade, portanto como *homo noumenon*, e assim toda tentativa de denegri-lo após a morte é sempre contestável, ainda que possa ocorrer decerto uma acusação fundamentada em relação a ele (sendo, pois, incorreto o princípio: *de mortuis nihil nisi bene*), porque é pelo menos falta de generosidade espalhar, sem ter toda a certeza, recriminações contra o ausente, o qual não se pode defender.

Que o homem adquira, através de uma vida irrepreensível e de uma morte que a encerra, um (negativamente) bom nome como o seu, o qual permanece quando ele já não existe como *homo phaenomenon*, e que os sobreviventes (familiares ou estranhos) estejam autorizados a defendê-lo também perante a justiça (porque uma acusação sem prova os expõe a todos eles ao risco de lhes acontecer o mesmo, no caso de sua morte), que ele possa adquirir, digo eu, um tal direito, isso constitui uma manifestação peculiar, mas mesmo assim inegável, da razão legisladora *a priori*, que estende seu mandamento e sua proibição também para além dos limites da vida. – Se alguém espalha um crime de um morto que o teria tornado desonrado ou apenas desprezível na vida, então qualquer um que possa provar que essa acusação é propositadamente inverídica e mentirosa pode declarar publicamente por caluniador aquele que espalhou a acusação, tornando-o assim desonrado ele mesmo; o que não poderia fazer, se não pressupusesse com razão que o morto foi assim ofendido, mesmo estando morto, e que se lhe presta satisfação por meio daquela defesa, ainda que já não exista*. A autorização de desem-

---

* Disso não se deve, entretanto, inferir entusiasmado um pressentimento de uma vida futura e relações invisíveis, pois se trata aqui apenas da relação puramente moral e jurídica, que ocorre entre os homens também em vida e na qual se encontram como seres inteligíveis, *separando-se logicamente*, i. é, *abstraindo-se* de tudo o

penhar o papel do defensor do morto não precisa ser provada por ele, pois todo homem inevitavelmente a atribui a si mesmo como pertencente, não só ao dever de virtude (considerada eticamente), mas mesmo ao direito da humanidade em geral; e não se precisa aqui de prejuízos pessoais particulares que poderiam resultar talvez de tal mancha de vergonha no morto para os amigos e familiares a fim de conferir àquele o direito de tal repreensão. – Não se pode, pois, contestar que tal aquisição ideal e um direito do homem após sua morte em relação aos sobreviventes são fundamentados, ainda que sua possibilidade não comporte uma dedução.

Terceiro capítulo. Da aquisição subjetivamente condicionada pela sentença de uma jurisdição pública

§ 36.

Se entendemos por direito natural apenas o direito não estatutário, portanto simplesmente o direito conhecível *a priori* através da razão de cada homem, então pertencerá ao direito natural não [297] apenas a *justiça* válida entre pessoas em seu comércio recíproco (*justitia commutativa*), mas também igualmente a *justiça* distributiva (*justitia distributiva*), tal como pode ser conhecida *a priori*, segundo sua lei, como tendo de proferir sua sentença (*sententia*).

---

que é físico (pertencente à sua existência no espaço e no tempo), sem, contudo, retirar dos homens essa sua natureza e fazer deles espíritos, estado em que sentiriam a ofensa feita por seus caluniadores. – Aquele que for espalhar falsamente algo de ruim sobre mim daqui a cem anos ofende-me já agora, pois na relação jurídica pura, que é inteiramente intelectual, abstrai-se de toda condição física (do tempo), e o difamador (caluniador) é tão punível como se o tivesse feito durante minha vida; não, porém, por um tribunal criminal, mas apenas por sofrer, através da opinião pública, uma perda de honra igual à que provocou em um outro, segundo o direito de retribuição. – Mesmo o *plágio* que um escritor comete contra mortos é punido com razão como lesão do autor (como roubo contra o homem), apesar de não manchar a honra do morto e apenas lhe subtrair uma parte dela.

A pessoa moral posta à frente da justiça é o *tribunal* (*forum*) e, no estado do exercício de sua função, o *julgamento* (*fudicium*): tudo pensado tão somente de acordo com condições jurídicas *a priori*, sem levar em consideração como se deve instituir e organizar efetivamente tal constituição (para o que são precisos estatutos, portanto princípios empíricos).

Aqui a questão não é, portanto, meramente o que é *justo em si*, a saber, como cada homem tem de julgar a esse respeito por si mesmo, mas o que é justo perante um tribunal, i. é, o que é de direito, havendo então *quatro* casos, em que ambos os juízos resultam diferentes e contrapostos e, ainda assim, podem coexistir um ao lado do outro porque são proferidos de dois pontos de vista diferentes, igualmente verdadeiros: um de acordo com o direito privado, o outro de acordo com a ideia do direito público. – E são: 1) o *contrato de doação* (*pactum donationis*); 2) o *comodato* (*commodatum*); 3) a *retomada* (*vindicatio*); 4) o *juramento* (*juramentum*).

> É um erro comum de *sub-repção* (*vitium subreptionis*) dos jurisconsultos considerar objetivamente como sendo justo em si aquele princípio jurídico que um tribunal está autorizado e é mesmo obrigado a admitir para uso próprio (portanto em sentido subjetivo) a fim de se proferir e julgar sobre o direito que cabe a cada qual; mas as duas coisas são bem diferentes. – Por isso, é importante tornar clara essa diferença específica e chamar a atenção para ela.

A. § 37. Do contrato de doação

Esse contrato (*donatio*), pelo qual *alieno gratuitamente* (*gratis*) o meu ou minha coisa (ou meu direito), contém uma relação de mim, o doador (*donans*), a um outro, o donatário (*donatarius*), segundo o *direito privado*, pelo qual o meu passa para esse com a sua aceitação (*donum*). – Não se pode presumir, no entanto, que tenha a intenção aqui de ser forçado ao cumprimento de minha promessa e assim também renunciar gratuitamente à minha *liberdade*, renunciando, por assim dizer, a mim mesmo (*nemo suum jactare praesumitur*), o que decerto aconteceria segundo o direito no estado civil; pois aí o donatário pode me *coagir* ao cumprimento da promessa. Portanto, se a coisa acabasse num tribunal, i. é, de acordo com um direito público, ter-se-ia de presumir ou que o doador consentiu com essa coação, o que é absurdo, ou que o tribunal não considera em sua sentença se o doador quis ou não se reservar a liberdade de faltar à sua promessa, mas apenas o que é certo, a saber, a promessa e a aceitação do promissário. Assim, mesmo que o promitente tenha pensado, como bem se pode supor, que, caso se arrependesse de ter feito a promessa antes do cumprimento, não se pode obrigá-lo a fazê-lo, o tribunal com certeza admite que ele deveria ter-se reservado isso expressamente e que, caso não o tenha feito, pode ser coagido ao cumprimento da promessa, e o tribunal admite esse princípio porque do contrário a decisão judicial se lhe tornaria infinitamente difícil ou mesmo impossível.

B. § 38. Do comodato

Nesse contrato (*comodato*), pelo qual permito a alguém o uso gratuito daquilo que é meu, e no qual, tratando-se de uma coisa, os contratantes combinam que este alguém me devolverá *precisamente a mesma* coisa, o comodatário (*commodatarius*) não pode ao mesmo tempo presumir que o comodante também assuma todo o risco (*casus*) da possível perda da coisa ou das propriedades que a tornam útil, a qual poderia resultar do fato de ter passado sua posse para o comodatário. Pois não é óbvio que o proprietário, além de consentir no uso de sua coisa pelo comodatário (na

[299] deterioração da coisa inseparável de seu uso), tenha-o dispensado também da *segurança* contra todo risco que lhe pode advir daí; mas sobre isso teria de ser feito um contrato particular. A questão só pode, pois, ser esta: a quem cabe, ao comodante ou ao comodatário, acrescentar expressamente ao contrato de comodato a condição da aceitação do risco que pode advir à coisa, ou, caso isso não aconteça, de quem se pode presumir o *consentimento* na segurança da propriedade do comodante (pela devolução dela ou de um equivalente)? Não do comodante, porque não se pode presumir que tenha consentido gratuitamente mais do que o mero uso da coisa (a saber, em ainda por cima assumir ele mesmo a segurança da propriedade), mas com certeza do comodatário, porque ele então não cumpre mais do que está contido justamente no contrato.

Se, p. ex., entro numa casa, ao começar uma chuva, e peço emprestada uma capa, a qual se estraga, quiçá por uma mancha de tinta, ou me é roubada, ao deixá-la numa outra casa, qualquer um achará absurda a afirmação de que não tenho mais nada a fazer senão enviá-la de volta como está ou então simplesmente comunicar o roubo, sendo eventualmente uma gentileza lastimar o proprietário devido a essa perda, uma vez que não pode exigir nada como seu direito. – Bem diferente é se na solicitação do uso peço de antemão que me seja tomado o risco no caso de a coisa sofrer um acidente em minhas mãos, porque sou pobre e incapaz de compensar a perda. Ninguém achará isso supérfluo ou ridículo, a não ser talvez quando o emprestador fosse um homem sabidamente rico e generoso, porque então seria quase uma ofensa não presumir nesse caso o perdão generoso de minha dívida.

* * *

Porém, como no contrato de comodato nada foi combinado acerca do meu e teu quanto a um possível acidente (*casus*) que possa ocorrer com a coisa, e assim, uma vez que o consentimento foi apenas presumido, é incerto o contrato (*pactum incertum*) em que não se pode decidir o juízo sobre quem deve arcar com o prejuízo a partir das condições do contrato em si, mas *tão somente perante um tribunal*, o qual considera sempre apenas o que é certo nele (aqui a posse da coisa como propriedade); assim, o juízo no *estado de natureza*, i. é, de acordo com a constituição interna da coisa, será o seguinte: o prejuízo advindo do acidente de uma coisa emprestada recai sobre o *comodatário* (*casum sentit commodatarius*); enquanto no *estado civil*, portanto perante um tribunal, a sentença será a seguinte: o prejuízo recai sobre o *comodante* (*casum sentit dominum*), diferindo em princípio da sentença da simples razão comum, porque um juiz público não pode deixar-se levar por presunções acerca do que uma ou outra parte possa ter pensado, mas aquele que não estipulou ficar livre de todo prejuízo da coisa emprestada, através de um contrato particular acrescentado, tem de arcar ele mesmo com o prejuízo. – Logo, a diferença entre o juízo tal como um tribunal teria de proferi-lo e o juízo que a razão privada de cada qual está autorizada a proferir por si constitui um ponto que não deve ser de forma alguma negligenciado, quando se trata da correção dos juízos jurídicos.

[300]

C. § 39. Da retomada (recuperação)
    de uma coisa perdida (*vindicatio*)

Está claro, com base no dito acima, que uma coisa durável que é minha continua sendo minha mesmo que eu não a detenha permanentemente, não deixando de ser minha por si mesma e sem um ato jurídico (*derelictionis vel alienationis*), e que tenho um direito sobre essa coisa (*jus reale*), portanto em relação a *qualquer* detentor e não meramente a uma pessoa determinada (*jus personale*). Mas agora a questão é saber se esse direito tem de ser considerado também *por qualquer outro* como uma propriedade que perdura por si, desde que eu *não tenha renunciado* a ele e a coisa esteja na posse de um outro.

[301] Se eu perdi a coisa (*res amissa*) e ela chegou até mim por um outro *de maneira honesta* (*bona fide*), como um suposto achado, ou por alienação formal do possuidor que age como proprietário mesmo que ele não o seja, então se põe a questão se eu sou excluído pelo possuidor de todo direito sobre essa coisa, dado que não posso adquirir uma coisa de um *não proprietário* (*a non domino*), restando-me apenas um direito pessoal em relação ao possuidor ilegítimo. – O caso é obviamente o último, se a aquisição é julgada meramente segundo seus fundamentos legitimantes internos (no estado de natureza), e não segundo a conveniência de um tribunal.

Pois toda coisa alienável tem de poder ser adquirida por qualquer um. Mas a legitimidade da aquisição se baseia inteiramente na forma pela qual algo que está na posse de um outro é transferida para mim e por mim aceita, i. é, baseia-se na formalidade do ato jurídico da troca (*commutatio*) entre o possuidor da coisa e o adquirente, sem que eu possa perguntar como aquele chegou a ela; porque isso já seria uma ofensa (*quilibet praesumitur bonus, donec* etc.). Suponha-se, contudo, que em seguida se mostre que aquele não é o proprietário, mas um outro, assim não posso dizer que esse outro poderia dirigir-se diretamente a mim (bem como a qualquer outro que pretendesse ser detentor da coisa). Pois não lhe tirei nada, mas comprei conforme a lei (*titulo emti venditi*), p. ex., o cavalo que foi oferecido em mercado público; porque o título da aquisição é incontestável no que me concerne, e não sou obrigado, nem mesmo autorizado, a investigar o título de posse do outro (do vendedor) – uma vez que essa investigação iria até o infinito na série ascendente. Assim, tornei-me, pela compra devidamente documentada, não o proprietário meramente *putativo*, mas o *verdadeiro* proprietário do cavalo.

Contra isso, no entanto, colocam-se as seguintes razões jurídicas: toda aquisição de alguém que não é proprietário da coisa (*a non domino*) é nula e pífia. Não posso adquirir do seu de um outro mais do que ele tinha legitimamente, e mesmo que proceda de maneira inteiramente jurídica no concernente à forma da aquisição (*modus acquirendi*) ao comprar um cavalo roubado oferecido no mercado, falta ainda assim o título da aquisição, pois o cavalo não era o seu do próprio vendedor. Mesmo que eu seja um possuidor *honesto* dele (*possessor bonae fidei*), sou apenas um proprietário putativo (*dominus putativus*), e o verdadeiro proprietário tem um direito de *retomada* (*rem suam vindicandi*).

[302]

Se perguntamos o que (no estado de natureza) é *em si* de direito entre homens na aquisição de coisas externas, segundo princípios da justiça no comércio recíproco deles (*justitia commutativa*), temos de admitir que aquele que intenciona adquirir precisa certamente investigar ainda se a coisa que ele quer adquirir não pertence já a um outro; quer dizer, mesmo que tenha observado precisamente as condições formais da dedução da coisa do seu do outro (tenha comprado regularmente o cavalo no mercado), no máximo pôde adquirir apenas um *direito pessoal* em vista de uma coisa (*jus ad rem*) enquanto lhe for desconhecido se um outro (não o vendedor) não é seu verdadeiro proprietário; de maneira que, se é encontrado alguém que poderia documentar sua propriedade precedente, nada mais resta ao pretenso novo proprietário a não ser ter gozado legitimamente até este momento o proveito que tirou como possuidor honesto. – Uma vez que é impossível no mais das vezes descobrir o proprietário absolutamente primeiro (o proprietário originário) na série dos proprietários que julgam derivar seu direito uns dos outros, nenhum comércio com coisas externas pode garantir uma aquisição certa, por mais que concorde com as condições formais dessa espécie de justiça (*justitia commutativa*).

* * *

Aqui entra então mais uma vez a razão juridicamente legisladora com o princípio da *justiça distributiva*, de adotar como norma a legitimidade da posse, não como seria julgada *em si* na relação com a vontade privada de cada qual (no estado natural), mas apenas como seria julgada perante um *tribunal*, num estado formado pela vontade universalmente unificada (num estado civil); quando então a concordância com as condições formais da aquisição, que em si fundamentam tão somente um direito pessoal, é postulada como suficiente para substituir as condições materiais (que fundamentam a dedução do seu de um proprietário putativo anterior), valendo assim um direito que *em si* é pessoal como um direito real, *quando levado a um tribunal*; p. ex., que o cavalo, oferecido a qualquer um em mercado público regulado pela lei policial, torna-se minha propriedade (mas de maneira que o verdadeiro proprietário mantém o direito de recorrer contra o vendedor, devido à sua posse mais antiga e não perdida) se todas as regras da compra e venda foram exatamente observadas, e meu direito, aliás pessoal, é transformado num direito real, segundo o qual posso retomar (reivindicar) o meu onde o encontro, sem me preocupar com o modo pelo qual o vendedor chegou a ele.

Portanto, ocorre tão somente para favorecer a sentença perante um tribunal (*in favorem justitia distributivae*) que o direito em vista de uma coisa é tomado e tratado, não *como é em si* (como um direito pessoal), mas como pode ser *julgado mais facilmente* e de forma mais segura (como direito real), sempre segundo um princípio puro *a priori*. – Neste princípio se baseiam, então, ulteriormente diversas leis estatutárias (decretos) que visam sobretudo colocar as condições sob as quais tão somente um modo de adquirir pode ser juridicamente válido, de maneira tal que o juiz possa atribuir a cada um o seu *da forma mais fácil e inquestionável*; p. ex., na proposição "a compra rompe o aluguel", onde aquilo que, segundo a natureza do contrato, i. é, em si, é um direito real (o aluguel) vale como um direito meramente pessoal, e vice-versa, como no caso acima, aquilo que em si é meramente um direito pessoal vale como um direito real; isso, naturalmente, se a questão é saber sobre quais princípios um tribunal deve apoiar-se no estado civil a fim de proceder da maneira mais segura em suas sentenças acerca do direito que assiste a cada qual.

D. § 40. Da aquisição da garantia por juramento
(*Cautio juratoria*)

Não se pode indicar nenhuma outra razão que pudesse obrigar juridicamente os homens a *crer* e reconhecer que existem deuses a não ser a de que prestem juramento e possam ser forçados a ser verídicos na declaração e fiéis na promessa pelo temor diante de uma potência superior onisciente, cuja vingança tiveram de invocar solenemente para o caso de ser falsa sua declaração. Que nisso não se contava com a moralidade de ambas as partes, mas apenas com uma superstição cega delas, isso ressalta do fato de que não se esperava de uma *mera* declaração *solene* perante o tribunal nenhuma segurança em assuntos jurídicos, mesmo que o dever da veracidade esteja bastante claro para qualquer um num caso no qual se trata do mais sagrado que pode haver entre homens (do direito dos homens); aqui, portanto, o motivo é constituído de meras fantasias, como, p. ex., entre os *rejangues*, um povo pagão de Sumatra, os quais, segundo o testemunho de *Marsden*, juram sobre os ossos de seus parentes mortos, mesmo não acreditando que haja uma vida após a morte, ou o juramento dos *ne-*

[304]

gros da Guiné sobre seu *fetiche*, uma pena de pássaro, da qual esperam que lhes quebre o pescoço etc. Eles acreditam que uma potência invisível, dotada de entendimento ou não, possui já segundo sua natureza essa força mágica, a qual é posta em ação por tal invocação. – Essa crença, que leva o nome de religião, mas deveria ser chamada propriamente de superstição, é indispensável, entretanto, para a administração do direito, porque sem contar com ela o *tribunal* não estaria suficientemente em condição de descobrir e sentenciar fatos mantidos em segredo. Uma lei que obriga a semelhante crença existe, portanto, obviamente apenas para favorecer o Poder Judiciário.

Mas agora se pergunta: no que se fundamenta a obrigação que alguém teria diante do tribunal de aceitar o juramento de um outro como prova juridicamente válida da verdade de sua declaração, que poria fim a toda disputa, quer dizer, o que me obriga juridicamente a acreditar que um outro (o jurador) possui religião de qualquer forma, para permitir que meu direito dependa de seu juramento? E inversamente: posso em geral ser obrigado a jurar? Ambas as coisas são injustas em si.

Mas em relação a um tribunal, portanto no estado civil, admitindo-se não haver nenhum outro meio de, em certos casos, chegar à verdade a não ser pelo juramento, tem de ser pressuposto que cada um possui religião, para usá-la como um expediente necessário (*in casu necessitatis*) a favor do processo jurídico perante um *tribunal*, o qual considera essa coação espiritual (*tortura spiritualis*) um meio mais rápido e mais conforme à propensão supersticiosa dos homens, considerando-se, por isso, autorizado a usá-lo. – Mas no fundo o Poder Legislativo age injustamente ao dar essa autorização ao Poder Judiciário, porque mesmo no estado civil é contrário à inalienável liberdade humana coagir alguém a prestar juramento.

Se os juramentos de ofício, que usualmente são *promissórios*, quer dizer, no sentido de que se tem o sério *propósito* de cumprir devidamente sua função, fossem transformados em *assertóricos*, quer dizer, se o funcionário fosse obrigado, por exemplo, após um ano (ou mais), a jurar a lealdade no cumprimento de sua função durante esse período, então isso moveria mais a consciência do que o juramento promissório, que posteriormente sempre ainda admite a desculpa interna de que não foram previstas no bom propósito as dificuldades que se encontraram apenas mais tarde no exercício da função; e os descumprimentos do dever também suscitariam mais preocupação com a acusação caso se tivesse de enfrentar o somatório feito por um observador do que se fossem repreendidos meramente um após o outro (esquecendo-se os anteriores). – No concernente ao juramento em relação à *crença (de credulitate)*, não pode ser exigido por um tribunal, pois, em primeiro lugar, contém em si mesmo uma contradição: essa coisa intermediária entre a opinião e o saber certamente se presta para *apostas*, mas de modo algum para *juramentos*; em segundo lugar, o juiz que exige das partes semelhante juramento, para descobrir algo favorável à sua intenção, mesmo que fosse o bem comum, comete uma grande falta contra a consciência dos juradores, em parte pela leviandade a que induz, em parte pelos remorsos que tem de sentir um homem que hoje pode achar muito provável uma coisa, considerada de certo ponto de vista, mas amanhã totalmente improvável, considerada de um outro, e o juiz lesa, portanto, aquele a quem ele obriga a prestar semelhante juramento.

Passagem do meu e teu no estado de natureza para o meu e teu no estado jurídico em geral.

§ 41.

O estado jurídico é aquela relação dos homens entre si que contém as condições sob as quais tão somente cada um pode *chegar a* seu direito, e o princípio formal da possibilidade dele, con-

[306]

siderado segundo a ideia de uma vontade universalmente legisladora, chama-se justiça pública, a qual pode ser dividida, com relação à possibilidade ou efetividade ou necessidade da posse dos objetos (como matéria do arbítrio) segundo leis, em *justiça protetora* (*justitia tutatrix*), *comutativa* (*justitia commutativa*) e *distributiva* (*justitia distributiva*). – A lei diz assim, *em primeiro lugar*, apenas que conduta é internamente *justa* segundo a forma (*lex justi*); *em segundo lugar*, o que como matéria admite lei também externamente, i. é, cuja situação de posse é *jurídica* (*lex juridica*); *em terceiro lugar*, o que é conforme a uma lei dada, podendo ser proferido perante um tribunal num caso particular, i. é, o que é *de direito* (*lex justitiae*), quando então o próprio tribunal é chamado também de *justiça* de um país, podendo ser indagado se há ou não tal justiça, como o mais importante de todos os assuntos jurídicos.

O estado não jurídico, i. é, aquele em que não há justiça distributiva, chama-se estado de natureza (*status naturalis*). Contrapõe-se a ele, não o estado *social* (como pretende *Achenwall*), que poderia chamar-se um estado artificial (*status artificialis*), mas o estado *civil* (*status civilis*) de uma sociedade submetida a uma justiça distributiva; pois pode haver também no estado de natureza sociedades legítimas (p. ex., sociedades conjugais, paternais, domésticas em geral e outras mais), para as quais não vale a lei *a priori* "tu deves entrar neste estado", como certamente pode ser dito em relação ao estado *jurídico* que *devem* nele entrar todos os homens que podem chegar a ter relações jurídicas entre si (mesmo involuntariamente).

O primeiro e o segundo estados podem ser chamados de estado do *direito privado*; o terceiro e último, entretanto, o do *direito público*. Esse não contém mais ou outros deveres dos homens entre si do que podem ser pensados naquele; a matéria do direito privado é a mesma em ambos. As leis do último dizem respeito, portanto, apenas à forma jurídica de sua coexistência (constituição), em vista da qual essas leis têm de ser pensadas necessariamente como públicas.

Nem mesmo a *união civil* (*unio civilis*) pode ser chamada uma *sociedade*, pois entre o *comandante* (*im perans*) e o *súdito* (*subditus*) não há camaradagem; eles não são companheiros, mas uns *subordinados* aos outros, e não *coordenados*, e os que se coordenam entre si têm de se tratar, precisamente por isso, como iguais entre si, na medida em que estão sob leis comuns. Mais do que *ser* uma sociedade, portanto, aquela união *constitui* uma sociedade. [307]

§ 42.

Do direito privado no estado de natureza procede então o postulado do direito público: tu deves, tendo em vista a relação de uma coexistência inevitável com todos os outros, sair daquele estado de natureza e passar para um estado jurídico, i. é, para o estado de uma justiça distributiva. – O fundamento disso pode ser desenvolvido analiticamente a partir do conceito do *direito* na relação externa, em contraposição à *violência* (*violentia*).

Ninguém é obrigado a se abster da intervenção na posse do outro se este não lhe assegurar igualmente que observará a mesma abstenção. Não deve, pois, esperar até que seja instruído acerca da intenção oposta do último por uma experiência infeliz; pois o que haveria de obrigá-lo a aprender tão somente através dos prejuízos, visto que pode perceber suficientemente em si mesmo a tendência dos homens em geral a bancar o mestre sobre os outros (tendência a desrespeitar a superioridade do direito dos outros, quando se sentem superiores a eles segundo a força ou a astúcia), não sendo necessário esperar a hostilidade efetiva; ele está autorizado a usar coação contra aquele que o ameaça com a hostilidade já por sua natureza. (*Quilibet praesumitur malus, donec securitatem dederit oppositi.*)

Com o propósito de estar e permanecer nesse estado de liberdade sem lei externa, eles tampouco são injustos *uns com os outros* ao se hostilizarem entre si, pois o que vale para um vale também reciprocamente para o outro, como que por um acordo (*uti partes de jure suo disponunt, ita jus est*): mas em geral são injustos* em grau supremo por querer estar e permanecer num estado que não é um estado jurídico, i. é, no qual ninguém está seguro do seu contra violência.

---

* Essa diferença entre o que é injusto apenas *formaliter* e o que o é também *materialiter* tem diversos usos na doutrina do direito. O inimigo que, em vez de cumprir honradamente seu acordo de capitulação com a guarnição de uma fortaleza sitiada, maltrata-a em sua retirada, ou rompe esse acordo de qualquer outra forma, não pode queixar-se de injustiça se seu inimigo ocasionalmente lhe fizer o mesmo. Mas são de todo injustos no mais alto grau, porque retiram do próprio conceito do direito toda validade e entregam tudo à violência selvagem, como que em conformidade com uma lei, subvertendo assim em geral o direito dos homens.

SEGUNDA PARTE DA
DOUTRINA DO DIREITO

O DIREITO PÚBLICO

PRIMEIRA SEÇÃO DO DIREITO PÚBLICO.

O DIREITO DO ESTADO

§ 43.

O conjunto das leis que necessitam de uma promulgação universal para produzir um estado jurídico é o *direito público*. – Este é, portanto, um sistema de leis para um povo, i. é, uma multidão de homens, ou para um conjunto de povos, os quais, encontrando-se sob influência recíproca entre si, necessitam de um estado jurídico sob uma vontade que os una, uma *constituição* (*constitutio*), a fim de chegarem ao que é de direito. – Esse estado dos indivíduos no povo em relação uns com os outros chama-se *estado civil* (*status civilis*), e o todo deles em relação a seus próprios membros chama-se *Estado* (*civitas*), o qual é denominado de *república* (*res publica latius sic dicta*) devido à sua forma, como constituído pelo interesse comum de todos em se encontrar no estado jurídico, mas em relação a outros povos se chama uma *potência* (*potentia*) pura e simples (daí a palavra *potentados*), chamando-se também um povo (*gens*), devido à união (supostamente) herdada, dando ocasião assim a que se pense, sob o conceito universal do direito público, não só o direito do Estado, mas ainda o *direito das gentes* (*jus gentium*): o que em conjunto leva então, por ser a terra uma superfície que se fecha sobre si mesma e não ilimitada, inevitavelmente à ideia de um *direito político das gentes* (*jus gentium*) ou ao *direito cosmopolita* (*jus cosmopoliticum*), de tal maneira que, se faltar a apenas uma dessas três formas possíveis do estado jurídico o princípio restritivo da liberdade externa por meio de leis, o edifício das demais tem de ficar inevitavelmente minado e por fim ruir.

§ 44.

Não é porventura pela experiência que aprendemos a máxima da violência dos homens e sua animosidade em se guerrearem mutuamente enquanto não surge uma legislação externa detentora do poder, portanto não é porventura um fato que torna necessária a coação legal pública, mas, por mais que se os pensem bondosos e amantes do direito, encontra-se sempre *a priori* na ideia racional de um tal estado (não jurídico) que, antes de ser constituído um estado legal público, homens, povos e Estados isolados jamais podem estar seguros contra a violência de uns contra os outros, e na verdade com base no direito próprio de cada um de fazer *o que lhe parece justo e bom* e não depender nisso da opinião do outro; que a primeira coisa, portanto, que ele deve admitir, caso não queira renunciar a todos os conceitos jurídicos, é o princípio: "Deve-se sair do estado de natureza, no qual cada um segue sua própria cabeça, e unir-se com todos os outros (não lhe sendo possível evitar entrar em interação com eles) com o intuito de se submeter a uma coação externa legal e pública, portanto entrar em um estado no qual é determinado *legalmente* o que deve ser reconhecido como o seu de cada um, cabendo-lhe por um *poder* suficiente (que não é o seu, mas um poder externo), i. é, deve-se antes de tudo o mais entrar em um estado civil."

Embora seu estado natural não devesse já por isso ser diretamente um estado de *injustiça* (*injustus*), o de enfrentar um ao outro apenas na simples proporção de sua força, ainda assim era um estado da *ausência de direito* (*status justitia vacuus*), no qual, estando o direito *em disputa* (*jus controversum*), não se encontrava um juiz competente para proferir judicialmente a sentença, com base na qual então cada um pode compelir com violência o outro a entrar em um estado jurídico; porque, apesar de algo externo poder ser adquirido por apropriação ou por contrato segundo os *conceitos jurídicos* de cada um, essa aquisição é certamente apenas *provisória* enquanto ela não tiver a seu favor a sanção de uma lei pública, porque ela não é determinada por nenhuma justiça pública (distributiva) e não está assegurada por nenhum poder exercendo esse direito.

> Caso não se quisesse reconhecer como jurídica nenhuma aquisição antes da entrada no estado civil, nem sequer provisoriamente, então o próprio estado civil seria impossível. Pois as leis sobre o meu e teu no estado de natureza contêm, segundo a forma, o mesmo que prescrevem as leis no estado civil na medida em que esse é pensado apenas segundo conceitos puros da razão; só que no último são indicadas as condições sob as quais aquelas chegam a ser executadas (em conformidade com a justiça distributiva). – Portanto, se não existisse no estado de natureza nem sequer *provisoriamente* um meu e teu externo, também não existiriam deveres de direito em vista dele, e assim também não existiria nenhuma ordem de sair daquele estado de natureza.

[313]

§ 45.

Um Estado (*civitas*) é a união de uma multidão de homens sob leis jurídicas. Na medida em que estas são necessárias como leis *a priori*, i. é, como resultando de conceitos do direito externo em geral (não de forma estatutária), sua forma é a de um Estado em geral, i. é, do Estado *na ideia*, tal como deve ser segundo princípios jurídicos puros, ideia essa que serve de diretiva (*nor-*

ma) para toda união efetiva numa república (portanto internamente).

Todo Estado contém em si três *poderes*, i. é, a vontade universalmente unificada em tríplice pessoa (*trias politica*): o *poder soberano* (soberania), na pessoa do legislador; o *Poder Executivo*, na pessoa do governante (no seguimento da lei); e o *Poder Judiciário* (como reconhecimento do seu de cada um de acordo com a lei), na pessoa do juiz (*potestas legislatoria, rectoria et judiciaria*); semelhante às três proposições num silogismo prático: a maior, contendo a *lei* daquela vontade; a menor, contendo a *ordem* de proceder segundo a lei, i. é, o princípio da subsunção à lei; e a conclusão, contendo a *sentença* sobre o que é de direito no caso em questão.

§ 46.

O Poder Legislativo somente pode caber à vontade unificada do povo. Pois, uma vez que deve proceder dele todo direito, não deve ele por sua lei *poder* ser injusto simplesmente com ninguém. Ora, se alguém decide algo em relação a um *outro*, sempre é possível que assim ele seja injusto com ele, mas nunca naquilo que ele decide acerca de si mesmo (pois *volenti non fit injuria*). Assim, somente a vontade concordante e unificada de todos, na medida em que cada um decide o mesmo sobre todos e todos sobre um, portanto apenas a vontade universalmente unificada do povo é legisladora.

Os membros de tal sociedade (*societas civilis*), i. é, de um Estado, reunidos para a legislação, chamam-se *cidadãos* (*cives*), e seus atributos jurídicos, inseparáveis de sua natureza (como cidadãos), são a *liberdade* legal, de não obedecer a nenhuma lei a que não tenham dado seu consentimento – a *igualdade* civil, de não reconhecer com relação a si mesmo nenhum superior *no povo*, a não ser um em relação ao qual ele tenha a mesma faculdade moral de obrigar juridicamente que o outro tem de obrigá-lo; terceiro, o atributo da *independência* civil, de não ficar devendo sua existência e sustento ao arbítrio de um outro no povo, mas a seus próprios direitos e forças, como membro da república, por conseguinte a personalidade civil, de não poder ser representado por nenhum outro em assuntos jurídicos.

> Tão somente a capacidade do sufrágio perfaz a qualificação do cidadão; essa capacidade pressupõe, entretanto, a independência no povo daquele que não quer ser apenas parte da república, mas também seu membro, i. é, uma parte sua agindo por arbítrio próprio em comunidade com outros. A última qualidade torna necessária, contudo, a distinção entre o cidadão *ativo* e o *passivo*, ainda que o conceito do último pareça estar em contradição com a definição do conceito de um cidadão. – Os exemplos seguintes podem servir para eliminar essa dificuldade: o ajudante de um comerciante ou de um artesão, o serviçal (não aquele que está a serviço do Estado), o menor (*naturaliter vel civiliter*), todas as mulheres e em geral qualquer um que é obrigado a sustentar sua existência (alimento e proteção), não com seu próprio trabalho, mas de acordo com a disposição de outros (com exceção do Estado), todos eles carecem de personalidade civil, e sua existência é como que mera inerência. – O lenhador que emprego em minha propriedade, o ferreiro indiano que, com seu martelo, bigorna e fole, entra nas casas, para aí trabalhar o ferro, em comparação com o marceneiro ou o ferreiro europeus, que podem vender publicamente os produtos desse trabalho como mercadoria, o preceptor particular, em comparação com o professor de escola, o agregado, em comparação com o arrendatário, etc., todos eles são meros servidores da república, porque têm de ser comandados ou protegidos por outros indivíduos, não possuindo, assim, independência civil.

[315]

Essa dependência em relação à vontade de outros e essa desigualdade não são, contudo, de maneira alguma contrárias à liberdade e igualdade deles *como homens* que reunidos constituem um povo: antes pelo contrário, tão somente em conformidade com as condições dessa liberdade e igualdade pode esse povo tornar-se um Estado e entrar em uma constituição civil. Mas nessa constituição nem todos se qualificam com igual direito a ter o direito do sufrágio, i. é, a ser cidadãos e não meras partes do Estado. Pois do fato de poderem exigir ser tratados por todos os outros segundo leis da liberdade e igualdade naturais, como partes *passivas* do Estado, não se segue o direito de, como membros *ativos*, também tratar do próprio Estado, de organizá-lo e contribuir para a introdução de certas leis, mas apenas que, quaisquer que sejam as leis positivas a que aderem, estas não sejam contrárias às leis naturais da liberdade e da correspondente igualdade de todos no povo, a saber, de poderem progredir desse estado passivo para o ativo.

§ 47.

Todos os três poderes no Estado são dignidades e, como poderes essenciais que procedem da ideia de um Estado em geral como necessários para a fundação dele (constituição), *dignidades políticas*. Eles contêm a relação de um *soberano* universal (que, considerado segundo leis da liberdade, só pode ser o próprio povo unificado) com a multidão dispersa desse mesmo povo como *súdito*, i. é, a relação do *comandante* (*imperans*) com o *subordinado* (*subditus*). – O ato pelo qual o próprio povo se constitui em um Estado, aliás, propriamente apenas a ideia dele, de acordo com a qual apenas pode ser pensada sua legitimidade, é o *contrato originário*, de acordo com o qual todos (*omnes et singuli*) no *povo* entregam sua liberdade externa, para imediatamente retomá-la como membros de uma república, i. é, do povo considerado como Estado (*universi*), e não se deve dizer que o homem no Estado sacrificou a um fim uma *parte* de sua liberdade externa inata, mas abandonou totalmente a liberdade selvagem sem lei, para reencontrá-la sem diminuição numa dependência legal, i. é, num estado jurídico, porque essa dependência procede de sua própria vontade legisladora.

§ 48.

Os três poderes no Estado são, portanto, *em primeiro lugar*, coordenados entre si como outras tantas pessoas morais (*potestates coordinatae*), i. é, um é o complemento do outro para a completude (*complementum ad sufficientiam*) da constituição do Estado; mas, *em segundo lugar*, são também *subordinados* (*subordinatae*) uns aos outros, de tal maneira que um não pode usurpar ao mesmo tempo a função do outro, à qual auxilia, tendo cada qual seu próprio princípio, i. é, ordenando sempre na qualidade de uma pessoa particular, mas sob a condição da vontade de uma pessoa superior; *em terceiro lugar*, conferem a cada súdito seu direito, pela reunião dos dois momentos anteriores.

Dir-se-á desses poderes, considerados em sua dignidade, que a vontade do *legislador* (*legislatoris*) é *irrepreensível* (*irreprehensibel*) em vista do que diz respeito ao meu e teu externo, a faculdade executiva do *comandante supremo* (*summi rectoris*) é *irresistível* (*irresistibel*) e a sentença do *juiz supremo* (*supremi judicis*) é *irrevogável* (*inappellabel*).

§ 49.

O *regente* do Estado (*rex, princeps*) é aquela pessoa (moral ou física) a que compete o Poder Executivo (*potestas executoria*): o *agente* do Estado, a que cria os ministérios e prescreve ao povo as regras segundo as quais cada um pode nele adquirir algo em conformidade com a lei (pela subsunção de um caso a ela) ou preservar o seu. Considerado como pessoa moral, denomina-se o *diretório*, o governo. Suas *ordens* ao povo e aos ministérios, inclusive a seus chefes (ministros), a quem cabe a *administração do Estado* (*gubernatio*), são portarias, *decretos* (não leis), pois visam uma decisão num caso particular, e são dadas como revogáveis. Um *governo* que fosse ao mesmo tempo legislador teria de ser chamado de *despótico*, em oposição ao *patriótico*, pelo que se entende, no entanto, não um governo *paternalista* (*regimen paternale*), o mais despótico de todos (tratando cidadãos como crianças), mas o governo *nacionalista* (*regimens civitatis et patriae*), no qual o próprio Estado (*civitas*) trata seus súditos certamente também como membros de uma família, mas ao mesmo tempo como cidadãos, i. é, segundo leis de sua própria independência, possuindo cada um a si mesmo e não dependendo da vontade absoluta de um outro a seu lado ou acima de si.

[317]

O soberano do povo (o legislador) não pode, portanto, ser ao mesmo tempo o *regente*, pois este está submetido à lei e é obrigado por ela, portanto por um *outro*, o soberano. O soberano pode também tirar o poder do regente, depô-lo ou reformar sua administração, mas não *puni*-lo (e somente isso significa a expressão usual na Inglaterra: o rei, i. é, o Poder Executivo supremo, não pode ser injusto), pois isso seria, por sua vez, um ato do Poder Executivo, a que compete acima de tudo a faculdade de *coagir* em conformidade com a lei, a qual estaria, nesse caso, submetida ela mesma a uma coação, o que se contradiz.

Por fim, nem o soberano nem o regente podem *julgar*, mas apenas nomear juízes, como magistrados. O povo julga-se a si mesmo por meio daqueles concidadãos que foram indicados, por eleição livre, como seus representantes, e na verdade para cada ato de forma particular. Pois a sentença é um ato singular da justiça pública (*justitia distributivae*) através de um administrador público (juiz ou tribunal), incidindo sobre o súdito, i. é, alguém que pertence ao povo, portanto alguém não investido do poder de lhe reconhecer o seu (de o conferir). Uma vez então que cada um no povo é meramente passivo segundo essa relação (com a autoridade), cada um desses dois poderes poderia ser injusto com o súdito naquilo que decidem a seu respeito, no caso de disputa do seu de cada qual, porque não seria o próprio povo a fazê-lo e a se pronunciar sobre seus concidadãos, se *culpado* ou *inocente*; após a investigação do fato na demanda, o tribunal tem então o poder judicial de aplicar a lei e de conferir, por meio do Poder Executivo, a cada um o seu. Logo, somente o *povo* pode julgar sobre cada um de seus membros, ainda que apenas mediatamente, através de seus representantes (o júri), por ele mesmo delegados. – Seria, aliás, indigno do chefe de Estado bancar o juiz, i. é, [318] expor-se à possibilidade de cometer injustiça e, assim, acabar no caso de uma apelação (*a rege male informato ad regem melius informandum*).

Portanto, são três poderes diferentes (*potestas legislatoria, executoria, judiciaria*) pelos quais o Estado (*civitas*) tem sua autonomia, i. é, constitui-se e se mantém a si mesmo segundo leis da liberdade. – Em sua união consiste a *salvação* do Estado (*salus reipublicae suprema lex est*), pelo que não se deve entender o *bem-estar* dos cidadãos e sua *felicidade*, pois esta pode porventura resultar de modo mais agradável e mais desejável no estado de natureza (como, aliás, afirma *Rousseau*) ou mesmo sob um governo despótico, mas o estado da máxima concordância da constituição com princípios jurídicos, obrigando-nos a razão *através de* um *imperativo categórico* a procurar atingi-lo.

Observação geral. Dos efeitos jurídicos decorrentes da natureza da união civil

A.

A origem do poder supremo é, do ponto de vista prático, *inescrutável* para o povo que se encontra submetido a ele, i. é, o súdito *não deve sofismar* ativamente a propósito dessa origem, como um direito ainda contestável (*jus controversum*) em vista da obediência que lhe é devida. Pois, uma vez que o povo, para julgar de forma juridicamente válida o poder supremo do Estado (*summum imperium*), deve ser considerado como já estando unido sob uma vontade legisladora universal, ele não pode nem deve julgar de modo diferente do que quer o atual chefe de Estado (*summus imperans*). – Se originariamente precedeu, como um fato, um contrato efetivo de submissão a ele (*pactum subjectionis civilis*), ou se precedeu a violência e a lei veio só depois, ou mesmo se devia seguir-se nessa ordem, isso são questões sofísticas inteiramente despropositadas para um povo que já está submetido à lei civil, mas que constituem uma ameaça ao Estado; pois, se o súdito que tivesse finalmente descoberto a origem última quisesse se opor àquela autoridade atualmente dominante, seria castigado, destruído ou expulso (como fora da lei, *exlex*) de acordo com as leis dela, i. é, com todo o direito. – Uma lei que é tão sagrada (intocável) a ponto de ser já um crime simplesmente colocá-la em dúvida *na prática*, portanto suspender seu efeito por um instante, é representada como se tivesse de proceder, não de homens, mas, sim, de algum legislador supremo irrepreensível, e esse é o significado da proposição "toda autoridade vem de Deus", que não afirma um *fundamento histórico* da constituição civil, mas uma ideia como princípio prático da razão, o de dever obedecer ao poder legislador atualmente vigente, seja qual for sua origem.

Disso se segue então a proposição: o soberano no Estado tem em relação ao súdito apenas direitos e nenhum dever (coercitivo). – Ademais, mesmo que o órgão do soberano, o *regente*, procedesse contra as leis, p. ex., contra a lei da igualdade na distribuição do ônus público com impostos, recrutamentos etc., ainda assim o súdito não poderia opor resistência a essa injustiça, mas apenas *reclamações* (*gravamina*).

Aliás, mesmo na constituição não pode haver nenhum artigo que tornasse possível a um poder no Estado, no caso da transgressão das leis constitucionais pelo comandante supremo, opor-se a ele e assim restringi-lo. Pois aquele que deve restringir o poder no Estado tem de possuir certamente mais ou ao menos igual poder do que possui aquele que é restringido e, como um comandante legítimo a ordenar aos súditos que resistam, tem de poder também *protegê*-los e julgar de forma juridicamente válida em cada caso sucedido, portanto tem de poder ordenar publicamente a resistência. Mas então o comandante supremo não é aquele, e sim esse, o que se contradiz. O soberano procede então através de seu ministro ao mesmo tempo como regente, portanto despoticamente, e o jogo ilusório de deixar o povo representar o poder restritivo por intermédio de seus deputados (quando possui apenas o Poder Legislativo) não pode esconder o despotismo a ponto de não transparecer nos meios de que se vale o ministro. O povo, que é representado por seus deputados (no Parlamento), tem nesses guardiães de sua liberdade e de seus direitos pessoas vivamente interessadas em si mesmas e em suas famílias e no seu provimento, dependente do ministro, no Exército, na Marinha e em cargos civis; os quais, portanto (em vez da resistência à usurpação do governo, cujo anúncio público precisa já de uma unanimidade prévia no povo, a qual não pode, contu-

[320]

do, ser permitida em tempos de paz), estão antes sempre prontos a se entregar ao governo. – Portanto, a assim chamada constituição moderada, como constituição do direito interno do Estado, é uma quimera e, em vez de pertencer ao direito, é tão somente um princípio prudencial, não tanto de dificultar ao poderoso transgressor dos direitos do povo sua influência arbitrária, mas de ocultá-la sob a aparência de uma oposição permitida ao povo.

Contra o legislador supremo do Estado não há, portanto, uma resistência legítima do povo, pois tão somente pela submissão sob sua vontade universalmente legisladora é possível um estado jurídico; logo, não há nenhum direito de *sedição* (*seditio*), menos ainda de *rebelião* (*rebellio*), e muito menos contra ele como pessoa singular (monarca), sob o pretexto do abuso de seu poder (*tyrannis*), de *atentado* contra sua pessoa e mesmo contra sua vida (*monarchomachismus sub specie tyrannicidii*). A menor tentativa nesse sentido constitui *alta traição* (*proditio eminens*), e o traidor dessa espécie só pode ser punido com a morte, como alguém que tenta *matar sua pátria* (*parricida*). – O fundamento do dever do povo de suportar mesmo um abuso do poder supremo considerado insuportável se encontra nisto: que sua resistência à própria legislação suprema nunca pode ser pensada senão como ilegal e mesmo como destruindo o todo da constituição legal. Pois para ser autorizado a tanto deveria existir uma lei pública que permitisse essa resistência do povo, i. é, a legislação suprema conteria em si uma determinação de não ser a suprema e de, num e mesmo juízo, fazer do povo, enquanto súdito, o soberano sobre aquele de quem é súdito, o que se contradiz, ressaltando essa contradição imediatamente da seguinte pergunta: quem deve ser juiz nessa disputa entre povo e soberano (pois, do ponto de vista jurídico, trata-se sempre ainda de duas pessoas morais distintas)? Quando então fica claro que o primeiro quer sê-lo em sua própria causa*.

---

* Uma vez que o *destronamento* de um monarca pode ser pensado também como renúncia *voluntária* à coroa e abdicação de seu poder, com sua devolução ao povo, ou ainda como abandono do poder ocorrido sem atentado contra a pessoa suprema, com o que o poder voltaria ao estado privado, assim o crime do povo que o obteve por força tem ao menos a seu favor a desculpa do *direito de necessidade* (*casus necessitatis*), mas jamais o menor direito de puni-lo, enquanto chefe, por causa da administração anterior; porque tudo o que ele fez anteriormente na qualidade de um chefe tem de ser considerado como tendo ocorrido de forma exteriormente legítima, e ele próprio, considerado como fonte das leis, não pode ser injusto. Mesmo o *assassinato* do monarca não é ainda o pior dos horrores de uma revolução política, pois então se pode representar que ele se dê pelo povo por *medo* de que pudesse reerguer-se, caso ficasse vivo, e fazer o povo sentir o merecido castigo, não pretendendo, pois, ser uma medida da justiça penal, mas meramente da autopreservação. É a *execução* formal que se apropria da alma imbuída da ideia do direito humano com um horror que se sente sempre que se pensa nessa cena, como o destino de Carlos I ou Luís XVI. Mas como se explica este sentimento, que aqui não é estético (uma compaixão, efeito da imaginação que se põe na situação do padecente), e sim moral, diante da total inversão de todos os conceitos jurídicos? É visto como um crime que permanece para sempre e nunca pode ser expiado (*crimen immortale, inexpiabile*), e parece ser semelhante àquele pecado considerado pelos teólogos como imperdoável tanto neste mundo quanto no outro. A explicação desse fenômeno no ânimo humano parece provir das seguintes reflexões sobre si mesmo, que lançam luz inclusive sobre os princípios do direito público. [321]

Toda transgressão da lei pode e deve ser explicada de maneira que se origine de uma máxima do criminoso (de fazer do ato transgressor uma regra), pois, caso fosse derivada de um impulso sensível, ela não seria cometida por ele, como um ser *livre*, e não lhe poderia ser imputada. Mas, como seja possível ao sujeito adotar tal máxima contra a clara proibição da razão legisladora, isso simplesmente não pode ser explicado, pois são explicáveis tão somente os eventos segundo o mecanismo da natureza. Agora, o criminoso pode cometer seu ato criminoso ou de acordo com a máxima de uma regra objetiva admitida (como universalmente válida) ou como exceção da regra (que consiste em dispensar-se ocasionalmente de seu seguimento); no *último* caso, ele *apenas se desvia* da lei (mesmo que intencionalmente), podendo ao mesmo tempo abominar sua própria transgressão e pretender apenas contornar a lei, sem lhe recusar formalmente a obediência; no *primeiro* caso, entretanto, ele rejeita a autoridade da própria lei, cuja validade não pode, contudo, negar perante sua razão, e adota como regra agir contra a lei, sendo sua máxima assim contrária à lei, não *de forma* meramente *lacunar* (*negative*), mas até mesmo *de forma interruptiva* (*contrarie*) ou, como se diz, *diametralmente* contrária, enquanto contradição (como que de forma hostil). Até onde vai nossa compreensão, é impossível para homens cometer tal crime de uma maldade formal (inteiramente despro-

Uma alteração da constituição política (defeituosa), que pode às vezes ser necessária, somente pode ser feita, portanto, pelo próprio soberano através de *reforma*, mas não pelo povo, portanto por *revolução*, e, quando ocorre a revolução, a alteração somente pode atingir o Poder Executivo, e não o Poder Legislativo. – Mesmo numa constituição política feita de maneira tal que o povo, através de seus representantes (no Parlamento), pode *resistir* legalmente à constituição e a seu representante (o ministro) – o que se chama então de constituição restringida –, não é permitida uma resistência ativa (a reunião arbitrária do povo para obrigar o governo a certo procedimento ativo, portanto para o próprio povo realizar um ato do Poder Executivo), mas apenas uma resistência *negativa*, i. é, uma *recusa* do povo (no Parlamento) em anuir sempre às exigências que o governo diz serem necessárias para a administração pública; aliás, se não ocorresse nenhuma recusa, seria um sinal seguro de que o povo é corrupto, seus representantes são corruptíveis e o chefe no governo é despótico por meio de seu ministro, sendo este último, no entanto, um traidor do povo.

---

positada), não devendo, contudo, ser ignorado em um sistema da moral (mesmo que seja apenas uma ideia do mal extremo).

O fundamento do horror diante do pensamento da execução formal de um monarca *por seu povo* é, portanto, que o *assassinato* pode ser pensado como mera *exceção* da regra que o povo adotou como máxima, enquanto a *execução* tem de ser pensada como uma total *inversão* dos princípios da relação entre soberano e povo (inversão que consiste em fazer desse povo, que deve sua existência tão somente à legislação do primeiro, o soberano sobre aquele), sendo assim, com insolência e segundo princípios, colocada a violência acima do direito mais sagrado, o que, feito um abismo que a tudo engole sem volta, parece ser um suicídio cometido pelo Estado, um crime irremissível. Temos por isso razões para admitir que a anuência a tais execuções não provém efetivamente de um princípio tido por jurídico, mas do medo da vingança contra o povo da parte do Estado porventura recomposto um dia, tendo sido seguida aquela formalidade para dar àquele ato uma aparência de castigo, portanto de um *procedimento jurídico* (o que o mero assassinato não seria), encobrimento esse que malogra, contudo, porque tal pretensão do povo é ainda pior do que o próprio assassinato, por conter um princípio que tornaria impossível a própria recomposição de um Estado derrubado.

Ademais, quando uma revolução foi bem-sucedida, tendo [323] sido instituída uma nova constituição, então a ilegitimidade do começo e da realização dessa revolução não pode livrar os súditos da obrigação de se sujeitar à nova ordem das coisas, como bons cidadãos, e eles não podem recusar-se a obedecer honestamente àquela autoridade que tem agora o poder. O monarca destronado (que sobrevive àquela subversão) não pode ser interpelado devido à sua administração anterior, e menos ainda punido, se ele, retornando ao estado de um cidadão, prefere sua tranquilidade e a do Estado ao lance arriscado de se afastar para enfrentar como pretendente a aventura da reconquista do Estado, seja por meio de uma contrarrevolução incitada secretamente, seja pela ajuda de outras potências. Mas, se prefere o último, fica-lhe intocado o direito da posse, porque a insurreição que dela o expulsou foi injusta. Mas pertence ao direito das gentes a questão se outras potências têm o direito de se reunir numa aliança de Estados a favor desse monarca malogrado, apenas para não deixar sem castigo aquele crime cometido pelo povo nem deixá-lo valer como escândalo para todos os Estados, tendo, portanto, o direito e a competência de devolver pela violência à sua antiga constituição uma constituição instituída em qualquer outro Estado *por meio de revolução*.

B.

Pode-se considerar o soberano como proprietário supremo (da terra) ou ele tem de ser considerado em vista do povo apenas como o comandante supremo segundo leis? Uma vez que a terra é a condição suprema sob a qual tão somente é possível ter coisas externas como o seu, cuja posse e uso possíveis constituem o primeiro direito adquirível, assim todo esse direito terá de ser derivado do soberano como *senhor da terra*, ou melhor, como proprietário supremo (*dominus territorii*). O povo, como a multidão dos súditos, também lhe pertence (é seu povo), mas não enquanto proprietário (segundo o direito real), e sim enquanto comandante supremo (segundo o direito pessoal). – Mas essa propriedade suprema é apenas uma ideia da união civil a fim de tornar representável a necessária unificação da propriedade privada de todos no povo sob um possuidor universal público, para a determinação da propriedade particular, não segundo princípios da *agregação* (que vai empiricamente das partes ao todo), mas segundo o princípio formal da *divisão* (divisão da terra) de acordo com conceitos jurídicos. De acordo com estes, o proprietário supremo não pode ter propriedade privada de qualquer terra (pois do contrário se torna uma pessoa privada), mas esta pertence exclusivamente ao povo (e na verdade tomado distributivamente, e não coletivamente); do que se deve com certeza excetuar um povo nômade, no qual não se encontra nenhuma propriedade privada da terra. – O comandante supremo não pode, portanto, ter *domínios*, i. é, territórios, para seu uso privado (para manutenção da corte). Pois, dado que então dependeria de seu próprio julgamento até onde deveriam ir seus domínios, o Estado correria o risco de ver toda a propriedade da terra nas mãos do governo, considerando-se todos os súditos como *servos adscritícios* (*glebae adscripti*) e possuidores daquilo que sempre é apenas propriedade de um outro, por conseguinte destituídos de toda liberdade (*servi*). – Pode-se dizer de um monarca que *ele não possui nada* (de seu) a não ser a si mesmo, pois, caso tivesse algo de seu ao lado de um outro no Estado, seria possível uma disputa com este outro, para a qual não se encontraria um juiz. Mas pode-se também dizer que *ele possui tudo*, porque ele tem o direito de comandante sobre o povo (de conferir a cada qual o seu), pertencendo-lhe todas as coisas externas (*divisim*).

Segue-se disso também que não pode haver no Estado nenhuma corporação, estado ou ordem que pudessem transferir como proprietário a terra às gerações seguintes (ao infinito) segundo certos estatutos, para uso exclusivo. O Estado pode a qualquer tempo suprimi-los, respeitando apenas a condição de indenizar os sobreviventes. A *ordem da cavalaria* (como corporação ou também meramente como ordem de pessoas singulares excepcionalmente honradas), a ordem do *clero*, chamada de Igreja, jamais podem adquirir por meio desses privilégios com que foram favorecidos uma propriedade da terra transferível aos posteriores, mas tão somente seu uso temporário. As comendas de um lado e os bens eclesiásticos de outro podem sem receio (mas sob a condição mencionada antes) ser suprimidos se a opinião pública deixou de vê-los como meios de proteger o Estado contra a frouxidão em sua defesa, através da *honra militar*, ou de estimular os homens nele, através de missas, orações e uma série de rezas pelos mortos, a serem encomendadas para salvá-los do fogo eterno. Os que são aqui atingidos pela reforma não podem reclamar que lhes é tirada sua propriedade, pois o fundamento de sua posse anterior se baseava tão somente na *opinião popular* e tinha de valer enquanto esta durasse. Mas assim que a opinião esmoreceu, ainda que apenas no juízo daqueles que têm, em virtude de seus méritos, mais direito de guiar o povo, a suposta propriedade tinha de acabar, como que por uma apelação deles perante o Estado (*a rege male informato ad regem melius informandum*). [325]

Nessa propriedade territorial originariamente adquirida se baseia o direito do comandante supremo, enquanto proprietário supremo (senhor da terra), de *taxar* os proprietários privados da terra, i. é, de exigir tributos, através de imposto territorial, sisa e taxas alfandegárias, ou através de prestação de serviços (como a apresentação dos homens para o serviço militar), mas de tal maneira que o povo se taxa a si mesmo, porque este é o único modo de proceder nisso segundo leis jurídicas, quando isso se dá por meio do corpo dos deputados do povo; sendo permitido mesmo como empréstimo compulsório (desviando-se da lei até agora cumprida), segundo o direito de majestade, no caso de o Estado se encontrar ameaçado de dissolução.

Baseia-se nisso também o direito da economia estatal, das finanças e da polícia, cuidando esta última da *segurança, tranquilidade* e *decência* públicas (pois facilita bastante a tarefa do governo de dirigir o povo mediante leis, se o sentimento da decência (*sensus decori*), como gosto negativo, não for embotado por mendicância, barulho nas ruas, fedor, prostituição (*venus vulgivaga*), como ofensas ao sentido moral).

Para a manutenção do Estado, requer-se ainda um terceiro momento, a saber, o direito da *inspeção* (*jus inspectionis*), que consiste em não lhe ser ocultada (por iluminados políticos ou religiosos) nenhuma associação que possa ter influência sobre o bem *público* da sociedade (*publicum*), não podendo ser recusada, outrossim, caso exigida pela polícia, a apresentação de sua constituição. A inspeção do domicílio privado de cada um, contudo, é apenas um caso de necessidade da polícia, que precisa ser justificado em cada caso particular por uma autoridade superior.

C.

O comandante supremo tem *indiretamente*, i. é, como responsável pelos deveres do povo, o direito de onerar o povo com tributos para a sua (do povo) própria preservação, como são os *asilos*, os *orfanatos* e as *igrejas*, chamados também de instituições de caridade ou pias.

Pois a vontade geral do povo se reuniu numa sociedade que se deve preservar constantemente, tendo-se submetido ao poder público interno no propósito de preservar os membros da sociedade que não o conseguem por si sós. O governo tem, portanto, por razões públicas, o direito de obrigar os abastados a fornecer os meios para a preservação daqueles que não o são, mesmo em termos das necessidades naturais mais elementares; porque sua existência é ao mesmo tempo um ato de submissão à proteção e ao cuidado da coisa pública, necessário para sua existência, com o qual se comprometeram, no que o Estado funda então seu direito de obrigar os abastados a contribuir o seu para a preservação de seus concidadãos. Ora, isso pode acontecer por tributação da propriedade dos cidadãos ou de seu comércio, ou por fundos constituídos e seus juros, não para as necessidades do Estado (pois este é rico), mas para as necessidades do povo, e não apenas por contribuições *voluntárias* (porque aqui se trata tão somente do *direito* do Estado em relação ao povo), entre as quais se encontram algumas lucrativas (como as loterias, que produzem mais pobres e gente perigosa para a propriedade pública do que haveria de outro modo, não devendo, portanto, ser permitidas), mas de forma coercitiva, como tributos públicos. Aqui se pergunta, então, se o provimento dos pobres deve ser feito por *contribuições permanentes*, de maneira que cada geração sustenta os seus, ou por *provisões* formadas pouco a pouco e em geral por instituições de *caridade* (como são asilos, hospitais etc.), e no primeiro caso certamente não pela mendicância, sempre próxima do roubo, mas por meio de tributos legais. – Deve-se considerar a primeira disposição como a única conforme ao direito do Estado, da qual ninguém que tenha do que viver pode dispensar-se; isso porque contribuições permanentes não transformam, ao aumentar com o número dos pobres, a pobreza em meio de subsistência para pessoas preguiçosas (como há que temer de instituições de caridade), o que seria uma sobrecarga *injusta* do povo por parte do governo.

No que diz respeito à conservação das crianças abandonadas ou até mesmo mortas por necessidade ou vergonha, tem o Estado um direito de impor ao povo o dever de não deixar conscientemente que morra esse aumento infeliz da força do Estado. Mas se isso pode ser feito com direito pela taxação dos solteiros de ambos os sexos (pelo que se entende os solteiros *abastados*), como aqueles que afinal são em parte responsáveis por isso, através de orfanatos criados com esse propósito, ou de outra maneira (outra maneira de evitá-lo, contudo, dificilmente se achará), eis uma tarefa que não se conseguiu ainda resolver sem ir ou contra o direito ou contra a moralidade.

Uma vez que as *igrejas*, que devem (como instituição do culto público para o povo, culto que tem no povo sua origem, como opinião ou convicção) ser cuidadosamente distinguidas da religião como disposição interior, a qual está totalmente fora da esfera de atuação do poder civil, também se tornam uma verdadeira necessidade pública, que consiste em se considerar também como súdito de um poder supremo *invisível* a que tem de venerar, e que pode frequentemente entrar numa disputa bastante desigual com o poder civil, assim o Estado tem o direito, não, na verdade, da legislação constitucional interna, organizando as igrejas de acordo com sua ideia, como lhe parece vantajoso, prescrevendo ou ordenando a fé e as formas do culto (*ritus*) ao povo (pois isso deve ser deixado com os doutrinantes e diretores que o povo escolheu para si), mas apenas o direito *negativo* de deter a influência da doutrina pública sobre a república *visível*, a qual poderia ser prejudicial à tranquilidade pública, e assim não deixar a concórdia civil correr perigo com a disputa interna ou a das diversas igrejas entre si, o que constitui, portanto, um direito de policiamento. Que uma igreja deva ter uma fé determinada e qual fé deverá ter, ou que ela a devesse preservar inalterada, não podendo reformar-se a si mesma, isso são intromissões do poder governamental que estão *abaixo de sua dignidade*, porque nisso ele se põe, como numa disputa de escola, em pé de igualdade com seus súditos (arvorando-se o monarca em sacerdote), os quais podem lhe dizer diretamente que ele não entende nada disto, em particular no que diz respeito à proibição de reformas internas; – pois aquilo que o povo inteiro não pode decidir sobre si mesmo, isso também não pode o legislador decidir sobre o povo. Ora, nenhum povo pode decidir que nunca progredirá em seus conhecimentos concernentes à fé (no esclarecimento) e assim também que nunca se reformará em vista dos assuntos eclesiásticos, porque isso seria contrário à humanidade em sua própria pessoa e, por conseguinte, ao seu direito supremo. Portanto, também não o pode fazer pelo [328] povo o poder soberano. – Mas, no pertinente aos custos de manutenção das igrejas, não podem, pela mesma razão, ser encargo do Estado, mas daquela parte do povo que professa uma ou outra fé, i. é, apenas da comunidade na fé.

D.

O direito do comandante supremo no Estado se estende ainda: 1) à distribuição dos *cargos*, como uma função ligada a um salário; 2) à distribuição das *dignidades*, que, como elevação do estado social sem salário, i. é, como atribuição da ordem do superior (destinado ao comando) em vista dos inferiores (destinados de antemão a obedecer àquele, ainda que tão somente como pessoas livres e apenas obrigadas pela lei pública), fundamentam-se meramente na honra; 3) além deste direito (relativamente benéfico), ao *direito penal*.

No concernente a um cargo civil, levanta-se a questão: o soberano tem o direito de tirar à discrição (sem um crime da outra parte) um cargo que tenha confiado a alguém? Eu digo: não! Pois aquilo que a vontade unificada do povo não decidirá sobre seus funcionários civis, isso também não o pode o soberano. Ora, o povo (que deve arcar com os custos que lhe trará a admissão de um funcionário) quer sem dúvida nenhuma que esse funcionário esteja inteiramente à altura do ofício que lhe é conferido, o que não pode ocorrer, no entanto, a não ser por uma preparação e um aprendizado desse ofício, continuados ao longo de um tempo suficiente, com o que ele perde aquele tempo que poderia ter empregado para o aprendizado de um outro ofício que o alimentasse; por conseguinte, o cargo seria via de regra preenchido com pessoas que não teriam adquirido a habilidade exigida para ele e nem um juízo maduro, obtido pelo exercício; o que é contrário ao propósito do Estado, para o qual se requer também que cada um possa progredir dos cargos inferiores para os superiores (que, do contrário, cairiam nas mãos de simples imprestáveis) e assim também contar com um provimento por toda a vida.

No concernente à *dignidade*, não apenas a que pode trazer consigo um cargo, mas também a que torna o possuidor, mesmo sem serviços particulares, membro de um estado social mais elevado, tem-se a *nobreza*, que, distinguindo-se do estado burguês, em que se encontra o povo, é herdada pelos descendentes masculinos e, através destes, certamente também transferida aos elementos femininos não nascidos da nobreza, mas de tal maneira que a mulher nascida na nobreza não transfere essa posição a seu marido plebeu, descendo ela própria para o estado meramente burguês (do povo). – A questão é, então, se o soberano tem o direito de instituir uma nobreza, como um estado *hereditário* intermediário entre ele e os demais cidadãos. Nessa questão não se trata de saber se é conforme à prudência do soberano, tendo em vista o proveito próprio ou do povo, mas se é conforme ao direito do povo ter acima de si um estado de pessoas que, mesmo sendo também súditos, são em vista do povo comandantes *natos* (ao menos privilegiados). – A resposta a essa questão procede, aqui tanto quanto antes, do princípio: "O que o povo (a massa inteira dos súditos) não pode decidir sobre si mesmo e seus participantes, isso também não pode o soberano decidir sobre o povo." Ora, uma nobreza *hereditária* é uma posição que precede ao mérito, não deixando sequer esperar a promoção pelo mérito, portanto uma quimera sem nenhuma realidade. Pois, se o antepassado teve mérito, certamente não o pôde transmitir a seus descendentes, mas estes sempre tiveram de adquiri-lo por si, uma vez que a natureza não dispõe as coisas de maneira tal que o talento e a vontade que tornam possíveis os méritos junto ao Estado também *se tornem hereditários*. Como então não se pode supor em relação a qualquer homem que ele jogará fora sua liberdade, é impossível que a vontade universal do povo concorde com uma prerrogativa tão infundada, e assim também não pode o soberano fazê-lo valer. – Se, entretanto, em tempos remotos (do feudalismo, quase todo ele disposto para a guerra), tiver se imiscuído na máquina governamental tal anomalia de súditos que pretendem ser mais do que cidadãos, a saber, funcionários natos (algo assim como um professor hereditário), então o Estado não pode corrigir esse erro por ele cometido, de um privilégio hereditário atribuído contra o direito, a não ser paulatinamente pela cessação e não preenchimento das posições, e assim ele tem provisoriamente um direito de deixar durar essa dignidade pelo título, até que a divisão em soberano, nobreza e povo tiver dado lugar, mesmo na opinião pública, à divisão em soberano e povo, que é a única natural.

Nenhum homem pode decerto ficar sem nenhuma dignidade no Estado, pois ele tem ao menos a de ser cidadão; a não ser que a tenha perdido por seu próprio *crime*, quando então, mesmo sendo mantido vivo, torna-se mero instrumento do arbítrio de um outro (seja do Estado, seja de um outro cidadão). Mas aquele que é um instrumento de um outro cidadão (o que ele pode tor-

[330]

nar-se, contudo, apenas por um julgamento e pelo direito) é um *servo* (*servus in sensu stricto*) e pertence à *propriedade* (*dominium*) de um outro, o qual, assim, não apenas é seu senhor (*herus*), mas ainda seu *proprietário* (*dominus*), podendo vendê-lo como uma coisa, usá-lo a bel-prazer (só não para fins vergonhosos) e *dispor de suas forças*, ainda que não de sua vida e membros. Ninguém pode obrigar-se por meio de um contrato a uma dependência tal que deixa de ser uma pessoa, pois tão somente como pessoa pode ele fazer um contrato. Ora, pode parecer certamente que um homem possa obrigar-se com um outro (em troca de salário, comida ou proteção) a certos serviços permitidos segundo sua natureza e, no entanto, *indeterminados* segundo o grau, através de um contrato de serviço (*locatio conductio*), e que ele se torne com isto meramente súdito (*subjectus*), e não servo (*servus*); mas isso é apenas uma falsa aparência. Pois, se seu senhor estiver autorizado a utilizar as forças de seu súdito a bel-prazer, então também pode esgotá-las (como é o caso com os negros nas plantações de cana-de-açúcar) até a morte ou ao desespero, e aquele de fato se entregou a seu senhor como propriedade, o que é impossível. – Ele pode se pôr a serviço, portanto, tão somente para trabalhos determinados segundo a natureza e o grau, seja como diarista, seja como enfiteuta; no último caso, que, em parte, preste serviços na terra de seu senhor, em troca do uso dela, no lugar do salário, em parte, entregue para uso próprio do senhor determinadas quantias (um juro), de acordo com um contrato de enfiteuse, sem se tornar com isso um *servo adscritício* (*glebae adscriptus*), com o que perderia sua personalidade; que possa, portanto, fundar uma propriedade temporária ou hereditária. Entretanto, mesmo que ele tenha se tornado um servo *pessoal* por seu crime, não pode essa servidão *tornar-se hereditária*, porque acabou nela tão somente por culpa própria; tampouco pode o filho de um servo ser reivindicado por causa dos custos de educação que trouxe, uma vez que a educação é um dever natural absoluto dos pais, e, no caso de esses serem servos, dever dos senhores, os quais assumiram com a posse de seus servos também os deveres daqueles.

E. Do direito penal e do direito de indulto [331]

I.

O *direito penal* é o direito do comandante em relação ao subordinado de infligir-lhe uma dor por causa de seu crime. O chefe no Estado não pode, portanto, ser punido, restando apenas escapar a seu domínio. – Aquela transgressão da lei pública que torna o transgressor incapaz de ser cidadão pode ser um *crime* pura e simplesmente (*crimen*) ou também um crime público (*crimen publicum*); por isso, leva-se o primeiro (o crime privado) para a justiça civil, o segundo, para a justiça criminal. – *Desvio*, i. é, subtração do dinheiro e das mercadorias confiadas para o comércio, fraude na compra e venda, diante dos olhos do outro, são crimes privados. Por outro lado, falsificar dinheiro ou letras de câmbio, furto e roubo etc. são crimes públicos, porque é ameaçada com isso a comunidade, e não apenas uma única pessoa. – Podem ser divididos em crimes de índole *abjeta* (*indolis abjectae*) e crimes de índole *violenta* (*indolis violentae*).

A *pena judicial* (*poena forensis*), que é diferente da pena *natural* (*poena naturalis*) pela qual o vício se pune a si mesmo e não é levada em consideração pelo legislador, nunca pode ser infligida meramente como meio para promover um outro bem, seja para o próprio criminoso, seja para a sociedade civil, mas tem de ser-lhe infligida sempre apenas *por ter cometido um crime*; pois o homem nunca deve ser tratado meramente como meio para os propósitos de um outro e confundido com as coisas do direito real, contra o que é protegido por sua personalidade inata, mesmo que possa ser condenado a perder sua personalidade civil. O criminoso tem de ter sido considerado *punível*, antes de se pensar em tirar algum proveito da pena, seja para o criminoso, seja para seus concidadãos. A lei penal é um imperativo categórico, e ai daquele que envereda pelos meandros da doutrina da felicidade para achar algo que o livre, pela vantagem que promete, da pena ou até mesmo de mínimo grau dela, segundo a máxima farisaica: "É melhor que morra *um único* homem do que se corrompa o povo inteiro!" Pois, se perece a justiça, já não tem nenhum valor que existam homens sobre a Terra. – O que pensar então da proposta de preservar a vida de um criminoso condenado à morte, caso concordar, para escapar da pena, em deixar fazer nele experimentos perigosos a fim de que os médicos obtenham assim novos conhecimentos úteis à comunidade? Um tribunal haveria de repudiar com desprezo um colégio médico que apresentasse essa proposta, pois a justiça deixa de ser justiça quando se entrega por um preço qualquer.

Mas que espécie e que grau de punição a justiça pública adota como princípio e critério? Nenhum outro a não ser o princípio da igualdade (na posição do fiel da balança da justiça), que consiste em não se inclinar mais para um lado do que para o outro. Portanto: o mal imerecido que infliges a um outro no povo infliges a ti mesmo. Se o insultas, insultas a ti mesmo; se o bates, bates em ti mesmo; se o matas, matas a ti mesmo. Tão somente o *direito de retribuição* (*jus talionis*) – mas, entenda-se bem, diante da barra do tribunal (e não em teu juízo privado) – pode indicar de forma determinada a natureza e o grau da punição; todos os outros são vacilantes e não podem estar em conformidade com a sentença da justiça pura e rigorosa, devido a outras considerações que se imiscuem. – Ora, embora pareça que a diferença dos estados sociais não permite a retribuição de igual por igual, pode o princípio sempre continuar válido segundo o efeito, relativamente à maneira de sentir dos nobres, mesmo que não seja possível segundo a letra. – Assim, p. ex., uma pena pecuniária devido a uma injúria verbal não tem nenhuma relação com a ofensa, pois aquele que tem bastante dinheiro pode se dar ao luxo de uma injúria por simples prazer; mas o ultraje a um pode chegar muito perto da ofensa ao orgulho do outro se este for obrigado por julgamento e direito, não somente a se desculpar, mas até mesmo a beijar a mão do outro, ainda que este seja de estado inferior. Da mesma forma, se, pelos golpes dados num cidadão inferior e inocente, o nobre violento for condenado além da desculpa ainda a uma prisão solitária e desconfortável, porque assim, além do incômodo, seria [333] atingida penosamente a vaidade do agressor, sendo retribuído igual por igual através da vergonha. – Mas o que quer dizer isto: "Se roubas dele, roubas de ti mesmo"? Aquele que rouba torna insegura a propriedade de todos os outros; portanto, ele rouba de si mesmo (segundo o direito de retribuição) a segurança de toda propriedade possível; ele nada possui e nem pode adquirir, mas quer ainda assim viver, o que então não é possível de outra forma a não ser que outros o alimentem. Mas, uma vez que o Estado não fará isso de graça, assim ele tem de entregar a este suas forças para trabalhos arbitrários (trabalhos forçados), acabando por algum tempo ou mesmo, conforme o caso, para sempre no estado de escravo. – Mas, se ele matou, tem de *morrer*. Não há aqui nenhum sucedâneo para a satisfação da justiça. Não há *semelhança* entre uma vida, por mais miserável que seja, e a morte, portanto também não há igualdade do crime e da retribuição a não ser pela morte infligida judicialmente ao criminoso, mas sem qualquer maltrato que pudesse reduzir a uma monstruosidade a humanidade na pessoa do apenado. – Mesmo que a sociedade civil se dissolvesse com a concordância de todos os membros (p. ex., se o povo de uma ilha decidisse separar-se e espalhar-se por todo o mundo), teria de ser executado antes o último assassino em cativeiro, a fim de que cada um receba o que seus atos merecem, evitando que o homicídio recaia sobre o povo que não insistiu na punição, uma vez que o povo pode ser considerado cúmplice dessa violação pública da justiça.

Essa igualdade das penas, possível tão somente pela sentença de morte proferida pelo juiz segundo o direito estrito de retribuição, revela-se no fato de que só assim é proferida a sentença de morte de forma proporcional à *maldade interna* dos criminosos (mesmo que dissesse respeito, não a um assassinato, mas a um outro crime público a ser pago apenas com a morte). – Suponha-se que, como na última rebelião escocesa, na qual vários participantes (como *Balmerino* e outros) acreditavam estar cumprindo por sua sublevação apenas um dever devido à casa dos *Stuart*, enquanto outros tinham intenções privadas, o Supremo Tribunal tivesse proferido a sentença nos seguintes termos: "Cada qual escolha livremente entre a morte e os trabalhos forçados"; pois eu digo que o homem honrado escolhe a morte, mas o celerado, os trabalhos forçados; assim é a natureza do ânimo humano. Pois o primeiro conhece algo que aprecia ainda mais do que a própria vida, a saber, a *honra*; o outro considera uma vida vergonhosa sempre ainda melhor do que não ser de todo (*animam praeferre pudori. Juvenal*). Ora, o primeiro é sem dúvida menos merecedor de punição do que o outro, e assim eles são punidos bem proporcionalmente pela morte infligida igualmente a todos; o primeiro, de forma branda, segundo o seu modo de sentir, e o último, de forma dura, também segundo o seu modo de sentir; ao contrário, se fossem geralmente condenados a trabalhos forçados, o primeiro seria punido duro demais, o outro até brando demais, diante de sua infâmia; e assim a morte é também aqui, na sentença sobre certo número de criminosos reunidos numa conspiração, a melhor compensação perante a justiça pública. – Ademais, nunca se ouviu dizer que um condenado à morte por crime de assassinato tivesse se queixado no sentido de que assim lhe é infligido demais e, portanto, injustamente: todos haveriam de rir-se dele, caso se manifestasse assim. – Do contrário, ter-se-ia de admitir que, mesmo que o criminoso não sofra injustiça segundo a lei, o Poder Legislativo no Estado não está autorizado a impor essa espécie de punição e quando o faz está em contradição consigo mesmo.

Tantos quantos forem, portanto, os assassinos que cometeram, ordenaram ou contribuíram para o assassinato, tantos têm de padecer a morte: assim o quer a justiça como ideia do Poder Judiciário segundo leis universais fundamentadas *a priori*. Se, contudo, o número dos cúmplices (*correi*) de tal ato é tão grande que o Estado, não querendo criminosos assim, poderia logo chegar a não ter mais nenhum súdito, e o Estado não quiser se dissolver, i. é, passar para o estado de natureza (sobretudo não quiser embotar o sentimento do povo com o espetáculo de um patíbulo), um estado muito pior ainda e carente de toda justiça externa, então, nesse caso de necessidade (*casus necessitatis*), o soberano precisa ter o poder de constituir-se (representar) ele mesmo em juiz e de proferir uma sentença que, em vez da pena de morte, atribui aos criminosos uma outra pena, com a qual a multidão do povo é preservada, como, por exemplo, a deportação; isso, contudo, não pode acontecer segundo uma lei pública, mas apenas por um decreto ou um ato do direito de majestade, o qual, como indulto, pode ser aplicado sempre apenas em casos particulares.

Contra isso, então, o marquês de *Beccaria* expôs, por um falso [335] sentimento de humanidade (*compassibilitas*), sua opinião de que toda pena de morte é *ilegítima*, porque não poderia estar contida no contrato civil originário; pois então cada um no povo deveria ter consentido em perder sua vida se porventura matasse um outro (no povo); mas esse consentimento seria impossível, porque ninguém pode dispor de sua vida. Tudo sofismas e distorção do direito!

Ninguém sofre uma punição porque quis *a punição*, mas porque quis uma *ação punível*; pois não é uma punição quando acontece a alguém o que ele quer, e é impossível *querer* ser punido. – Dizer "quero ser punido caso mate alguém" nada mais significa do que "submeto-me com todos os demais às leis", as quais naturalmente, existindo criminosos no povo, também serão leis penais. Eu, como colegislador que dita a *lei penal*, não posso ser a mesma pessoa que, como súdito, é punida segundo a lei; pois como tal pessoa, a saber, como criminoso, não posso ter uma voz na legislação (o legislador é santo). Se proponho, portanto, uma lei penal contra mim mesmo, como um criminoso, é a razão pura juridicamente legisladora (*homo noumenon*) em mim que me submete à lei penal junto com todos os demais numa união civil, e isso como alguém capaz de realizar um crime, por conseguinte como uma outra pessoa (*homo phaenomenon*). Em outras palavras: não é o povo (cada um nele), mas o tribunal (a justiça pública), portanto alguém distinto do criminoso, que dita a pena de morte, não se encontrando no contrato social de forma alguma a promessa de se deixar punir, para o que se deveria dispor de si e de sua vida. Pois, se a autorização de punir tivesse de se basear numa *promessa* do malfeitor de *querer* deixar-se castigar, então teria de lhe ser deixada também a capacidade de se considerar punível, e o criminoso seria seu próprio juiz. – O princípio do erro (πρωτον ψευδος) desse sofisma consiste em se considerar o juízo do próprio criminoso (que se deve necessariamente conceder à sua *razão*) de ter de perder a vida como uma decisão da *vontade* de tomá-la ele mesmo, representando-se assim reunidos numa e mesma pessoa a execução jurídica e o julgamento jurídico. Há, entretanto, dois crimes merecedores da morte em vista dos quais permanece duvidoso se a *legislação* tem também a autorização de atribuir-lhes a pena de morte. A ambos conduz o sentimento de honra. Um é o sentimento da *honra familiar*, o outro é o da *honra militar*, e certamente da verdadeira honra, que compete como dever a essas duas classes de homens. O primeiro crime é o *infanticídio* (*infanticidium maternale*), o outro é o *assassinato de companheiros de armas* (*commilitonicidium*), o *duelo*. – Uma vez que a legislação não pode remover a vergonha de um nascimento ilegítimo e tampouco apagar a mancha que recai, com a suspeita da covardia, sobre um oficial subalterno que não opõe a um confronto desrespeitoso sua própria violência, acima do medo da morte, assim parece que nesses casos os homens se encontram no estado de natureza, e em ambos os casos o *homicídio* (*homicidium*), que então sequer precisaria ser chamado de *assassinato* (*homicidium dolosum*), embora sempre merecedor de punição, não poderia ser castigado pelo poder supremo com a morte. A criança nascida fora do casamento nasceu fora da lei (pois esta é o casamento), portanto também fora de sua proteção. Ela foi como que contrabandeada para dentro da república (como mercadoria proibida), de maneira que esta pode ignorar sua existência (porque ela simplesmente não deveria existir dessa forma) e, assim, também seu aniquilamento, e nenhum decreto pode apagar a vergonha da mãe, caso seu parto ilegítimo se torne conhecido. – O oficial subalterno que é ofendido se vê igualmente forçado pela opinião pública dos companheiros de seu estado a exigir satisfação e, como no estado de natureza, punição do ofensor, não pela lei, perante um tribunal, mas pelo *duelo*, no qual ele mesmo se expõe ao risco de vida, a fim de demonstrar sua cora-

[336]

gem, ainda que resultasse no *homicídio* de seu oponente, o qual não pode propriamente ser chamado de *assassinato* (*homicidium dolosum*), nessa luta que se dá publicamente e com o consentimento de ambas as partes, mesmo que a contragosto. – Mas o que é de direito em ambos os casos (pertencentes à justiça criminal)? – Aqui a justiça penal se vê numa situação bem embaraçosa: ou declara o conceito da honra (que aqui não é uma quimera) como nulo pela lei, aplicando então a pena de morte, ou retira do crime a merecida pena de morte, sendo assim ou cruel ou indulgente demais. A solução desse nó é a seguinte: o imperativo categórico da justiça penal (o homicídio ilegal de um outro deve ser punido com a morte) permanece, mas a própria legislação (portanto a constituição civil), enquanto ainda bárbara e pouco desenvolvida, é responsável por não concordarem no povo (subjetivamente) os móbeis da honra com as medidas que são (objetivamente) conformes com a sua intenção, de maneira que a justiça pública, procedente do Estado, torna-se uma *injustiça* em vista da justiça procedente do povo.

[337]

II.

O *direito de indulto* (*jus aggratiandi*) a favor do criminoso, seja pela redução, seja pela supressão completa da pena, é certamente, dentre todos os poderes do soberano, o mais delicado, porque, se demonstra o brilho de sua majestade, é também a ocasião para cometer uma grande injustiça. – Em vista dos crimes cometidos pelos *súditos* uns contra os outros, simplesmente não lhe compete exercê-lo, pois aqui a impunidade (*impunitas criminis*) é a maior injustiça contra os súditos. Portanto, pode fazer uso desse direito apenas numa lesão cometida *contra ele mesmo* (*crimen laesae majestatis*). Mas mesmo então não deve fazê-lo, caso possa resultar da impunidade algum perigo para o povo em vista de sua segurança. – Esse direito é o único que merece o nome de direito de majestade.

Da relação jurídica do cidadão com a pátria e com o estrangeiro

§ 50.

Chama-se de *pátria* o *país* (*territorium*) cujos habitantes já são concidadãos de uma e mesma república pela simples constituição, i. é, sem precisarem exercer um ato jurídico particular (portanto pelo nascimento); onde eles não o são sem essa condição, é o *estrangeiro*, e este, quando constitui uma parte do domínio territorial em geral, chama-se *província* (no sentido em que os romanos usavam essa palavra), a qual, não constituindo uma parte coligada do império (*imperii*), como *sede* de concidadãos, mas tão somente uma *ocupação* por parte dele, como um *súdito*, tem de honrar o solo do Estado dominante como *metrópole* (*regio domina*).

1) O *súdito* (considerado também como cidadão) tem o direito da emigração, pois o Estado não poderia retê-lo como propriedade sua. No entanto, pode levar para fora apenas seus bens móveis, e não os imóveis, o que se daria, entretanto, se estivesse autorizado a vender sua terra anteriormente possuída e a levar consigo o dinheiro auferido. [338]

2) O *príncipe* tem o direito de favorecer a *imigração* e a colonização de estranhos (colonos), mesmo que seus súditos o vejam com maus olhos; desde que não lhes seja diminuída a propriedade privada da terra.

3) O mesmo príncipe tem também, no caso de um crime do súdito que torna nociva para o Estado toda comunidade dos concidadãos com o criminoso, o direito do *desterro* em uma província estrangeira, onde não participará dos direitos de um cidadão, i. é, o direito da *deportação*.

4) Tem ainda o direito do *exílio* em geral (*jus exilii*), de mandá-lo para o vasto mundo, i. é, para o estrangeiro em geral (chamado de *Elend* no alemão antigo), o que significa tanto quanto torná-lo proscrito no perímetro de suas fronteiras, uma vez que o soberano lhe tira toda proteção.

§ 51.

Os três poderes no Estado, que derivam do conceito de uma *república* em geral (*res publica latius dicta*), são apenas outras tantas relações da vontade unificada do povo, procedente *a priori* da razão, e uma ideia pura de um chefe de Estado que possui realidade objetiva prática. Esse chefe (o soberano) é, contudo, apenas um *ente de razão* (que representa o povo todo) enquanto faltar ainda uma pessoa física que represente o poder supremo no Estado, conferindo àquela ideia eficácia sobre a vontade do povo. A relação da ideia com a vontade popular pode ser pensada, então, de três maneiras distintas: ou que *um* comande no Estado a todos, ou que *alguns*, iguais entre si, reunidos comandem a todos os outros, ou que *todos* juntos comandem a cada um e, assim, também a si mesmos, i. é, a *forma política* é ou *autocrática* ou *aristocrática* ou *democrática*. (A expressão "*monárquico*", no lugar de "autocrático", não é apropriada para o conceito que se quer aqui; pois *monarca* é aquele que tem o poder *supremo*, enquanto *autocrata* ou *senhor absoluto* é aquele que tem *todo* o poder; este é o soberano, aquele meramente o representa.) – Percebe-se facilmente que a forma política autocrática é a *mais simples*, a saber, a relação de um (o rei) com o povo, sendo assim apenas um o legislador. A forma aristocrática é *composta* já em dupla relação, a saber, a dos aristocratas (como legisladores) entre si, para constituir o soberano, e então a relação deste soberano com o povo. Mas a forma democrática é a mais composta, pois nela é preciso primeiro unificar a vontade de todos, para assim constituir um povo, depois unificar a vontade dos cidadãos, para formar uma república, e finalmente pôr à frente dessa república o soberano, que é essa mesma vontade unificada*. No concernente à *administração* do direito no Estado, a forma mais simples é certamente também a melhor, mas, no concernente ao próprio *direito*, ela é a mais perigosa para o povo, tendo em vista o despotismo a que ela convida tanto. A simplificação da maquinaria da unificação do povo por leis coercitivas é certamente a máxima racional quando todos no povo são afinal passivos e obedecem a um só que se encontra acima deles, mas isso não forma súditos como *cidadãos*. No concernente ao consolo com que o povo haveria de se contentar, a saber, de que a monarquia (aqui propriamente a autocracia) é a melhor constituição política *se o monarca é bom* (i. é, se não só possui a vontade, mas também a compreensão necessária para tanto), pertence ele às máximas sapienciais tautológicas, nada mais dizendo do que: a melhor constituição é aquela *pela qual* o administrador do Estado é transformado no melhor regente, i. é, aquela que é a melhor.

§ 52.

É *inútil* investigar a *origem histórica* desse mecanismo, i. é, não se pode ir além do instante inicial da sociedade civil (pois os selvagens não criam um instrumento de sua submissão à lei, e pode-se deduzir já da natureza de homens rudes que eles terão começado com a violência). Mas é punível encetar essa investigação com a intenção de talvez alterar com violência a constituição agora em vigor. Pois essa alteração teria de ser feita pelo povo, [340]

---

* Não comento aqui a adulteração desta forma pela intromissão de poderosos não autorizados (a *oligarquia* e a *oclocracia*), bem como as assim chamadas constituições políticas *mistas*, porque seria extenso demais.

amotinado com esse propósito, e portanto não pela legislação; mas motim numa constituição já em vigor é uma subversão de todas as relações civis jurídicas, portanto de todo o direito, i. é, não é mera alteração da constituição civil, mas sua dissolução, e a subsequente passagem para a melhor não é metamorfose, mas palingenesia, exigindo um novo contrato social, sobre o qual o anterior (agora suprimido) não tem influência. – Porém tem de ser possível ao soberano alterar a constituição política em vigor, se não está bem de acordo com a ideia do contrato originário, mantendo, contudo, aquela forma que é essencial para que o povo constitua um Estado. Essa alteração não pode consistir, no entanto, em fazer o próprio Estado passar de uma dessas três formas para uma das outras duas, p. ex., que a aristocracia concorde em se submeter a uma autocracia ou se fundir numa democracia, e vice-versa; como se dependesse da livre escolha e do arbítrio do soberano decidir a que constituição quer submeter o povo. Pois, mesmo que decidisse transformar-se numa democracia, poderia ser injusto com o povo, porque o próprio povo poderia rejeitar essa constituição e achar uma das duas outras mais apropriada para si.

As formas políticas são apenas a *letra* (*littera*) da legislação originária no estado civil, podendo, pois, permanecer, enquanto forem consideradas necessárias por um velho e longo hábito (portanto apenas subjetivamente), como pertencentes à maquinaria da constituição política. Mas o *espírito* daquele contrato originário (*anima pacti originarii*) contém a obrigação do poder constituinte de adequar a *forma do governo* àquela ideia, e assim, caso não ocorra de uma vez, alterá-la pouco a pouco e continuamente no sentido de fazê-la concordar, *segundo sua atuação*, com a única constituição legítima, a saber, a de uma república pura, dissolvendo aquelas velhas formas empíricas (estatutárias), que serviam apenas para causar a *submissão* do povo, na forma originária (racional), única a fazer da *liberdade* o princípio, sim, a condição de toda *coação* necessária para uma constituição jurídica, no sentido estrito do Estado, e acabando finalmente por adequar a própria letra àquela ideia. – Essa é a única constituição política duradoura, [341] em que a *lei* é autocrática e não depende de nenhuma pessoa particular, o fim último de todo direito público, o estado tão somente no qual pode ser conferido *peremptoriamente* a cada um o seu; ao contrário, enquanto aquelas formas políticas devem representar, segundo a letra, outras tantas pessoas morais distintas, revestidas do poder supremo, só se pode conceder à sociedade civil um direito interno *provisório*, e nenhum estado jurídico absoluto.

Mas toda verdadeira república é e não pode ser outra coisa senão um *sistema representativo* do povo, para em seu nome e pela união de todos os cidadãos cuidar dos direitos do povo, por intermédio de seus delegados (deputados). Assim que um chefe de Estado se deixa representar também em pessoa (seja como seu rei ou nobreza ou o povo todo, a união democrática), o povo unificado já não *representa* meramente o soberano, mas *é* ele mesmo esse soberano; pois nele (povo) se encontra originariamente o poder supremo, do qual têm de ser derivados todos os direitos dos indivíduos como meros súditos (quando muito como funcionários do Estado), e a república agora constituída já não tem necessidade de largar as rédeas do governo e entregá-las àqueles que antes as controlavam, os quais poderiam então destruir todas as novas disposições por meio de arbítrio absoluto.

Portanto, foi um grande erro de julgamento da parte de um poderoso soberano de nosso tempo querer se livrar do embaraço de vultosas dívidas públicas encarregando o próprio povo de assumir e de distribuir esse peso como bem lhe aprouvesse; pois então naturalmente o povo recebeu em suas mãos o Poder Legislativo, não só em vista da tributação dos súditos, mas também em vista do governo, a saber, para evitar que este fizesse novas dívidas pelo desperdício ou pela guerra, tendo desaparecido assim inteiramente (não meramente suspenso) o poder soberano do monarca e passado para o povo, a cuja vontade legisladora foi submetido então o meu e teu de cada súdito. Não se pode também dizer que nisso teria de ser assumido pela assembleia nacional um compromisso tácito, mas contratual, de não se constituir justamente em soberania, mas de administrar apenas esse seu negócio, feito o que, contudo, devolver ao monarca as rédeas do regimento; pois tal contrato é em si mesmo nulo e pífio. O direito da legislação suprema na república não é um direito alienável, mas o direito personalíssimo. Quem o possui pode, através da vontade geral do povo, dispor tão somente do povo, mas nunca da própria vontade geral, que é o fundamento originário de todos os contratos públicos. Um contrato que obrigasse o povo a devolver seu poder não lhe competiria como Poder Legislativo e, contudo, impor-lhe-ia uma obrigação, o que é uma contradição, segundo a máxima: ninguém pode servir a dois senhores.

[342]

SEGUNDA SEÇÃO DO DIREITO PÚBLICO.

O DIREITO DAS GENTES

§ 53.

Os homens que constituem um povo podem, enquanto nativos, ser representados segundo a analogia da geração a partir de um *tronco genealógico* (*congeniti*) comum, ainda que não o sejam; em sentido intelectual e jurídico, constituem, enquanto nascidos de uma mãe comum (a república), por assim dizer uma família (*gens, natio*), cujos membros (cidadãos) são todos iguais por nascimento e não se misturam com aqueles que preferem viver a seu lado no estado de natureza, por serem ignóbeis, mesmo que estes (os selvagens) se considerem, por seu turno, superiores devido à liberdade sem lei que escolheram, constituindo igualmente povos, mas não Estados. O direito dos *Estados* na relação entre si (que é chamado em alemão, de maneira não inteiramente correta, *direito das gentes*, e deveria antes se chamar de direito dos Estados (*jus publicum civitatum*)) é então aquilo que devemos considerar sob o nome de direito das gentes. Aqui é considerado o Estado, como uma pessoa moral, na relação com um outro em estado de liberdade natural e, por conseguinte, de guerra contínua, sendo colocado o problema, em parte, do direito *para a* guerra, em parte, do direito *na* guerra e, em parte, do direito de obrigar um ao outro a sair do estado de guerra, portanto a entrar em uma constituição fundante da paz permanente, i. é, do direito *após a* guerra. O que diferencia aqui o direito no estado de natureza entre povos daquele entre indivíduos ou famílias (em sua relação recíproca) é apenas que no direito das gentes se considera não somente uma relação de um Estado com o outro em seu todo, mas também a de pessoas singulares de um Estado com indivíduos do outro, bem como dos indivíduos com o outro Estado como um todo; essa diferença em relação ao direito de indivíduos no mero estado de natureza precisa, contudo, apenas de determinações tais que possam ser facilmente inferidas do conceito deste último.

[344]

§ 54.

Os elementos do direito das gentes são: 1) que os Estados, considerados na relação externa entre si, encontram-se por natureza (como selvagens sem lei) em um estado não jurídico; 2) que esse estado é um *estado* de guerra (da lei do mais forte), mesmo que não de guerra efetiva, e de permanente hostilidade efetiva, o qual (não querendo coisa melhor ambos os Estados) é em si mesmo injusto no mais alto grau, apesar de com isso nenhum dos dois sofrer injustiça por parte do outro, sendo obrigação dos Estados avizinhados sair desse estado; 3) que é necessária uma aliança dos povos segundo a ideia de um contrato social originário, não decerto para se imiscuir nos conflitos intestinos dos povos, mas, sim, para se assegurar contra ataques dos que estão fora; 4) que a aliança não deve, contudo, conter um poder soberano (como numa constituição civil), mas apenas uma *confederação* (federalismo), uma aliança que pode ser desfeita a qualquer tempo, tendo assim de ser renovada de tempos em tempos – um direito, subsidiário de um outro direito originário, de se defender contra a degeneração em estado de guerra efetiva dos povos entre si (*foedus Amphictyonum*).

§ 55.

Com aquele direito originário da guerra de Estados livres uns contra os outros no estado de natureza (para talvez fundar um estado que se aproxime do estado jurídico), coloca-se primeiramente a questão: que direito tem o Estado *em relação a seus próprios súditos* de usá-los para a guerra contra outros Estados, de assim gastar ou pôr em risco seus bens e mesmo sua vida, de tal maneira que não depende do juízo dos súditos se querem ou não ir para a guerra, mas que o comando supremo do soberano pode mandá-los para lá?

Parece ser fácil deduzir esse direito, a saber, a partir do direito de fazer com o seu (propriedade) o que se quer. Mas aquilo que alguém *fez* segundo a substância, disso ele tem a propriedade inconteste. – Eis aqui a dedução como um mero jurista a faria.

Há numa terra diversos *produtos naturais* que, entretanto, no concernente à *quantidade* deles de certa espécie, têm de ser considerados ao mesmo tempo como *artefatos* (*artefacta*) do Estado, porque a terra não os forneceria em tal quantidade se não houvesse um Estado e um governo com poder regular, encontrando-se os habitantes no estado de natureza. – Galinhas (a espécie de aves mais útil), ovelhas, porcos, o gado etc., ou não seriam encontrados de forma alguma na terra onde vivo, ou em quantidade muito reduzida, seja pela escassez de alimento, seja pelos predadores, caso não houvesse em minha terra um governo que assegurasse aos habitantes sua aquisição e posse. – A mesma coisa vale também para o número de homens, que só pode ser reduzido, como nos desertos americanos, mesmo que se atribuísse a seus habitantes o maior dos esforços (que eles não têm). Os habitantes estariam distribuídos de maneira muito rala, porque nenhum deles, junto com sua gente, poderia se espalhar muito num território permanentemente em risco de ser saqueado por homens ou selva-

[345]

gens e animais predadores, não se encontrando, assim, suficiente sustento para uma multidão tão grande de homens como vive agora no território. – Assim como se pode dizer então de plantas (p. ex., batatas) e animais domésticos que é permitido usá-los, gastá-los e consumi-los (deixá-los matar), porque, no concernente à quantidade, são uma *obra* dos homens, assim parece que se poderia dizer também do poder supremo no Estado, o soberano, que ele tem o direito de levar seus súditos, que são em sua maior parte produto do próprio soberano, para a guerra, como se fosse para uma caça, e para uma batalha, como se fosse para um passeio.

Embora esse fundamento jurídico (que supostamente há de ocorrer vagamente ao monarca) decerto valha em vista dos animais, que podem ser uma *propriedade* dos homens, ele não se deixa de forma alguma aplicar ao homem, sobretudo enquanto cidadão, o qual sempre tem de ser considerado no Estado como membro legislador (não meramente como meio, mas ao mesmo tempo também como fim em si mesmo), tendo de dar, portanto, através de seus representantes, seu consentimento livre para a guerra, não apenas em geral, mas também para cada declaração de guerra particular, sob cuja condição restritiva tão somente pode o Estado dispor de seu serviço perigoso.

Portanto, teremos certamente de derivar esse direito do *dever* do soberano em relação ao povo (e não o contrário), no que este deve ser tratado como tendo dado seu voto, em cuja qualidade ele é, apesar de passivo (está disponível), ainda assim também ativo e representa o próprio soberano.

§ 56.

No estado natural dos Estados, o *direito da guerra* (para hostilidades) é a maneira lícita de um Estado buscar seu direito contra um outro Estado através de *força* própria, a saber, ao se considerar lesado por este, uma vez que naquele estado isso não pode acontecer através de um *processo* (pelo qual tão somente são resolvidas as disputas no estado jurídico). – Além da lesão ativa (da primeira agressão, distinta da primeira hostilidade), conta aqui a *ameaça*, a que pertencem tanto um *armamento* realizado antes, em que se baseia o direito da *prevenção* (*jus praeventionis*), quanto ainda simplesmente o incremento *temível* (pela aquisição de territórios) da *potência* (*potentia tremenda*) de um outro Estado. Esse incremento é uma lesão do menos potente já pelo simples *estado de coisas*, antes mesmo de qualquer *ato* do *mais potente*, e no estado de natureza esse ataque é certamente legítimo. Fundamenta-se nisso, portanto, o direito do equilíbrio de todos os Estados que têm contato mútuo ativo.

No concernente à *lesão ativa*, que confere um *direito à guerra*, pertence a ela a exigência de satisfação pela injúria de um dos povos por parte do povo do outro Estado, a *retaliação* (*retorsio*), sem buscar uma restituição (por vias pacíficas) junto ao outro Estado, com o que se parece, do ponto de vista formal, a irrupção da guerra sem prévia revogação da paz (*declaração de guerra*), porque, caso se queira encontrar um direito no estado de guerra, tem de ser admitido algo análogo a um contrato, a saber, a *aceitação* da declaração da outra parte de que ambos querem buscar seu direito dessa maneira.

§ 57. [347]

No direito das gentes, é precisamente o direito na guerra que constitui a maior dificuldade, até mesmo para chegar a um conceito dele e para pensar uma lei nesse estado sem lei (*inter arma silent leges*), sem se contradizer a si mesmo; a não ser que fosse a seguinte: fazer a guerra segundo princípios tais que mantenham a possibilidade de sair desse estado de natureza dos

Estados (na relação externa entre si) e de entrar em um estado jurídico. Nenhuma guerra entre Estados independentes pode ser uma *guerra punitiva* (*bellum punitivum*), pois a punição somente se dá na relação de um superior (*imperantis*) com o súdito (*subditum*), relação que não é a dos Estados entre si. – Mas também não pode ser nem uma *guerra de extermínio* (*bellum internecinum*) nem uma *guerra de subjugação* (*bellum subjugatorium*), que seria a extinção moral de um Estado (cujo povo então se funde numa massa com o povo do vencedor ou cai na servidão). Não porque esse recurso extremo do Estado para chegar ao estado de paz contradiz em si mesmo o direito de um Estado, mas porque a ideia do direito das gentes acarreta meramente o conceito de um antagonismo segundo princípios da liberdade externa, no intuito de preservar o seu, e não um modo de adquirir, sendo o aumento da potência de um Estado ameaçador para o outro.

Ao Estado atacado são permitidos meios de defesa de toda espécie, com exceção daqueles cujo emprego tornaria seus súditos incapazes de ser cidadãos; pois nesse caso ele mesmo se tornaria igualmente incapaz de constituir uma pessoa (possuidora de direitos iguais aos das outras) na relação entre Estados segundo o direito das gentes. Meios ilícitos dessa espécie seriam: usar seus próprios súditos como espiões, usá-los, e também a estrangeiros, como assassinos (pertencendo a essa classe também os assim chamados franco-atiradores, que espreitam o inimigo de emboscada), envenenadores ou mesmo apenas para espalhar falsas notícias; numa palavra, servir-se de meios traiçoeiros tais que acabariam com a confiança necessária para a fundação futura de uma paz permanente.

É permitido na guerra impor ao inimigo derrotado fornecimento de provisões e contribuições, mas não saquear o povo, i. é, arrancar de pessoas singulares aquilo que lhes pertence (pois isso seria roubo, porque não foi o povo derrotado, mas o Estado sob cujo domínio se encontrava quem fez a guerra *através do povo*); portanto através de *requisições* em troca de títulos públicos, para na paz consecutiva distribuir proporcionalmente a carga imposta ao país ou à província.

§ 58.

O *direito após a guerra*, i. é, no momento do acordo de paz e em vista de suas consequências, consiste no seguinte: o vencedor impõe as condições, negociando-se *tratados* para chegar a um acordo com o vencido sobre essas condições e concluir um acordo de paz, e isso não certamente segundo um direito qualquer a servir de pretexto e que lhe competiria por causa da suposta lesão por parte de seu inimigo, mas apoiando-se em sua força, enquanto deixa aquela questão de lado. Por isso, o vencedor não pode exigir a restituição dos custos da guerra, porque então teria de declarar injusta a guerra de seu inimigo; mas, mesmo pensando nesse argumento, não pode recorrer a ele, porque senão declararia tratar-se de uma guerra punitiva, cometendo, por seu turno, uma ofensa. Pertence a isso também a troca de prisioneiros (sem ser imposto resgate), não considerando a igualdade numérica.

O Estado derrotado ou seus súditos não perdem com a conquista do território sua liberdade civil, de maneira que aquele fosse rebaixado a colônia, e estes, a servos; pois senão teria sido uma guerra punitiva, que é em si mesma contraditória. – Uma *colônia* ou província é um povo que, embora tenha sua própria constituição, legislação e território, no qual os pertencentes a um outro Estado são meramente estrangeiros, encontra-se, contudo, sob o Poder *Executivo* supremo de outro Estado. Este se chama *metrópole*. A colônia é por ele dominada, mas mesmo assim governada (*civitas hybrida*) por si mesma (por seu próprio Parlamento, quando muito sob a presidência de um vice-rei). Assim foi outrora *Atenas* em relação a diversas ilhas, e agora a Grã-Bretanha em relação à Irlanda.

[349] Muito menos se pode derivar a *servidão* e sua legitimidade da dominação de um povo pela guerra, porque para tanto se deveria admitir uma guerra punitiva. E muito menos ainda uma servidão hereditária, que é totalmente absurda, porque a culpa proveniente do crime de alguém não pode ser herdada.

Que a conclusão do acordo de paz acarrete também a *anistia*, isso se encontra já em seu próprio conceito.

§ 59.

O *direito da paz* é: 1) o direito de estar em paz se há guerra na vizinhança ou o da *neutralidade*; 2) o de exigir a garantia de que a paz concluída é duradoura, i. é, o direito da *garantia*; 3) o direito da *aliança* (confederação) de mais Estados para se *defender* em comum contra todos os eventuais ataques externos ou internos, mas não de uma aliança para o ataque e para o aumento interno.

§ 60.

O direito de um Estado contra um *inimigo injusto* não tem limites (decerto segundo a qualidade, mas não segundo a quantidade, i. é, segundo o grau), i. é, embora o Estado prejudicado não se possa valer de *todos* os meios, pode, contudo, para assegurar o seu, valer-se dos meios admissíveis, na medida em que tiver forças para tanto. – Mas o que é então um *inimigo injusto* segundo conceitos do direito das gentes, no qual, como em geral no estado de natureza, cada Estado é juiz em sua própria causa? É aquele cuja vontade, manifestada publicamente (seja por palavras ou por atos), trai uma máxima segundo a qual, caso transformada em regra universal, não seria possível um estado de paz entre povos, mas acabaria sendo perpetuado o estado de natureza. Dessa natureza é a violação de contratos públicos, em relação à qual se pode pressupor que interessa a todos os povos cuja liberdade é assim ameaçada, sendo conclamados por isso a se unir contra tal abuso e lhe tirar a potência neste sentido; – isso, no entanto, *não para dividir seu território* e como que fazer desaparecer da Terra um Estado, pois isso seria uma injustiça contra o povo, o qual não pode perder seu direito originário de se unir em uma república, e sim para fazê-lo adotar uma nova constituição, de natureza desfavorável à tendência para a guerra.

Aliás, a expressão "um inimigo injusto no estado de natureza" [350] é *pleonástica*, pois o estado de natureza é ele mesmo um estado de injustiça. Um inimigo justo seria aquele ao qual eu não poderia resistir sem ser injusto por meu lado; mas então ele não seria meu inimigo.

§ 61.

Uma vez que o estado de natureza entre os povos, tanto quanto entre indivíduos, é um estado de que se deve sair para entrar em um estado legal, assim, antes desse acontecimento, todo o direito dos povos e todo o meu e teu externo dos Estados que pode ser adquirido ou mantido mediante a guerra são apenas *provisórios*, podendo valer *peremptoriamente* e tornar-se um verdadeiro *estado de paz* tão somente em uma *união* universal *dos Estados* (análoga àquela união pela qual um povo se torna um Estado). Como, no entanto, com a excessiva extensão de tal Estado dos povos sobre grandes territórios, seu governo e assim também a proteção de cada um dos membros têm de se tornar finalmente impossíveis, enquanto uma multiplicidade de tais corporações acarreta novamente um estado de guerra, assim a *paz perpétua* (o objetivo último de todo o direito das gentes) é certamente uma ideia inexequível. Mas não assim os princípios políticos que a têm como fim, a saber, os que mandam entrar em alianças dos Estados tais que servem para uma *aproximação* continuada à paz perpétua; como essa aproximação é uma tarefa fundada no dever, portanto também no direito dos homens e dos Estados, ela certamente é realizável.

Pode-se chamar de *congresso permanente dos Estados* a uma *união* de alguns *Estados* para manter a paz, sendo cada Estado vizinho livre para a ele se juntar; algo parecido (pelo menos no concernente à formalidade do direito das gentes em vista da manutenção da paz) ocorreu ainda na primeira metade desse século na reunião dos Estados Gerais em Haia, onde os ministros da maioria das cortes europeias, e mesmo das menores repúblicas, apresentaram suas queixas sobre hostilidades sofridas uns dos outros, concebendo assim toda a Europa como um único Estado federado, admitido por eles como um árbitro naquelas suas disputas públicas, enquanto posteriormente o direito das gentes restou meramente nos livros, desaparecendo, contudo, dos gabinetes ou sendo confiado, na forma de deduções, à obscuridade dos arquivos, uma vez sofrida a violência.

[351] Mas entende-se aqui por *congresso* apenas uma reunião arbitrária de diversos Estados que pode ser *dissolvida* em qualquer tempo, e não uma união (como a dos Estados americanos) fundada sobre uma constituição política e, portanto, indissolúvel; – somente por tal congresso pode ser realizada a ideia de um futuro direito público dos povos de decidir suas disputas de forma civilizada, como que por um processo, e não de forma bárbara (à maneira dos selvagens), através da guerra.

TERCEIRA SEÇÃO DO DIREITO PÚBLICO.

O DIREITO COSMOPOLITA

§ 62.

Esta ideia racional de uma comunidade *pacífica* universal, mesmo que ainda não amistosa, de todos os povos sobre a Terra que podem chegar a uma relação efetiva entre si não é porventura filantrópica (ética), mas um princípio *jurídico*. A natureza os encerrou a todos em limites determinados (pela forma esférica de seu domicílio, como *globus terraqueus*); e, uma vez que a posse da terra, sobre a qual o habitante da Terra pode viver, pode ser pensada sempre apenas como posse de uma parte de um todo determinado, por conseguinte como uma posse a que cada um deles tem originariamente um direito, assim todos os povos se encontram *originariamente* em uma comunidade da terra, conquanto não em uma comunidade *jurídica* da posse (*communio*) e, com isso, do uso ou da propriedade dela, mas em uma comunidade da possível *ação recíproca* (*commercium*) física, i. é, em uma relação generalizada de um para com todos os outros consistente em se *oferecerem* ao comércio entre si, tendo um direito de buscá-lo, sem que o estrangeiro tenha o direito de confrontá-lo por isso como um inimigo. – Esse direito pode ser chamado *direito cosmopolita* (*jus cosmopoliticum*), na medida em que visa a unificação possível de todos os povos em vista de certas leis universais de seu possível comércio.

[353] Pode parecer que os mares excluiriam certos povos de todo comércio entre si; no entanto, por meio da navegação, são eles precisamente as disposições naturais mais favoráveis ao seu comércio, o qual há de ser tanto mais animado quanto houver costas próximas umas das outras (como as do Mediterrâneo), cuja procura, contudo, e mais ainda sua colonização, para ligá-las à metrópole, permite ao mesmo tempo que o mal e a violência numa parte de nosso globo sejam sentidos em todos os outros. Mas esse possível abuso não pode suprimir o direito do cosmopolita de *buscar* a comunidade com todos e, para esse fim, *visitar* todas as regiões da Terra, apesar de não ser um direito à *colonização* da terra de um outro povo (*jus incolatus*), para o qual se requer um contrato particular.

Pergunta-se, no entanto, se um povo pode tentar uma *habitação* (*accolatus*) e ocupação na vizinhança de um povo que já se instalou nessa região, sem o consentimento desse povo.

Se o estabelecimento ocorre a uma distância tal da sede do outro povo que nenhum deles interfere no uso que o outro faz de sua terra, então não se pode questionar o direito de fazê-lo; em se tratando, contudo, de povos pastoris e caçadores (como os hotentotes, os tonganeses e a maioria das nações americanas), cuja sobrevivência depende de grandes extensões de terras desertas, o estabelecimento não poderia ocorrer com uso de força, mas apenas por contrato, e mesmo esse não poderia ser feito valendo-se do desconhecimento desses habitantes com relação à cessão dessas terras; por mais evidentes que possam parecer as justificativas de que tal violência resulta no melhor para o mundo, em parte, pela cultura de povos rudes (como a alegação pela qual até mesmo *Büsching* quer desculpar a introdução sangrenta da religião cristã na Alemanha), em parte, para limpar sua própria terra de homens depravados e para a esperada melhora deles ou de sua descendência em outra parte do mundo (como na Nova Holanda); pois todas essas intenções supostamente boas não podem, entretanto, lavar a mancha da injustiça nos meios usados para tanto. – Caso se objete a isso que, com tal escrúpulo em começar com a violência a fundação de um estado legal, porventura toda a Terra ainda estaria num estado sem lei, não se pode dessa forma suprimir aquela condição jurídica mais do que a alegação dos revolucionários políticos, segundo os quais também compete ao povo, ao degenerarem as constituições, transformá-las com violência, e ser de todo injusto de uma vez por todas para posteriormente fundar e fazer florescer a justiça com tanto mais segurança.

* * *

[354]

Conclusão

Se alguém não consegue demonstrar que uma coisa é, pode tentar demonstrar que ela não é. Caso não tenha sucesso com nenhum dos dois (o que ocorre com frequência), pode ainda perguntar se lhe *interessa supor* uma ou outra das alternativas (por uma hipótese), e isso na verdade em perspectiva teórica ou prática, i. é, ou meramente para explicar a si mesmo determinado fenômeno (como, p. ex., para o astrônomo, o recuo e a parada dos planetas), ou para atingir certo fim, o qual pode ser, por seu turno, ou *pragmático* (mera obra técnica) ou *moral*, i. é, um fim tal que é mesmo dever admiti-lo em sua máxima. – É evidente que aqui não se torna um dever a *suposição* (*suppositio*) da exequibilidade daquele fim, a qual é um juízo meramente teórico e ainda por cima problemático, pois para isso (de crer em algo) não há obrigação; mas temos um dever de agir segundo a ideia daquele fim, mesmo que não se tenha a mínima probabilidade teórica de que possa ser executado, desde que não se possa também demonstrar sua impossibilidade.

Ora, a razão moral-prática pronuncia em nós seu *veto* irrecusável: *não deve haver guerra*; nem aquela entre mim e você no estado de natureza, nem aquela entre nós como Estados, os quais se encontram externamente (uns em relação com os outros) no estado sem lei, ainda que internamente se encontrem no estado legal; – pois essa não é a maneira pela qual cada um deve procurar seu direito. Portanto, a questão já não é se a paz perpétua é uma coisa ou uma quimera e se não nos enganamos em nosso juízo teórico ao supor o primeiro, mas temos de agir como se a coisa fosse, mesmo que talvez não seja, e agir no sentido da fundação da paz perpétua e daquela constituição que nos parece a mais apropriada para tanto (talvez o republicanismo de todos os Estados sem exceção), para instituí-la e pôr um fim ao funesto guerrear, para o qual até agora todos os Estados, sem exceção, voltaram seus esforços como a seu fim principal. E, mesmo que a realização dessa intenção permanecesse sempre um mero e pio desejo, com certeza não nos enganamos com a adoção da máxima de agir ininterruptamente nesse sentido, pois essa é dever, e supor enganadora a lei moral em nós mesmos haveria de provocar o desejo horripilante de antes não ter nenhuma razão e de se ver lançado, segundo os seus princípios, num único mecanismo da natureza com as demais classes de animais.

Pode-se dizer que essa fundação da paz universal e permanente não perfaz apenas uma parte, mas todo o fim terminal da doutrina do direito nos limites da simples razão, pois somente o estado de paz é o estado do meu e teu assegurado por *leis* numa multidão de homens avizinhados, portanto reunidos numa constituição, cuja regra não deve, contudo, ser tirada da experiência daqueles que até agora se deram melhor, como uma norma para outros, mas derivada *a priori* pela razão do ideal de uma associação jurídica dos homens sob leis públicas em geral, porque todos os exemplos (que só podem ilustrar, mas nada demonstrar) são enganadores, carecendo assim com certeza de uma metafísica, admitida inadvertidamente mesmo por aqueles que dela zombam ao dizer, p. ex., como tantas vezes fazem: "A melhor constituição é aquela em que são poderosas as leis, e não os homens." Pois o que pode ser mais metafisicamente sublimado do que precisamente essa ideia, a qual mesmo assim possui, na própria opinião daqueles, a mais confirmada realidade objetiva, fácil mesmo de apresentar em casos sucedidos, e a qual tão somente pode levar por aproximação continuada ao bem político supremo, à paz perpétua, desde que não seja tentada e executada de forma revolucionária, por um salto, i. é, por subversão violenta de uma constituição falha em vigor até agora (pois então ocorreria no meio um instante da destruição de todo estado jurídico), mas por reforma progressiva de acordo com princípios sólidos.

APÊNDICE. OBSERVAÇÕES ESCLARECEDORAS
SOBRE OS PRINCÍPIOS METAFÍSICOS
DA DOUTRINA DO DIREITO*

A ocasião para elas tiro em grande parte da resenha deste livro na *Göttingenschen Anzeigen*, volume 28, de 18 de fevereiro de 1797, a qual, redigida com a sagacidade e o rigor do exame, mas também com o interesse e "a esperança de que aqueles princípios continuarão um ganho para a ciência", quero empregar aqui como fio condutor do julgamento e, além disso, também de alguma ampliação do sistema.

Logo no início da *introdução* à doutrina do direito meu perspicaz resenhista esbarrou com uma definição. – O que quer dizer *faculdade de desejar*? Ela é, diz o texto, a faculdade de ser, através de suas representações, causa dos objetos dessas representações. – A essa definição é objetado: "que ela se torna nada assim que se abstrai das condições *externas* da consequência do desejar. – A faculdade de desejar, no entanto, também é algo para o idealista, ainda que o mundo externo não seja nada para ele". *Resposta*: mas não existe também um forte anseio, entretanto acompanhado da consciência de sua inutilidade (p. ex.: quisera Deus que aquele ho-

---

* Na edição de 1798, conforme indicação de Paul Natorp, editor do vol. 6 na edição da Academia, este apêndice se encontra após o direito privado. Natorp declara não ter tido dúvida em deslocá-lo para o fim do texto, atribuindo sua localização original a alguma confusão ocorrida na preparação daquela edição (cf. AA 06: 519s). (N. do T.)

mem ainda vivesse!), o qual decerto é *sem ação*, mas não *sem consequência*, agindo com força, não certamente em coisas externas, mas no interior do próprio sujeito (tornando doente)? Um desejo como *esforço* (*nisus*) de ser *causa* por meio de suas representações é, mesmo que o sujeito compreenda a insuficiência das últimas para o efeito intencionado, sempre ainda causalidade,

[357] pelo menos em seu interior. – O que aqui constitui o mal-entendido é que, por ser a consciência de sua faculdade *em geral* (no caso mencionado) ao mesmo tempo a consciência de sua *incapacidade* em vista do mundo externo, a definição não é aplicável ao idealista, enquanto, por se falar aqui meramente da relação em geral de uma causa (da representação) ao efeito (do sentimento), a causalidade da representação (que seja externa ou interna) em vista de seu objeto tem de ser inevitavelmente pensada no conceito da faculdade de desejar.

1. Preparação lógica para um conceito do direito recentemente ensaiado

Quando filósofos conhecedores do direito querem se elevar ou se alçar até os princípios metafísicos da doutrina do direito (sem os quais toda sua ciência jurídica seria meramente estatutária), não podem ignorar com indiferença o asseguramento da completude de sua *divisão* dos conceitos jurídicos; pois do contrário aquela ciência não seria um *sistema racional*, mas um agregado meramente juntado. – A *tópica* dos princípios tem de ser completa em virtude da forma do sistema, i. é, tem de ser indicado o *lugar* para um conceito (*locus communis*) que fica aberto para esse conceito de acordo com a forma sintética da divisão, mesmo que depois se estabeleça que um ou outro conceito que seria posto nesse lugar é em si contraditório e fica suprimido desse lugar.

Pois os juristas preencheram até agora dois lugares-comuns, o do direito *real* e o do *pessoal*. É natural perguntar, uma vez que ainda estão em aberto dois lugares da simples forma da ligação de ambos num conceito, como membros da divisão *a priori*, a saber, o de um direito real de modo pessoal e ainda o de um direito pessoal de modo real, se um conceito que assim se acrescenta também é válido, devendo ser encontrado entrementes na tábua completa da divisão, ainda que só problematicamente. Não há dúvida quanto ao último. Pois a simples divisão lógica (que abstrai do conteúdo do conhecimento – do objeto) sempre é *dicotomia*, p. ex., todo direito é ou um direito real ou um não real. Mas aquela de que se fala aqui, a saber, a divisão metafísica, pode ser também [358] tetracotomia, porque, além dos dois membros simples da divisão, ainda se acrescentam duas relações, a saber, as das condições limitantes do direito sob as quais um direito entra em relação com o outro, cuja possibilidade requer uma investigação particular. – O conceito *de um direito real de modo pessoal* fica suprimido sem mais delongas, pois não é possível pensar o direito de uma *coisa* contra uma *pessoa*. Pergunta-se, entretanto, se a inversão dessa relação também é igualmente impensável, ou se esse conceito, a saber, o de um *direito pessoal de modo real*, é um conceito, não apenas sem contradição interna, mas mesmo um conceito necessário (dado *a priori* na razão) pertencente ao conceito do meu e teu externo, certamente não de *tratar* em todos os aspectos, mas ainda assim de *possuir pessoas* de modo semelhante a coisas e proceder com elas como coisas em muitas relações.

2. Justificação do conceito de um direito pessoal de modo real

A definição do direito pessoal de modo real é em suma esta: "é o direito do homem de ter como *o seu** uma *pessoa* além de si mes-

---

* Tampouco digo aqui "ter uma pessoa como a minha" (com o adjetivo), mas "como o *meu*" (το *meum*, com o substantivo). Pois posso dizer "este é *meu pai*", o que designa apenas em geral minha relação física (de ligação) com ele. P. ex., "eu *tenho* um pai". Mas não posso dizer: "eu o tenho *como o meu*". Se digo, entretanto, "minha

mo". Digo com insistência: uma *pessoa*; pois bem se poderia ter como o seu um outro *homem* que perdeu sua personalidade por delito (se tornou servo); mas não se trata aqui desse direito real. Se aquele conceito, então, "como um novo fenômeno no céu jurídico", é uma *stella mirabilis* (uma aparição que cresce até uma estrela de primeira grandeza, nunca dantes vista, aos poucos voltando a desaparecer, talvez retornando alguma vez) ou apenas uma *estrela cadente*, isso deve ser investigado agora.

[359]

3. Exemplos

Ter algo externo como o seu significa possuí-lo juridicamente; posse, entretanto, é a condição da possibilidade do uso. Se essa condição é pensada meramente como física, então a posse se chama *detenção*. – A detenção jurídica por si só, no entanto, não é suficiente para dar o objeto como meu ou assim torná-lo; mas, se por qualquer razão estou autorizado a insistir na detenção de um objeto que escapa ou foi subtraído de meu poder, então esse conceito jurídico é um sinal (como o efeito de sua causa) de que me considero autorizado a tê-lo como *o meu*, comportando-me em relação a ele como tendo sua posse *inteligível* e usando assim esse objeto.

O seu não significa aqui certamente o da propriedade da pessoa de um outro (pois proprietário um homem não pode ser nem de si mesmo, muito menos de uma outra pessoa), mas apenas o seu da fruição (*jus utendi fruendi*), de usar como meio para o meu fim imediatamente essa pessoa, *como* uma coisa, porém sem prejuízo de sua personalidade.

---

mulher", isso significa uma relação particular, nomeadamente jurídica, do possuidor com um objeto (mesmo que fosse uma pessoa) *como coisa*. Posse (*física*) é, contudo, a condição da possibilidade do *manejo* (*manipulatio*) de algo como uma coisa, ainda que tenha de ser tratado numa outra relação ao mesmo tempo como pessoa.

Esse fim, entretanto, como condição da juridicidade do uso, tem de ser moralmente necessário. Nem pode o homem desejar a mulher para *gozar* dela como uma coisa, i. é, para sentir prazer imediato na união meramente animal com a mesma, nem pode a mulher se lhe entregar para tanto, sem que ambas as partes abdiquem de sua personalidade (coabitação carnal ou animalesca), i. é, a não ser sob a condição do *casamento*, o qual, como entrega recíproca de sua própria pessoa para a posse do outro, tem de ser concluído *anteriormente*, para não se desumanizar pelo uso corpóreo que uma parte faz da outra.

Sem essa condição, o gozo carnal é, segundo o princípio (ainda que nem sempre segundo o efeito), *canibalesco*. Se com boca e dentes, ou se a parte feminina é *consumida* pela gravidez e pelo parto consecutivo, talvez letal para ela, e a parte masculina pelos [360] esgotamentos provenientes de frequentes solicitações da mulher em relação à faculdade sexual do homem, isso se distingue apenas na maneira de gozar, e uma parte é, em vista da outra, nesse uso recíproco dos órgãos sexuais, efetivamente uma *coisa fungível* (*res fungibilis*), sendo ilegal (*pactum turpe*) o *contrato* por intermédio do qual alguém se prestasse a tal coisa.

Igualmente, o homem não pode gerar uma criança com a mulher, como sua *obra* recíproca, sem que ambas as partes ganhem em relação a ela e entre si a *obrigação* de sustentá-la, o que também é a aquisição de um homem *como* uma coisa, mas apenas segundo a forma (conforme ao direito pessoal meramente de modo real). Os pais* têm um direito em relação a qualquer possuidor da criança que tenha sido tirada de seu poder (*jus in re*) e ao mesmo tempo um direito de obrigá-la a todas as realizações e a toda obe-

---

* Em alemão, entende-se por "velhos" <*Älteren*> os seniores, mas por "pais" <*Elteren*> os parentes, o que não se deixa distinguir na pronúncia, mas é bastante diferente segundo o sentido.

diência a suas ordens que não sejam contrárias a uma liberdade legal possível (*jus ad rem*), tendo, por conseguinte, também um direito pessoal em relação a ela.

Finalmente, quando cessa com a maioridade o dever dos pais de sustentação de seus filhos, aqueles ainda têm o direito de usar a estes, como coabitantes submetidos a suas ordens, para a manutenção da casa, até sua saída; o que constitui um dever dos pais em relação a eles, decorrente da limitação natural do direito dos primeiros. Até lá, eles certamente são coabitantes e pertencem à *família*, mas doravante pertencem à *criadagem* (*famulatus*) dela, não podendo, por conseguinte, juntar-se ao seu do senhor (como seus domésticos) a não ser através de contrato. – Igualmente, pode também se tornar o seu do senhor uma criadagem *fora da família*, de acordo com um direito pessoal de modo real, e ser adquirida por contrato como serviçais (*famulatus domesticus*). Tal contrato não é o de uma simples *locação* (*locatio conductio operae*), mas o de entrega de sua pessoa à posse do senhor, *aluguel* (*locatio conductio personae*), que se distingue daquela locação por se prestarem os serviçais a *todo lícito* que diz respeito ao bem da casa e não lhes é ordenado como trabalho encomendado e especificamente determinado, enquanto o alugado para um trabalho determinado (operário ou jornaleiro) não se entrega ao seu do outro, não sendo assim um coabitante. – O senhor não pode *apoderar-se* (*via facti*) do último como uma coisa, mesmo que fosse seu habitante doméstico (*inquilinus*), porque ele não se encontra na posse jurídica do outro que o obriga a determinados trabalhos, mas tem de insistir na prestação do prometido segundo o direito pessoal, o que está a seu dispor por meios jurídicos (*via juris*). – Isso para o esclarecimento e defesa de um título jurídico estranho e recentemente acrescentado ao direito natural, mas que tacitamente sempre esteve em uso.

4. Sobre a confusão do direito real com o direito pessoal

Ademais, foi-me objetado como heterodoxia no direito privado natural também a proposição: *Compra rompe aluguel* (Doutrina do Direito, § 31, p. 129).

Por certo, parece à primeira vista contradizer todos os direitos com base num contrato que alguém possa rescindir com o inquilino o aluguel de sua casa antes do vencimento do prazo estipulado da habitação e assim quebrar, ao que parece, sua promessa em relação a ele, desde que o faça no tempo usual da mudança dentro do prazo legal civil costumeiro para tanto. – Se, entretanto, pode ser demonstrado que o locatário sabia ou devia saber, ao fazer seu contrato de aluguel, que a promessa que lhe era feita pelo *locador*, enquanto proprietário, estava naturalmente (sem que tivesse de ser dito expressamente no contrato), portanto tacitamente, vinculada à condição: *desde que este não venha a vender sua casa nesse meio-tempo* (ou não tenha de entregá-la a seu credor numa eventual falência), então esse não quebrou sua promessa já em si mesma condicionada segundo a razão, e o locatário não foi diminuído em seu direito pela rescisão que o surpreendeu antes do prazo do aluguel.

Pois o direito do último com base no contrato de aluguel é um direito *pessoal* em relação àquilo que certa pessoa tem de prestar à outra (*jus ad rem*), e não um [direito] *real* em relação a todo possuidor da coisa (*jus in re*). [362]

Ora, o locatário podia certamente garantir-se em seu *contrato de aluguel* e obter um direito real sobre a casa; pois bastava deixar *inscrevê*-lo (juntar) sobre a casa do locador como inerente ao fundamento, quando então já não podia ser tirado do aluguel antes do transcurso do tempo combinado, nem por uma rescisão da parte do proprietário nem sequer pela morte deste (pela natural ou também pela civil, a bancarrota). Se não o fez, talvez por querer ficar livre para fechar em outra parte um aluguel em melhores condições ou por não querer ver a casa do proprietário submetida a tal ônus, pode-se concluir daí que ambos estavam conscientes, em vista do tempo de rescisão (exceto o prazo civilmente determinado para ele), de ter feito um contrato tacitamente condicionado, passível de ser desfeito segundo sua conveniência. A confirmação da autorização de romper o aluguel pela compra se mostra também em certas consequências jurídicas de tal contrato de aluguel *rudimentar*; pois não se cobra dos herdeiros do locatário, quando este vem a falecer, a obrigação de continuar o aluguel, porque esse é apenas a obrigação em relação a certa pessoa, a qual cessa com sua morte (no que sempre se deve levar em consideração, entretanto, o tempo legal da rescisão). Tampouco pode o direito do locatário como tal passar para os herdeiros sem um contrato particular; bem como não está autorizado, em vida de ambos, a colocar um *sublocatário* sem acordo expresso.

5. Adendo à exposição dos conceitos do direito penal

A simples ideia de uma constituição estatal entre *homens* implica já o conceito de uma justiça penal que cabe ao poder supremo. Em questão está apenas se as espécies de pena são indiferentes ao legislador, desde que sirvam como meio para afastar o crime (como lesão da segurança do Estado na posse do seu de cada um), ou se ainda deve ser levado em consideração o respeito pela humanidade na pessoa do malfeitor (i. é, pelo gênero [humano]), e isso com base em simples fundamentos jurídicos; posto que ainda tenho por princípio do direito penal o *jus talionis*, segundo a forma, como a única ideia determinante *a priori* (não tirada da experiência, de quais seriam os melhores remédios para este propósito)*. – Mas o que pensar de penas para crimes que não admitem *revide*? Porque estes seriam ou impossíveis em si ou mesmo um crime punível contra a *humanidade* em geral, como p. ex. o da violação, bem como o da pederastia ou o do bestialismo. Os dois primeiros, por meio de castração (como um castrado branco ou negro no serralho); o último, por expulsão permanente da sociedade civil, porque ele mesmo se tornou indigno da [sociedade] humana. – *Per quod quis peccat, per idem punitur et idem.* – Os mencionados crimes se chamam de desnaturados, porque são praticados contra a própria humanidade. – Decretar *arbitrariamente* penas para eles é literalmente contrário ao conceito de uma *justiça penal*. Só que então o criminoso não se pode queixar que lhe é feita uma injustiça se atrai para si próprio sua maldade, sucedendo com ele o mesmo que fez com outros, se não conforme à letra, ao menos com o espírito da lei penal.

6. Do direito da usucapião

"O direito da *usucapião* (*usucapio*) deve ser fundado no direito natural. Pois, caso não se admitisse que pela posse honesta é fundamentada uma *aquisição ideal*, como é chamada aqui, não seria garantida peremptoriamente nenhuma aquisição. (Mas o sr. K. mesmo admite no estado de natureza apenas uma aquisição

[364]

---

* Em toda punição, encontra-se algo que ofende (com direito) o sentimento de honra do acusado, porque contém uma simples coação unilateral, estando suspensa nele, pelo menos num caso particular, a dignidade de um cidadão enquanto tal, uma vez que é submetido a um dever externo a que não pode opor resistência de sua parte. O nobre e rico a que batem a carteira sente mais sua humilhação por ter de se curvar à vontade do homem de menor valor do que a perda do dinheiro. Uma vez que o argumento da *punibilidade é moral* (*quia peccatum est*), a *justiça penal* (*justitia punitiva*) tem de ser distinguida aqui da *prudência penal*, visto que esta é meramente *pragmática* (*ne peccetur*) e se fundamenta na experiência daquilo que age mais fortemente para prevenir crimes, tendo na tópica dos conceitos jurídicos um *lugar* bem diferente, *locus iusti*, não do conducente ou do *proveitoso* em certa intenção, tampouco do mero honesto, cujo lugar há de ser procurado na ética.

provisória e insiste por isso na necessidade jurídica da constituição civil. – Eu só me afirmo como possuidor honesto, no entanto, em relação àquele que não pode demonstrar que foi *possuidor honesto* da mesma coisa antes de mim e não deixou de sê-lo em sua vontade.)" – Ora, aqui não se trata disso, mas se posso me *afirmar* também como proprietário mesmo que se anunciasse um pretendente como verdadeiro proprietário *precedente* da coisa, mas tendo sido *simplesmente* impossível a averiguação de sua existência como possuidor e de seu estado de posse como proprietário; este último caso ocorre quando ele não apresentou nenhum sinal publicamente válido de sua posse ininterrupta (seja por culpa própria, seja também sem ela), p. ex., através de inscrição em matrículas ou de votação inconteste como proprietário em reuniões civis.

Pois aqui a questão é: quem deve demonstrar sua aquisição legal? Não se pode impor essa obrigação (*onus probandi*) ao possuidor, pois ele está em sua posse até onde vai sua história constatada. O pretenso proprietário anterior da coisa está completamente cortado da série de possuidores consecutivos de acordo com princípios jurídicos, por um lapso de tempo no qual não forneceu nenhum sinal civilmente válido de sua propriedade. Essa omissão de um ato de posse público qualquer o torna um pretendente sem título. (Ao contrário, aqui, como na teologia, diz-se *conservatio est continua creatio*.) Mesmo que se encontrasse um pretendente até agora não manifestado, posteriormente munido de documentos encontrados, ainda assim prevaleceria também em relação a ele a dúvida se não poderia algum dia se apresentar um pretendente ainda mais antigo e fundamentar suas pretensões sobre a posse precedente. – Não depende de modo algum da *duração do tempo* da posse para finalmente *usucapir* a coisa (*acquirere per usucapionem*). Pois é absurdo admitir que uma injustiça se torne um direito porque durou bastante. *O uso* (por mais longo que seja) pressupõe o direito sobre a coisa, em vez de este se fundar naquele. [365] Portanto, a *usucapião* (*usucapio*) como *aquisição* pelo uso prolongado de uma coisa é um conceito contraditório em si mesmo. A *prescrição* das pretensões como *forma de conservação* (*conservatio possessionis meae per praescriptionem*) não o é menos, ainda que seja um conceito distinto do anterior no que diz respeito ao argumento da apropriação. Pois se trata de um fundamento negativo, i. é, o total *desuso* de seu direito, nem sequer daquele que é necessário para se manifestar como possuidor, é tomado como *abandono* dele (*derelictio*), o que constitui um ato jurídico, i. é, o uso de seu direito em relação a um outro para adquirir, por sua exclusão da pretensão (*per praescriptionem*), o objeto dele, o que contém uma contradição.

Adquiro, portanto, sem demonstração e sem nenhum ato jurídico: não preciso demonstrar, mas pela lei (*lege*); e então? A liberação *pública* de pretensões, i. é, a *segurança legal de minha posse* por não precisar apresentar a prova, baseando-me numa posse ininterrupta. Mas que toda *aquisição* no estado de natureza é meramente provisória não tem nenhuma influência sobre a questão da segurança da *posse* do adquirido, que tem de preceder àquela.

7. Da herança

No concernente ao direito da herança, o senhor resenhista dessa vez foi abandonado pela acuidade em acertar o nervo da demonstração de minha afirmação. – Pois não digo, "que todo homem necessariamente aceita cada *coisa que lhe é oferecida*, por cuja aceitação só pode ganhar, jamais perder" (porque tais coisas sequer existem), mas que cada qual sempre aceita de fato *o direito da oferta* no mesmo instante, inevitável e tacitamente, e ainda assim de maneira válida; a saber, quando a natureza da coisa acarreta que a revogação é absolutamente impossível, a saber, no momento de sua morte, pois então o promitente não pode revogar, e o promissário é no mesmo instante, sem precisar realizar qualquer ato jurídico, aceitante, não da herança prometida, mas do direito de aceitá-la ou recusá-la. Nesse momento, ele vê na abertura do testamento que, mesmo antes da aceitação da herança, tornou-se mais rico do que era antes, pois adquiriu exclusivamente *a autorização de aceitar*, a qual já é uma situação patrimonial. – Que nisso é pressuposto um estado civil, para tornar algo o *seu* de um *outro* quando já não se está aí, essa passagem da posse como que da mão do morto não muda nada em vista da possibilidade da aquisição segundo princípios universais do direito natural, ainda que a aplicação dela ao caso dado tenha de ser fundamentada numa constituição civil. – Pois uma coisa deixada à minha livre escolha, para sem condição aceitar ou recusar, chama-se *res jacens*. Se o proprietário de uma coisa me oferece algo de graça (promete que será meu), p. ex., um móvel da casa que estou prestes a desocupar, então, na medida em que ele não se desdiz (o que é impossível se morre no entretanto), tenho exclusivamente um direito de aceitação do oferecido (*jus in re jacente*), i. é, somente eu posso aceitá-lo ou recusá-lo a meu bel-prazer; e esse direito de escolher exclusivamente não obtenho por meio de um ato jurídico particular, por minha declaração de que quero que esse direito me assista, mas sem ele (*lege*). – Portanto, posso certamente declarar que quero que *essa coisa não me pertença* (porque essa aceitação poderia trazer-me incomodações com outros), mas não posso querer ter exclusivamente a escolha *se ela deve pertencer-me ou não*, pois esse direito (da aceitação ou da recusa) tenho sem qualquer declaração de minha aceitação, imediatamente através da oferta; porque, se eu pudesse recusar até mesmo ter a escolha, então escolheria não escolher, o que é uma contradição. Ora, esse direito de escolher passa para mim no instante da morte do testador, por cujo legado (*institutio heredis*) ainda não adquiro nada dos bens do testador, mas com certeza a posse *meramente jurídica* (inteligível) desses bens ou uma parte sua. Posso agora renunciar à sua aceitação em proveito de outros, sem que essa posse fique, portanto, interrompida nenhum instante, mas a sucessão passa do moribundo ao herdeiro constituído como uma série contínua através de sua aceitação, ficando assim estabelecida contra toda dúvida a proposição: *testamenta sunt juris naturae*. [367]

8. Dos direitos do Estado em vista de instituições perpétuas para seus súditos

Instituição (*sanctio testamentaris beneficii perpetui*) é o estabelecimento beneficente voluntário, confirmado pelo Estado, instituído para certos membros consecutivos dele, até sua total extinção. – Chama-se *perpétua* se a ordem de sua manutenção está ligada à constituição do próprio Estado (pois o Estado deve ser considerado perpétuo); sua beneficência, entretanto, tem por fim ou o *povo* em geral ou uma *parte* dele reunida segundo certos princípios particulares, um *estamento*, ou uma *família* e a continuidade perpétua de seus descendentes. Um exemplo do primeiro são os *hospitais*; do segundo, as *igrejas*; do terceiro, as *ordens* (eclesiais e seculares); do quarto, o *morgado*.

Dessas corporações e de seu *direito* de suceder diz-se, então, que não podem ser suprimidas, porque se tornou propriedade do herdeiro constituído por *legado*, significando a supressão de tal constituição (*corpus mysticum*) tanto quanto tomar de alguém o seu.

A.

O estabelecimento beneficente para pobres, inválidos e doentes fundado no erário do Estado (em asilos e hospitais) é certamente irremível*. Se, no entanto, a precedência deve caber não à letra, mas ao sentido da vontade do testador, então podem certamente ocorrer circunstâncias no tempo que tornam aconselhável a dissolução de tal instituição, pelo menos em sua forma. – Assim, descobriu-se que o pobre e doente (excluído o do manicômio) é suprido melhor e mais barato se lhe é dado o auxílio numa certa quantia de dinheiro (proporcional às necessidades do tempo), com a qual pode alojar-se onde quiser, com parentes ou outros conhecidos, em vez de serem tomadas medidas suntuosas e mesmo assim bastante restritivas da liberdade, dotadas de custosos empregados, como no hospital de Greenwich. – Não se pode, pois, dizer que o Estado retira o seu do povo que faz jus ao gozo dessa instituição, mas antes o promove ao escolher meios mais sábios para o seu sustento.

B.

O clero que não se reproduz carnalmente (o católico) possui, com favorecimento do Estado, terras e súditos a elas ligados, pertencentes a um Estado clerical (chamado Igreja) e a ele deixados como sua propriedade por leigos, através de um legado para a salvação de suas almas, tendo o clero, assim, como um estamento particular, uma possessão que pode ser transmitida legalmente de uma época para a outra e está suficientemente documentada por bulas papais. – Pode-se, pois, admitir que essa sua relação com os leigos lhe possa ser tomada diretamente pelo poder do Estado se-

---

* No original, "*unablöslich*" [irremível]; possível erro tipográfico, em vez de "*unauflöslich*" [indissolúvel]. (N. do T.)

cular, como é intentado por incrédulos da República francesa, e não seria isso tanto quanto tomar de alguém violentamente o seu?

A questão aqui é se a Igreja pode pertencer ao Estado ou o Estado à Igreja como o seu, pois dois poderes supremos não podem estar subordinados um ao outro sem contradição. – Está claro como tal que somente a *primeira constituição* (*politico-hierarchica*) pode subsistir em si, pois toda constituição civil é *deste* mundo, por ser um poder terreno (dos homens) que, junto com suas consequências, pode ser documentada na experiência. Os fiéis, cujo *reino* está no céu e *naquele mundo*, na medida em que se lhes concede uma constituição (*hierarchico-politica*) que se reporta a esse reino, têm de submeter-se aos sofrimentos desse tempo sob o poder dos homens do mundo. – Portanto, ocorre tão somente a primeira constituição.

Religião (na aparência), como crença nos dogmas da Igreja e no poder dos sacerdotes enquanto aristocratas de uma tal constituição, ou ainda quando essa é monárquica (papal), não pode ser imposta nem tomada por nenhum poder civil, tampouco (como certamente acontece na Grã-Bretanha com a nação irlandesa) pode o cidadão ser excluído do serviço público e das vantagens, por causa de uma religião distinta daquela da corte.

Se, portanto, algumas almas devotas e piedosas criam uma instituição perpétua para tomar parte na graça que a Igreja promete aos fiéis mesmo depois de sua morte, pela qual certas terras suas devem tornar-se uma propriedade da Igreja após a sua morte, tornando-se o Estado vassalo da Igreja em vista desta ou daquela *parte*, ou mesmo *totalmente*, para assegurar, através de orações, indulgências e expiações de funcionários contratados para tanto (os clérigos), que sua sorte no outro mundo lhes seja propícia, então tal instituição, supostamente criada para ser perpétua, não é de modo algum fundada para sempre, mas o Estado pode [369] livrar-se quando quiser desse peso que lhe foi imposto pela Igreja. – Pois a própria Igreja é um instituto fundado tão somente sobre a fé; sumindo a ilusão dessa opinião através do esclarecimento do povo, desaparece também o terrível poder do clero nela baseada, e o Estado se apodera com pleno direito da pretensa propriedade da Igreja, a saber, das terras a ela doadas por legados, se bem que os feudatários do instituto até ali existente podem exigir por seu direito ser indenizados pela duração de suas vidas.

Até mesmo instituições perpétuas para pobres ou estabelecimentos de ensino, quando talhadas segundo certa ideia de seu fundador, não podem ser fundadas para sempre, sobrecarregando com isso as terras, mas o Estado deve ter a liberdade de arranjá-las segundo a necessidade do tempo. – Não deve surpreender ninguém que seja mais difícil executar essa ideia por toda parte (p. ex., ter de complementar com cantoria mendicante dos rapazes pobres a insuficiência do fundo educacional criado caritativamente), pois aquele que cria uma instituição de bom grado – mas ao mesmo tempo também com um pouco de ambição – não quer que um outro a modifique segundo seus conceitos, mas nela quer ser imortal. O que não muda, entretanto, a natureza da própria coisa e o direito do Estado, sim, seu dever de modificação de qualquer instituição, quando se opõe à manutenção e ao progresso dele para o melhor, não podendo ser considerada, portanto, como fundada para sempre.

C.

A nobreza de um país que se encontra sob uma constituição monárquica, e não aristocrática, pode decerto ser um instituto permitido para certa época e necessário devido às circunstâncias, mas que esse estamento possa ser fundado para sempre, não tendo o chefe do Estado a permissão de suprimir completamente esse privilégio estamental ou, caso o faça, podendo ser dito que ele toma de seu súdito (nobre) o *seu* que lhe pertence por herança, isso não pode ser afirmado de modo algum. Ela é uma corporação temporária autorizada pelo Estado que tem de se adequar às circunstâncias do tempo e não pode lesar o direito humano universal suspenso até então. – Pois a dignidade de um nobre no Estado não só depende da própria constituição, mas é um acidente dela, só podendo existir por inerência dele (pois um nobre como tal só pode ser pensado no Estado, não no estado de natureza). Se o Estado modifica, portanto, sua constituição, aquele que perde assim seu título e privilégio não pode dizer que lhe foi tomado o seu, pois ele só o pôde chamar o seu sob a condição da duração daquela forma do Estado. O Estado tem, entretanto, o direito de modificar essa forma (p. ex., transformá-la em republicanismo). – As ordens e o privilégio de portar certos sinais dela não dão, portanto, um direito *perpétuo* dessa posse. [370]

D.

No que tange, finalmente, à *instituição do morgado*, quando um terratenente ordena por testamento que, na série dos herdeiros consecutivos, sempre o próximo da família deve ser o proprietário (segundo a analogia com uma constituição estatal de uma monarquia hereditária, onde o *monarca* o é), tal instituição não pode ser sempre extinta só com a concordância de todos os agnados e não pode perdurar para sempre – como se o direito hereditário aderisse à terra –, nem se pode dizer que acabar com ela é uma lesão da instituição e da vontade de seu senhor primitivo, mas o Estado tem também aqui um direito, sim, até mesmo o dever, com a paulatina entrada das causas de sua própria reforma, de impedir que tal sistema federativo de seus súditos, feito reis subordinados (segundo a analogia de dinastas e sátrapas), desponte posteriormente, uma vez extinto.

Conclusão

Em relação às ideias apresentadas sob a rubrica do *direito público*, "sobre as quais não se manifestará por falta de espaço", por fim, o senhor resenhista ainda observou o seguinte: "Ao que saibamos, nenhum filósofo ainda reconheceu a mais paradoxa de todas as proposições paradoxas, a proposição: que a simples *ideia* da soberania me deve obrigar a obedecer como meu senhor cada um que se apresenta como meu senhor, sem perguntar quem lhe deu o direito de me dar ordens? Que se deve reconhecer soberania e soberano e que se deve tomar *a priori* como seu senhor a este ou àquele, cuja existência sequer é dada *a priori*, isso seria a mesma coisa?" – Pois bem, admitido o paradoxo, espero que, considerado mais de perto, pelo menos não possa ser registrado como *heterodoxo*; antes, o resenhista compreensivo, sistemático e modestamente cético (que, não obstante aquele choque, "vê estes princípios metafísicos da doutrina do direito no todo como um ganho para a ciência") não deveria arrepender-se de os ter defendido contra outras rejeições obstinadas e superficiais, pelo menos como um ensaio merecedor de um segundo exame.

A proposição chocante contestada é que se deve obedecer àquele que se encontra de posse do supremo poder ordenador e legislador sobre um povo, e na verdade de modo juridicamente tão incondicional, que até mesmo *indagar* publicamente pelo título dessa sua aquisição, colocando-o, portanto, em dúvida para lhe resistir numa eventual falta dele, já é punível, que é um imperativo categórico: *Obedecei* (em tudo o que não contradiz o moral interno) *à autoridade que tem poder sobre vós*. O que parece chocar a razão do resenhista, entretanto, não é apenas esse princípio, que é um fato (a apoderação) subjacente ao direito como condição, mas que mesmo *a simples ideia* da soberania sobre um povo me obriga, a mim que pertenço a ele, sem indagação prévia, a obedecer ao direito pretendido (Doutrina do Direito, § 49).

Cada fato* é objeto na *aparência* (nos sentidos), enquanto é a coisa em si aquilo que só pode ser apresentado pela razão pura, o que tem de contar entre as *ideias*, às quais não pode ser dado nenhum objeto adequado na experiência, como é uma *constituição jurídica* perfeita entre homens.

Se existe, pois, um povo unificado por leis sob uma autoridade, então ele é dado como objeto da experiência em conformidade com a ideia da sua unidade *em geral* sob uma vontade suprema detentora do poder, mas por certo tão somente na aparência; i. é, [372] existe uma constituição jurídica, no sentido geral da palavra, e é absolutamente proibido e punível resistir a ela, mesmo que seja repleta de grandes deficiências e de crassas falhas, carecendo de importantes melhoramentos progressivos; porque, se o povo se considerasse autorizado a se contrapor a essa constituição, ainda que defeituosa, e a opor violência à autoridade suprema, acreditaria ter um direito de pôr violência no lugar da legislação que prescreve soberanamente todo direito, o que resultaria numa vontade suprema autodestrutiva.

A *ideia* de uma constituição do Estado em geral, que é ao mesmo tempo para qualquer povo mandamento absoluto da razão prática que julga segundo conceitos do direito, é *sagrada* e irresistível; e ainda que a organização do Estado por si mesmo seja falha, nenhum poder subalterno nele pode contrapor resistência ativa à sua cabeça legisladora, mas os defeitos que lhe são inerentes têm de ser superados progressivamente por reformas que realiza em si mesmo, porque se não, com a máxima contrária no súdito (de proceder segundo arbítrio próprio), uma boa constituição apenas pode resultar de cego acaso. – O mandamento "Obedecei à auto-

---

* No original, encontra-se entre parênteses ainda a variante de origem germânica: "*Faktum (Tatsache).*" (N. do T.)

ridade que tem poder sobre vós" não cisma em como ela chegou a esse poder (para eventualmente solapá-la), pois aquela que já existe, sob a qual viveis, já tem a posse da legislação, sobre a qual decerto podeis arrazoar publicamente, mas não vos arvorar em legisladores contrapostos.

Submissão incondicional da vontade do povo (que em si é desunida, portanto sem lei) sob uma vontade *soberana* (unificadora de todos por uma lei) é *ato* que só pode começar por tomada do poder supremo, fundando assim pela primeira vez um *direito* público. – Permitir ainda uma resistência a essa autoridade (restritiva daquele poder supremo) significa contradizer-se a si mesmo, pois então aquele (ao qual se pode resistir) não seria o poder supremo legítimo, que determina por primeiro o que deve ser ou não direito publicamente – e esse princípio já se encontra *a priori* na *ideia* de uma constituição do Estado em geral, i. é, num conceito da razão prática, do qual certamente não se pode dar um exemplo *adequado* na experiência, mas o qual também, como *norma*, não deve ser contradito por nenhuma [experiência].

Impresso por :

gráfica e editora
Tel.:11 2769-9056